AF377389

HERBERT SPENCER

FAITS ET COMMENTAIRES

OUVRAGE TRADUIT DE L'ANGLAIS

Avec l'autorisation de l'auteur

PAR

AUGUSTE DIETRICH

PARIS

LIBRAIRIE HACHETTE ET Cie

79, BOULEVARD SAINT-GERMAIN, 79

1903

FAITS ET COMMENTAIRES

COULOMMIERS
Imprimerie PAUL BRODARD.

HERBERT SPENCER

FAITS ET COMMENTAIRES

OUVRAGE TRADUIT DE L'ANGLAIS

Avec l'autorisation de l'auteur

PAR

AUGUSTE DIETRICH

PARIS

LIBRAIRIE HACHETTE ET Cⁱᵉ

79, BOULEVARD SAINT-GERMAIN, 79

1903

PRÉFACE

—

Au cours des années employées par moi à écrire diverses œuvres systématiques, de temps en temps ont surgi dans mon esprit des idées qui ne se prêtaient pas à entrer dans celles-ci. Beaucoup d'entre elles ont trouvé place dans des articles publiés par des Revues, et sont actuellement réunies dans les trois volumes de mes *Essais*. Mais il en reste un certain nombre auxquelles ne s'est pas encore offerte l'occasion de se manifester. Quelques-unes sont relativement banales, d'autres présentent plus d'intérêt, et il en est qui me semblent importantes.

Il m'aurait été pénible de n'en pas conserver la trace. Aussi, durant les deux dernières années, à des intervalles plus ou moins longs, les ai-je con-

signées dans les pages suivantes. Il est possible
que lors d'une seconde édition j'y fasse quelques
légères additions. Mais, quoi qu'il en soit, je puis
dire avec certitude que le présent volume sera
mon dernier.

H. S.

Brighton, mars 1902.

NOTE DU TRADUCTEUR. — Cette Préface est celle de la 1re édition. La 4e et dernière édition, d'après laquelle nous avons fait
notre traduction, contient en plus de la première le chapitre
sur la *Grammaire* et l'*Appendice*, outre quelques notes nouvelles
et quelques courts *post-scriptum*.

FAITS ET COMMENTAIRES

UN PRINCIPE D'AFFAIRES

Parmi les nombreux cas d'actions illicites de la part d'hommes de loi récemment mises en lumière, il en est un particulièrement frappant, car il semble en dehors de toute probabilité. Admettre qu'un homme de loi qui a été président de l' « Incorporated Law Society », et aussi de son conseil de discipline, ait pu se rendre coupable de détournement, à son usage personnel, de fortes sommes appartenant à des clients, cela semble contraire au sens commun. « C'est sûrement là un homme auquel on peut implicitement se fier », aurait-on répondu à quiconque aurait douté de la prudence de l'investir d'un pouvoir administratif illimité. Cependant, comme on voit, le scepticisme aurait été justifié.

Je me suis assez souvent étonné de la confiance avec laquelle les hommes livrent leurs garanties et la gestion d'affaires importantes à leurs agents légaux.

« Tous le font, pense à part soi chacun, et je suppose que je puis le faire en toute sécurité ». Cette confiance illimitée semble d'autant plus remarquable, quand on considère l'entière absence de confiance qui se révèle dans les divers actes et documents laissés entre les mains d'un avocat. Chacun de ceux-là constitue un aveu raisonné de méfiance à l'égard de ceux avec qui ont été traitées, se traitent, ou se traiteront des affaires. On insère des clauses destinées à exclure toute possibilité de subterfuges ou de mauvaise foi, et tout est certifié de façon à assurer que les droits et les obligations spécifiés puissent être légalement prouvés. Pourtant, après que toutes ces précautions ont été prises, on abandonne la garantie qu'on supposait avoir acquise. Chaque chose est déposée entre les mains de l'agent légal, qui agira honnêtement, on y compte. Et cela, nonobstant le fait que la réputation de la loi, comme celle des avocats, n'est pas des plus hautes ! Contradiction surprenante, en vérité !

Voilà beaucoup d'années, dans le comité de gestion d'un cercle, je déplus fort au secrétaire pour lui avoir fait observer que, dans les questions d'administration comme dans les questions d'affaires en général, la maxime devrait être : « Ne supposez pas que les choses vont bien jusqu'à ce qu'il soit prouvé qu'elles vont mal, mais supposez plutôt qu'elles vont mal jusqu'à ce qu'il soit prouvé qu'elles vont bien ». C'était là une dure assertion pour l'oreille d'un employé; mais cette assertion mérite, suivant moi, l'attention de ceux qui s'occupent d'affaires privées ou publiques. Tout en ignorant cette règle de conduite dans les nombreux cas où il importe le plus de la suivre, la grande majorité des gens l'applique tacitement, sinon ouvertement, quand il s'agit des affaires ordinaires. Que signifie prendre un reçu, sinon avouer implicitement le besoin d'exclure la possibilité de souffrir un dommage? Qu'est-ce que les spécifications détaillées de chaque contrat et la mention des pénalités en cas de non-accomplissement? Pourquoi exige-t-on une caution quand on engage un employé? Ou bien que sont les nombreuses clauses insérées dans une loi pour empêcher les faux-fuyants? Autant d'affirmations de la vérité que les choses iront mal, à moins qu'on ne fasse en sorte qu'elles aillent bien. Et chacun n'a-t-il pas des preuves quotidiennes de cela dans la corruption des serviteurs par les commerçants, dans les commissions illicites des agents, dans le favoritisme témoigné à certains adjudicataires du gouvernement, dans la recherche de personnages titrés pour fortifier les nouveaux projets d'un conseil d'administration? Cependant, en certaines sphères, la confiance continue complète, et le scepticisme est réprouvé. Voyez, par exemple, l'histoire des faillites de banques répétées de génération en génération, qui résultent presque toutes de cette habitude de supposer que les choses vont bien, parce qu'il n'a pas été démontré qu'elles vont mal. Bien qu'administrateurs coupables de détournements, directeurs ayant puisé dans la caisse de la banque pour leurs usages personnels, et conseils d'administration qui se sont lancés dans de folles spéculations, n'ont cessé de montrer aux intéressés la nécessité de mettre en lumière les méfaits avant qu'ils aient atteint de grandes proportions, on ne recherche aucune sauvegarde. La façon dont les inspecteurs sont habituellement nommés dans des banques et dans les sociétés en général, est presque incroyable. Manifestement, l'institution de l'apurement des comptes fut suggérée par l'expérience que, pour faire un exposé exact de la situation financière, on ne pouvait se fier ni aux administrateurs ni aux conseils d'administration, mais que ceux-ci devaient être contrôlés par un tiers indépendant. Cette nécessité ayant été reconnue, on aurait pu supposer qu'on aurait veillé à ce que le frein fût efficace. Mais nous voyons qu'on ne veille à rien. D'année en année les rapports des assemblées des sociétés établissent que les inspecteurs se retirent, mais sont rééligibles, et en conséquence ils sont réélus; de sorte que s'il y avait quelque irrégularité dans leurs propres actes, ou dans leurs relations avec le conseil d'administration, il n'y a aucune probabilité de la découvrir. On ne tient aucun compte de la vérité que, pour qu'un système de vérification de comptes soit efficace, les inspecteurs doivent être fréquemment changés. Sans doute, on alléguera les inconvénients qu'entraîne un changement; mais toute mesure de précaution entraîne des inconvénients. Vous ne pouvez vous assurer gratuitement contre l'incendie ou les accidents; et vous ne pouvez, sans payer, vous assurer contre l'improbité.

Quoiqu'on leur ait enseigné, et qu'ils font profession de croire, que le cœur humain est par-dessus tout décevant et désespérément pervers, les hommes admettent tacitement, dans des cas comme ceux-ci, que le cœur humain n'est pas du tout pervers et mérite une entière confiance. L'opinion rationnelle réside entre ces deux extrêmes. On devrait toujours avoir présent à l'esprit qu'avec un type de nature humaine tel qu'il existe aujourd'hui, il est certain que, dans le cours du temps, les choses finissent par aller mal, si on leur laisse une occasion d'aller mal, et que la seule conduite prudente est de toujours aller au-devant des occasions et de les arrêter.

QUELQUES REGRETS

Dans un paragraphe de Ruskin [1] cité avec approbation, je rencontre l'affirmation que « tous les efforts en éducation sont futiles, tant que vous n'avez pas appris à vos élèves à aimer les champs, les oiseaux et les fleurs ». Je note simplement que, en l'absence de prédisposition, nul entassement de science ne produira un tel amour, et je remarque, — cela saute aux yeux, — que la vie, comme ensemble, ne doit pas se résumer dans l'amour de la nature; et je ponctue ma remarque en demandant ce qu'il faut penser, par exemple, du D_r Samuel Johnson? Quoiqu'il fût presque entièrement dépourvu du sens des beautés naturelles, peu de gens oseraient prétendre que son éducation était futile. Mais nous avons dans cette assertion une de ces

1. Le grand esthéticien anglais de la seconde moitié du xix_e siècle (1819-1900). — Voir *Ruskin et la religion de la beauté*, par Robert de la Sizeranne.　　　　　(*Le Trad.*)

nombreuses exagérations à tort et à travers qui caractérisent les écrits de M. Ruskin.

Le sentiment qu'il exprime est partagé par la plupart des gens en une mesure raisonnable, et par moi en une très large. Souvent, au milieu des monts d'Écosse, je me suis complu dans la pensée que leurs flancs ne seraient jamais assujettis à la charrue, et que là au moins la nature resterait éternellement invaincue. Quoiqu'on soit parfois rappelé aux nécessités humaines par les tintements affaiblis des clochettes des troupeaux lointains ou par quelque daim qui apparaît sur la ligne de l'horizon, cela toutefois, loin de diminuer la poésie de la scène, y ajoute plutôt. En de pareils endroits on peut oublier pour un instant les aspects prosaïques de la civilisation.

Je déteste cette conception du progrès social qui présente comme son but l'accroissement de la population, l'augmentation de la richesse, l'expansion du commerce. Dans l'idéal politico-économique de l'existence humaine on considère seulement la quantité, et non la qualité. Au lieu d'un immense amoncellement de vies de type inférieur, je préférerais de beaucoup le demi-amoncellement de vies de type supérieur. Une prospérité étalée par les statistiques du Conseil du Commerce, dont les totaux s'augmentent d'année en année, loin de constituer une prospérité, constitue un malheur. Une expansion d'un essaim humain dont l'existence est subordonnée au développement matériel, doit être plutôt une source de regrets que de joie. Nous supposons que notre forme de vie sociale, dans laquelle les hommes peinent aujourd'hui d'une façon générale, en vue d'acquérir les moyens de peiner demain, est une forme satisfaisante, et nous nous montrons désireux de la répandre partout; tandis que nous parlons avec réprobation du genre de vie relativement aisé et satisfait mené par bon nombre des peuples que nous qualifions de non civilisés. Mais l'idéal que nous chérissons est un idéal transitoire, approprié peut-être à une phase du développement humain durant laquelle les générations qui passent sont sacrifiées en vue de rendre plus facile l'existence des générations futures. En réalité, un état de choses où notre progrès se mesure par la diffusion des manufactures et par la formation parallèle de régions telles que le « Pays noir[1] », qui a l'air d'avoir été envahi récemment par une armée de ramoneurs, est un état de choses dont il faut sortir au plus vite. C'est un état de choses qui, sous divers rapports, se compare mal avec le passé, et il est bien éloigné de celui que nous pouvons espérer atteindre dans l'avenir.

Un de ses mauvais résultats est la submersion à bref délai des traces encore subsistantes d'une vie qui, quoique plus rude et plus simple, laissait aux hommes quelque loisir de vivre.

Cet envahissement de l'ancien par le nouveau me frappe chaque été que je passe à la campagne, et

1. C'est le nom que portent, à peu près dans tous les pays, les régions carbonifères. *(Le Trad.)*

augmente mes regrets. Une dame américaine, après avoir séjourné quelque temps en Angleterre, m'exprima l'opinion qu'il ne vaut pas la peine de vivre dans un pays sans châteaux et sans abbayes en ruine. Je compris parfaitement son sentiment et sympathisai avec elle à un immense degré. Quoique intensivement moderne et n'ayant qu'un mince respect pour les idées et les institutions anciennes, j'éprouve un grand plaisir à contempler les vestiges que nous ont légués les temps qui ne sont plus. Non que l'intérêt en soit le moins du monde un intérêt historique. Un guide qui commence sa série quotidiennement rabâchée de faits ou de légendes sur le vieil endroit qu'il me montre, m'entend bien vite lui couper le fil de son histoire. Je ne me soucie pas d'être distrait par lui de l'impression d'antiquité et de la jouissance des beautés à demi cachées des vieux murs et des vieilles voûtes, rendus plus pittoresques par leur délabrement. Et ainsi en est-il de la vieille vie rurale, qui disparaît rapidement, à mesure que les villes, leurs habitudes et leurs idées, envahissent la campagne.

De même qu'en de nombreuses parties de la terre que nous nous sommes appropriées, les races indigènes sont en train d'être « améliorées » hors de l'existence, ainsi, chez nous, les progrès de « l'amélioration » laissent d'année en année subsister toujours un moins grand nombre des choses qui rendent la campagne attrayante. A l'extrémité occidentale des Downs du Sud[1], où je me suis installé cette saison, des promenades quotidiennes en voiture me montrent des beautés que les générations futures ne verront pas. Les vastes haies couvertes de clématite, de bryone et de houblon sauvage, occupant de grandes largeurs et jetant de longues ombres, ne sont pas tolérées par l'agriculteur progressiste. Il en est de même des larges bandes de gazon et de fleurs sauvages qui bordent les chemins creux, comme des sentiers détournés tels que ceux autour de Woolbeding et Iping, où la route, profondément encaissée, est ombragée en forme de voûte par le feuillage que percent çà et là les rayons du soleil. Tout cela semble condamné à disparaître et à laisser seulement des treillages en fil de fer au service des postes et des voies ferrées, ou des haies naines scrupuleusement tondues. Les toits de chaume des cottages sont remplacés partout par des toits d'ardoises ou de tuiles, et l'on voit disparaître graduellement les maisons à moitié en bois. Un autre aspect de la campagne, familier à mes jeunes années, s'efface également. Là où un ruisseau traversait la route, quelques planches et une rampe servaient au passage des piétons, tandis que les chevaux, les chariots et les voitures devaient entrer dans l'eau : un inconvénient seulement en temps d'inondation. Mais

1. Collines crayeuses qui s'étendent entre Petersfield, sur la limite du Hampshire, et Eastbourne.   (*Le Trad.*)

maintenant les Conseils de comté[1], avec leurs membres avides de se faire à chacun de la popularité en proposant des mesures qui « donnent de l'ouvrage », vont bientôt remplacer tout cela par des ponts en briques ou en pierres. Çà et là seulement où un sentier à travers champs s'élève au-dessus d'un petit ruisseau à l'aide d'une passerelle, il sera encore possible de s'appuyer sur la rampe et d'observer comme les petits poissons sortent lentement des cachettes où votre ombre les a effrayés.

Divers usages aussi, pittoresques dans leur évocation, sont en train de se perdre. De nos jours il est rare de rencontrer des glaneurs, et en beaucoup d'endroits de la campagne il est défendu de cueillir des champignons. On n'entend plus, en passant devant une grange par une matinée d'hiver, les coups alternants des fléaux, et l'on n'est plus réveillé, en une brillante matinée de juin, par l'aiguisement des faux, — un son fort désagréable en lui-même, mais rendu si délicieux par ses associations d'idées !

Tandis que, sous quelques rapports, nous pouvons envier la postérité, nous pouvons, sous un rapport, la plaindre. Cette disparition des restes et des vestiges des premières formes de la vie, pittoresques par eux-mêmes comme par leurs associations d'idées, la privera d'une forte dose

---

1. Le comté anglais est une division de territoire à peu près semblable au département français. Le Conseil de comté répond donc à peu près à notre Conseil général. *(Le Trad.)*

de poésie qui relève actuellement la prose de l'existence. Partout c'est la même chose. L'Égypte, atteinte, comme l'Europe, par les railways, les bateaux à vapeur et les hôtels répandus le long du Nil, cessera bientôt d'exciter les sentiments propres à son antiquité. Rome modernisée est en train de perdre toute ressemblance avec la Rome d'il y a seulement cinquante ans. Et en Angleterre, autour de nous, le roman du passé cède la place aux lourdes réalités du présent. Il va de soi que nous léguerons maints vestiges de la civilisation existante; mais on est en droit de douter s'ils seront aussi intéressants que ceux qui nous ont été légués par les siècles écoulés.

UN PROBLÈME

Les personnes dépourvues de perceptions musicales ont quelques compensations; l'une d'elles, c'est de n'être pas persécutées par des airs qui se sont logés dans la conscience et ne peuvent, pour un temps, en être expulsés. Presque tous ceux, sinon tous ceux qui ont ordinairement de bonnes oreilles, sont exposés à être ennuyés par ces mélodies envahissantes, — souvent ces mélodies vulgaires qui prennent naissance dans les music-halls et sont répétées en tout lieu par les orgues de Barbarie. Un remède au mal, qui s'affirme au moins d'une façon temporaire, sinon permanente, c'est d'admettre volontairement dans sa pensée quelque autre mélodie : la conscience se refusant à contenir les deux, la première intruse est chassée pour un temps. Il y a quelque danger, cependant, que la nouvelle invitée veuille prendre la place de l'autre. Ceci, toutefois, soit dit en passant.

Ma raison de mentionner cet ennui, c'est que les faits associés jettent une lumière indirecte sur le débat relatif au « moi ». Des discussions métaphysiques provoquent souvent la conscience innée d'une personnalité distincte, cohérente, toujours présente. C'est un axiome pour quelques personnes, qu'à la conscience de l'existence objective est indissolublement jointe la conscience de l'existence subjective, que l'idée du « moi » est inséparable de l'idée du « non moi ». Cette doctrine paraît à première vue inattaquable. Mais quand on soumet à un examen critique la conscience du « moi », les difficultés se présentent; et, parmi elles, des difficultés de l'espèce que je viens de signaler. Car il n'est pas toujours possible de dire de certaines portions de la conscience s'il faut ou non les comprendre dans le « moi ». Dans l'exemple indiqué, la raison de douter saute aux yeux; et elle saute particulièrement aux yeux quand, dans mon propre cas et dans le cas de tierces personnes que j'ai questionnées contradictoirement, la mélodie envahissante persiste durant le sommeil. A différentes reprises j'ai observé, en m'éveillant, que c'était la première chose dont je devenais conscient. Quel est alors le mode d'existence de cette série organisée de tons, si cohérente que, répétée en partie, elle insiste pour se compléter elle-même, puis un instant après recommence? En quel rapport cette portion rebelle de la conscience est-elle avec le reste? Nous ne pouvons guère l'enfermer dans ce que nous nommons le « moi », car nous voyons que le « moi » essaye continuellement de la réprimer, et n'y parvient pas. Et pourtant, si ce n'est pas une partie du « moi », qu'est-ce donc?

Il y a de nombreux faits de nature analogue. Quand je regarde ma main, l'impression reçue fait incontestablement partie de ma conscience. S'il faut la considérer comme une phase transitoire du « moi » lui-même, ou comme un effet opéré sur lui, c'est une question que nous pouvons négliger. Mais maintenant, près de la marge du vaste champ visuel qui embrasse une multitude d'objets dans l'espace, il y a, d'un côté, une vague impression du foyer lumineux, auquel je puis ou ne puis pas penser, et, de l'autre côté, de la fenêtre, dont l'idée, en tant que fenêtre, peut entrer ou non dans mon esprit. Il y a aussi une ligne tout à fait extérieure du champ visuel d'où m'arrivent des impressions qui restent dépourvues de signification, à moins que je ne tourne les yeux vers leur source; même si je pense à elles, je ne puis, sans me mouvoir, dire leur nature. En quels rapports, alors, ces diverses impressions indéfinies sont-elles avec le « moi »? Je ne puis pas même dire qu'elles font partie de la conscience dans le sens ordinaire, puisque, en observant les choses immédiatement devant moi, je sais à peine que ces choses éloignées sont là, quoiqu'elles soient incontestablement comprises dans l'agrégat qui remplit mon champ mental. Encore moins puis-je dire comment ces vagues linéaments sont en relation avec cette partie de la conscience que je regarde comme mon « moi » mental. On peut soulever des questions analogues au sujet des désirs et des émotions qui, faibles ou forts, continuent à vous envahir, en dépit des efforts pour les écarter, et qui semblent ainsi être des modes de conscience en antagonisme avec la conscience pensée comme constituant le « moi ».

Mais l'exemple le plus distinct et le plus frappant de cette portion antagoniste détachée de conscience, est celui que je fais ressortir : la mélodie envahissante. Car ses tors forment un groupe organisé et intégré d'états de conscience tout à fait indépendants de la partie de conscience que j'appelle « moi-même », et qui est en conflit avec elle et triomphe d'elle continuellement.

Du point de vue physio-psychologique, l'interprétation de ce phénomène n'est pas difficile ; mais comment le métaphysicien pur pourra le résoudre, c'est ce que je ne vois pas.

QUELQUES AMÉRICANISMES[1]

Quand convient-il de protester contre des mots nouveaux ou des emplois nouveaux de mots anciens, et quand convient-il de les accepter, cela n'est pas facile à décider. Si les puristes avaient dominé dès le commencement, jamais la langue n'aurait progressé. Sans hésitation, cependant, nous pouvons condamner les altérations de mots et réprouver la pédanterie qui adopte de longs mots, là où des mots courts seraient aussi bons, ou meilleurs.

Quelques fausses applications de mots, communes en Amérique, m'ont souvent agacé, — une spécialement, l'emploi du mot « claim » (réclamer), au lieu de « say » ou « assert » ou « affirm » ou « allege ». Ainsi, par exemple : « I claim that he knew all about it before he laid the bet ». Cet abus a dernièrement fait son apparition, je regrette de le constater,

1. Le lecteur comprendra qu'il est impossible de rendre tout à fait exactement dans une autre langue un chapitre de ce genre.
(*Le Trad.*)

dans des journaux anglais réputés, même dans le *Times*. Un magazine mensuel me fournit un double exemple. Un critique anglais et l'écrivain américain qu'il critique dénaturent tous deux le sens d'un mot dans l'espace de trois phrases. Parlant des Cubains, l'un dit : « The claim that they are not capable of governing themselves has not been established in the writer's experience »; et l'autre : « It is not intended in this description of affairs to claim that the Cubans are without faults ». Cet emploi erroné est inexcusable, parce qu'il y a divers mots servant à exprimer nettement l'idée voulue, tandis que le mot employé ne l'exprime pas. Une chose « claimed » est une chose qui peut être possédée; mais une personne qui « claims » que A s'est mieux comporté que B, n'implique possession en aucun sens, ni réel ni possible.

Les hommes d'affaires en Amérique commettent souvent un autre attentat contre la langue, non de la même espèce, il est vrai, mais d'une espèce qui mérite une sévère réprobation. En voici des exemples. « The company have leased the new line and will *operate* it ». « The cost of *operating* the factory has been so-and-so ». Partout ces mots remplacent les mots « work » et « working » (travailler), mots qui, quoique sujets à objection, ne sont pas entachés tout bonnement de pédanterie. Et voilà que cet abus s'infiltre jusque chez nous. J'ai récemment rencontré cette phrase : « Automatic couplers can be operated with ease ».

Une corruption non moins répréhensible, commune dans le langage américain, est l'emploi de « on » à la place de « in » : « I met him *on* Broadway »; « I found him *on* the cors ». Ici nous avons une abolition délibérée d'une distinction fondée, qu'en bon anglais on observe uniformément. Le mot « in » implique inclusion plus ou moins décidée : « in a box » (dans une boîte); « in a carriage » (dans une voiture). Le mot « on » exclut l'inclusion, implique que l'objet n'est pas enferrr", et, de plus, qu'il ne se heurte pas à des bornes restrictives. La distinction est marquée avec précision dans deux phrases telles que : « in a field » (dans un champ) et « on a common » (sur une vaine pâture); les circonstances sont en effet à tous égards les mêmes, sauf que dans le premier cas il y a une clôture, et que dans le second il n'y en a pas. La désuétude de cette distinction fondée est un pas rétrograde, car le développement du langage, comme de la pensée, consiste à établir un plus grand nombre de distinctions, en rendant plus précis les mots existants et en en introduisant d'autres pour marquer de nouvelles différences.

Les hommes doivent regarder leur langue comme un héritage à conserver, et à perfectionner autant que possible; aussi ne faut-il pas qu'ils la dégradent par une régression vers un type inférieur. Ce devrait être une affaire de conscience que de ne pas altérer les mots, et ce devrait être une affaire de conscience aussi que de s'opposer à leur altération. Notre langue à nous, spécialement, devrait être préservée de la sorte. Si, comme le prétendent divers juges étrangers exempts de prévention, la langue anglaise sera, et doit être, la langue universelle, c'est d'autant plus un devoir pour l'humanité de réprimer les mauvaises habitudes de langage.

Peut-être arriverait-on à quelque résultat, si, en retour de critiques sur les américanismes telles que les précédentes, les Américains se mettaient à exposer systématiquement les détériorations de la langue parlée chez nous. Ils pourraient, par exemple, ridiculiser sans pitié l'abus vulgaire du mot « awfully[1] », qui règne depuis plus d'une génération. On a pleine liberté pour dénoncer les altérations analogues.

1. Terriblement, employé comme synonyme de beaucoup, grandement.   (*Le Trad.*)

PRÉSENCE D'ESPRIT

Tandis que la plupart des facultés comportent accroissement par l'éducation, il en est quelques-unes universellement reconnues comme innées, et assez peu susceptibles de modification. Au nombre de celles-ci nous pouvons ranger la présence d'esprit. Cependant, à l'aide de certaines formes de discipline, une grande aptitude de cette espèce peut être rendue plus grande, et une petite peut être augmentée en un certain degré.

L'autobiographie d'un sorcier ou prestidigitateur bien connu — ce pouvait être Robert Houdin — contenait, voilà une génération, un passage instructif, cité dans une revue dont j'eus connaissance. Le narrateur contait que lui et son fils, longeant une rue, rivalisaient ensemble à qui nommerait tous les objets qu'ils voyaient en passant à l'étalage d'un magasin, — un exercice intentionnel d'habileté à percevoir beaucoup de choses d'un seul coup d'œil. Un haut degré d'une telle habileté était évidemment nécessaire à un homme qui abusait les autres par ses tours de passe-passe. Le pouvoir d'observation rapide et complète ne pourrait-il être accru chez les enfants par des moyens assez semblables à des jeux? Supposons un tableau noir en avant duquel on peut tirer avec une vitesse variable un rideau en toile noire contenant une ouverture carrée à travers laquelle on peut voir un moment des marques sur le tableau, quand l'ouverture passe devant. Le démonstrateur pourrait commencer, par exemple, par trois grandes taches faites irrégulièrement sur le tableau, tandis qu'il tournerait le dos à sa classe de façon à les cacher. Puis, ayant tiré sur ces taches la partie opaque du rideau, il fait, quand ses élèves sont prêts, jouer celui-ci en arrière à l'aide d'un ressort, de sorte que ces taches deviennent visibles, par exemple pour une seconde ou deux; et, en suite de ceci, les élèves placent des points sur leurs ardoises, autant que possible dans les mêmes positions relatives : les comparaisons montreront bien vite qui s'est le plus approché de l'original. Les positions relatives des taches peuvent naturellement être variées de diverses façons et leur nombre peut être accru par un point à la fois jusqu'à quatre, cinq, six. Puis on peut prendre trois lignes inégales dissemblables en longueur, en direction et en position relative, et produire ensuite des complications analogues. De là on peut passer à des figures : par exemple un triangle, un cercle, et une ligne droite, diversement placés par rapport les uns aux autres;

et en continuant ainsi, à travers des combinaisons plus élevées : la durée de l'exposé diminue à mesure que s'accroît le pouvoir de rapide perception. Plus utiles, cependant, parce que plus intéressants, sont les exercices de cette nature offerts par des jeux domestiques, — quelques-uns à l'usage des enfants, d'autres à l'usage des jeunes gens. Il y a des jeux de cartes où le succès dépend de voir prestement l'endroit juste où placer une carte, tous les yeux étant tournés vers chaque joueur tour à tour, pour découvrir instantanément une erreur quelconque de distribution. Naturellement, tandis que ces leçons et ces jeux augmentent les pouvoirs d'observation de tous, ils laissent jusqu'à la fin de grandes différences parmi eux. Celles-ci sont déterminées par la limite physiologique que les astronomes et autres nomment l' « équation personnelle ». Entre l'instant où une certaine chose est vue et l'exécution d'une marque ou d'un signal, il y a un intervalle qui est plus grand chez une personne que chez une autre : la cause en est dans la différence de vitesse de la décharge nerveuse. Naturellement, le nombre de choses observables à la fois est gouverné par cette cause. On pourrait ajouter que, à part l'avantage gagné par une plus grande vitesse de perception, il y a l'avantage plus général d'une intensité d'attention accrue. De l'habileté à concentrer les pouvoirs intellectuels sur des objets quelconques qui s'offrent à leur attention, dépend le succès en plus d'un genre.

Mais en supposant que la présence d'esprit est accrue jusqu'à un certain point par l'accroissement de l'habileté à voir instantanément toutes les circonstances d'un cas, il reste à accroître le facteur également important : la fertilité de ressources. Ici on ne peut pas grand'chose. Peut-être, par des questions posées à propos d'un désastre imaginaire, auxquelles il faudrait répondre en cinq secondes, par exemple, pourrait-on exercer un peu les pouvoirs particuliers de la pensée qui habituellement ne sont jamais exercés. Une dame a mis le feu à sa robe : que ferez-vous ? « Courir chercher de l'eau », répondra l'un. « S'emparer d'une couverture et l'en envelopper », répondra un autre. « Arracher les rideaux de la fenêtre, s'ils sont en laine, et la rouler dedans », pourra répondre un troisième. Et peut-être un quatrième dira-t-il : « La renverser sur le dos et jeter sur elle la descente de lit ». Supposez encore un cheval emporté, que son conducteur ne peut plus maîtriser : que fera-t-on ? « Sauter à bas de la voiture », conseillera-t-on dans certains cas. Un autre pourra dire : « Si la route n'est pas encombrée de véhicules, laissez galoper le cheval jusqu'à ce qu'il soit fatigué ». Et un troisième répondra peut-être : « Étendez-vous au fond de la voiture ». Imaginez-vous maintenant que vous vous efforcez de sauver un homme qui se noie : comment procéderez-vous ? Voici une réponse : « Donnez-lui une main, et nagez de votre autre bras libre ». Une seconde pourra être : « Saisissez-le au collet et nagez de l'autre bras ». Une troisième : « Placez-vous derrière son dos, pour éviter qu'il se cramponne à vous, et poussez-le devant vous en nageant ». Dans chacun de ces cas la conversation poursuivie exposerait les raisons pour lesquelles certaines méthodes seraient mauvaises, d'autres meilleures, et quelques-unes les meilleures. Naturellement, les incidents de la vie offrent de nombreux problèmes analogues, et l'habileté à saisir prestement le meilleur moyen d'être suivi peut légèrement s'augmenter. En même temps, des exercices répétés de ce genre approvisionneront la mémoire de façons de procéder qui peuvent servir en cas d'accidents réels.

Mais, de même qu'il y a une limite constitutionnelle à l'acquisition de la prestesse d'observation, il y a une limite constitutionnelle à l'acquisition de cette faculté pleine de ressources, nécessaire pour faire face aux événements. Le travail normal d'un organisme animal, humain ou autre, implique que la partie ou les parties appelées à accomplir un excédent de tâche soient immédiatement pourvues d'un excédent de sang : un muscle au repos soudainement excité à l'action doit aussitôt avoir ses artères mieux remplies, et l'estomac, garni de nourriture, doit avoir ses vaisseaux sanguins plus complètement chargés que quand il ne fonctionne pas. De même pour le cerveau. Pour produire les rapides et vivaces pensées et sentiments exigibles en vue de faire face aux désastres réels ou imminents, la circulation cérébrale doit être exaltée, et un système vasculaire bien réglé répond à ce besoin. Mais ici se produit un conflit fréquent. L'évanouissement, résultant d'une violente émotion, est un fait commun. Nous voyons en lui un de ces arrangements automatiques destinés à écarter les désastres organiques si nombreux. Car une violente émotion implique que des parties du cerveau se sont soudainement surchargées de sang; une conséquence en est que quelques-unes des artérioles ultra-distendues sont en danger de céder sous la pression, — accident sérieux et qui peut être fatal. Dans ces conditions entre en jeu, sous l'action du nerf vague, un soudain équilibre du cœur : il cesse d'agir, et la pression sur les vaisseaux sanguins, ainsi diminuée, n'est plus dangereuse. Mais entre l'état mental ordinaire qui accompagne la circulation cérébrale ordinaire et cet état extrême dans lequel l'arrêt de l'action mentale résulte de l'arrêt de la circulation cérébrale, il y a toutes les gradations; c'est-à-dire qu'il y a tous les degrés dans l'équilibre du cœur, excepté l'arrêt complet. Mais la diminution de la puissance cardiaque a pour résultat de diminuer plus ou moins la force mentale, au lieu de l'exalter. L'afflux nécessaire de sang à la masse du cerveau étant partiellement arrêté, les facultés sont partiellement désagrégées. Les pensées deviennent confuses, et il y a comme une paralysie temporaire de l'intellect. Ceci se produit spécialement chez les sujets nerveux et chez ceux qui, par excès d'efforts, ont constamment préjudicié à leur système vasculaire et à leurs centres nerveux. Ce manque d'afflux sanguin en présence d'une catastrophe ou d'un danger physique ou moral produit une sorte de chaos mental, un dérangement d'idées et d'impulsions tel, que tout va mal et que l'on ne fait rien, ou que l'on fait les choses juste à rebours.

Dépendant ainsi en principale mesure de la constitution, naturelle ou modifiée par quelque désordre, la présence d'esprit ne peut pas être beaucoup augmentée par l'éducation. Cependant quelque chose peut être fait. La pratique de la rapidité d'observation et de la fertilité de ressources doit profiter à tous, quelle que puisse être leur nature, et, là où les événements ne sont pas d'espèce alarmante, elle peut augmenter la présence d'esprit même des gens nerveux. Si peu qu'il y ait à attendre, il est bon d'aspirer à ce peu. En se rappelant que faire preuve de présence d'esprit à l'occasion, c'est échapper, soi-même ou d'autres, à des maux sérieux sinon fatals, on conclura que la discipline ou l'exercice tendant à la développer, même à un petit degré, peut prendre convenablement la place de maintes leçons sans valeur qui forment une large part de l'éducation courante.

LA CORRUPTION DE LA MUSIQUE

Les musiciens exécutants et les professeurs de musique sont des corrupteurs de la musique. Ceci est un paradoxe que la plupart des gens trouveront extrêmement absurde. Je vais le justifier.

Sans remonter, pour la preuve, au passé, quand de temps en temps une prima donna forçait un compositeur à introduire des passages lui permettant de déployer son agilité vocale, je me limiterai au présent. Les preuves m'arrivent continuellement. Voici, entre autres, un extrait d'une récente critique musicale dans laquelle, après avoir remarqué que la sonate dont il s'agit n'est pas bonne, l'écrivain poursuit ainsi : « Il n'est pas difficile de comprendre l'attrait que cette œuvre possède pour les pianistes de premier ordre; elle renferme des difficultés à vaincre ». Et voici un autre extrait : « La méthode vocale de miss*** n'échappe pas à la critique, mais comme elle réussit à émettre des sons à une hauteur que l'on n'atteint pas habituellement, le public est complètement satisfait ».

Hamlet, dans son discours aux comédiens, blâme ceux qui « déchirent les oreilles des spectateurs de la galerie, incapables généralement d'apprécier autre chose qu'une pantomime incompréhensible et le bruit ». En changeant l'époque, le lieu et les termes, on peut dire que les trois quarts des auditoires musicaux d'aujourd'hui sont dans la même situation relative. Ils apprécient peu les idées et les sentiments musicaux du compositeur, ou leur rendu réel; mais un exploit extraordinaire de vocalisation, ou un déploiement de gymnastique merveilleuse sur le violon, soulève une salve d'applaudissements. Et alors, malheureusement, comme les auditeurs de l'orchestre applaudissent, — ils applaudissent parce qu'ils savent combien grandes sont les difficultés vaincues, — l'auditoire est encouragé dans la croyance que c'est là de la musique, et il bat des mains de peur de passer pour dépourvu de goût. C'est ainsi que des exécutants, désirant moins rendre fidèlement l'esprit des pièces qu'ils jouent qu'étaler leur puissance d'exécution, vicient la musique et le goût de leurs auditeurs. Une preuve directe m'en a été donnée par deux dames pianistes, jouant toutes deux à des concerts des morceaux choisis par elles, non parce qu'ils étaient beaux, mais parce qu'ils étaient de nature à leur permettre de montrer du brillant d'exécution. *Toccata*, tel était le nom porté sur l'un des programmes. L'aînée de ces dames, qui était professeur de musique, avouait qu'elle espérait montrer aux parents quelle bonne maîtresse elle devait être, pour être capable de jouer dans ce style!

Comme l'impliquent ces aveux, le mal vient de ce que l'exécutant se préoccupe de lui-même, ce qui l'empêche de s'occuper des idées du compositeur. Le sentiment qui domine n'est pas l'amour de la musique rendue, mais le désir des applaudissements que soulèvera le brillant rendu. Dans le cas des exécutants célèbres vers lesquels affluent des torrents d'auditeurs, ceci est presque une nécessité. Voilà bien des années, revenant d'un concert donné par un célèbre pianiste russe, je remarquai : « Trop peu de musique, et trop de Rubinstein ».

Et ce n'est pas tout. Il y a un mal plus largement répandu et moins apparent. Un caractère dominant d'une brillante exécution musicale est la rapidité. Un *saltarello* ou une *tarantelle* sont assez faciles, pourvu qu'on les joue lentement. L'habileté consiste à les jouer rapidement; et les professeurs incitent leurs élèves à obtenir cette rapidité. Le résultat est d'élever graduellement la mesure du temps, et la conception de ce qu'est le temps approprié change partout dans le sens de l'accélération. Cela s'applique non seulement aux morceaux de parade, mais aux morceaux de musique pure. C'est si souvent le cas, qu'habituellement quand des dames ont joué pour moi, j'ai dû les arrêter : « Pas

si vite! Pas si vite! » La mesure choisie était en
effet le plus souvent de nature à détruire le sentiment.

En un mot, cette altération est un des résultats
indirects du but que se proposent les professionnels, non de rendre le plus parfaitement possible
les idées du compositeur, mais de jouer de manière
à augmenter leurs gains.

RÉFORME SPONTANÉE

J'ai développé ailleurs cette curieuse vérité, que
lorsqu'un mal est vraiment grand, il attire peu ou
point l'attention; que lorsque, pour une cause ou
pour une autre, il est mitigé, sa constatation amène
des efforts pour l'amoindrir; et que, quand il a
beaucoup diminué, on en vient à demander de
sévères mesures pour sa suppression. Les moyens
naturels ayant tant fait, on recourt péremptoire-
ment aux moyens artificiels.

Un des exemples que je citais était l'immense
déclin de l'ivrognerie qui s'est affirmé depuis le
xviiie siècle, déclin suivi, aux époques récentes,
d'une énergique intervention de la législation pour
la supprimer. L'occasion de rappeler cet exemple
a été la découverte de certains faits montrant jusqu'où allaient les excès de nos trisaïeuls. Dans une
série d'histoires diocésaines déposée sur les rayons
de la bibliothèque d'une maison de campagne, je

trouvai quelques extraits du journal d'un certain Thomas Turner, mercier dans un village du Sussex. Ses notes indiquent qu'il était amateur de bonne littérature et homme religieux. Le compilateur dit de lui : « Quand il n'a pas été trop ivre le samedi soir, il va à l'église le dimanche. Il fait toujours quelque remarque sur le sermon... Blâmable comme il l'était, cependant, sous le rapport de l'intempérance, il ne semble pas avoir été beaucoup pire que la plupart de ses voisins. Qu'ils se réunissent pour les affaires ou pour le plaisir, le résultat ordinaire était que la compagnie se séparait en état d'ivresse ».

Voici quelques-unes des confessions de notre Thomas Turner :

« 21 avril 1756. Je suis allé au bureau des comptes, et suis rentré ivre... 25 novembre. Le curé de Laughton vint à la boutique... et resta aussi l'après-midi, jusqu'à ce qu'il fût ivre ; et moi, étant assez complaisant pour lui tenir compagnie, je devins tout à fait ivre. Une troupe de quinze personnes, comprenant le vicaire de la paroisse, M. Porter, et sa femme, se rassembla à quatre heures de l'après-midi. Après souper,... buvant tout le temps aussi vite qu'il était possible d'ingurgiter. Vers trois heures du matin il parvient à rentrer chez lui *sans même faire de culbutes*. On ramène sa femme deux heures plus tard. Et ensuite, à l'instigation de Mrs. Porter, la femme du vicaire, la buverie est reprise le matin suivant. Le dimanche,

M. Porter nous fit un sermon des meilleurs que j'aie entendus de lui, contre les blasphèmes. Quelques jours après seulement, la même société se rencontra chez M. Porter. Nous continuâmes, dit-il, à boire comme des chevaux, et à chanter jusqu'à ce que plusieurs d'entre nous fussent très ivres ».

Un autre extrait montre d'une manière instructive la sanction sociale, ou quelque chose de plus, qu'avaient ces usages. Notant une invitation qu'il avait reçue, le chroniqueur écrit : « Si j'y vais, il me faut boire juste comme il leur plaît, ou autrement je serai traité de pauvre diable. Si je reste chez moi, on me stigmatisera du nom de coquin fier et mal embouché »... Aussi se décide-t-il à y aller... « Avant de partir, je crois pouvoir dire qu'il n'y avait pas une seule personne restée sobre dans la compagnie ».

Un autre chroniqueur, un M. Walter Gane, maître d'école, fait de semblables aveux ; et d'autres détails montrent qu'à travers toute la société en général cette démoralisation sévissait. On peut ainsi croire à la vérité d'un passage du *Tour aux Hébrides*[1], qui, en l'absence d'autre preuve, semblerait incroyable. « Le Dr Johnson observa que notre habitude de boire moins que nos ancêtres était due au remplacement de l'ale par le vin. « Je

---

1. *Journal of a Tour to the Hebrides with Samuel Johnson*, par James Boswell. Ce récit de l'excursion aux îles de l'ouest de l'Écosse, faite en 1773 par l'illustre écrivain en compagnie de son futur biographe, parut en 1785, environ neuf mois après la mort de Johnson. *(Le Trad.)*

« me rappelle, — dit-il, — que tous les gens *conve-*
« *nables* de Lichfield étaient ivres chaque nuit, et on
« ne les estimait pas moins pour cela ».

Même en réduisant largement cette affirmation,
nous devons conclure que l'ivrognerie générale
était effroyablement grande.

Qu'est-ce qui a produit la transformation sur-
venue depuis? Ce n'est ni la législation, ni la répres-
sion sévère, ni la coercition. L'amélioration s'est
lentement effectuée, en même temps que d'autres
améliorations sociales, par des causes naturelles.
La *vis medicatrix naturæ* a été de la partie. Mais
ce grand fait et d'autres grands faits offrant des
enseignements semblables sont ignorés par nos
agitateurs. On ne peut leur faire reconnaître les
processus d'évolution résultant des activités quotidiennes des hommes, quoique des faits qui s'imposent à eux du matin jusqu'au soir les montrent en
des myriades de façons. Les maisons dans lesquelles ils vivent, leurs meubles, vêtements, com-
bustible, nourriture, tout cela est amené à l'existence par les efforts spontanés des citoyens pourvoyant à leurs besoins mutuels. Les pâturages et
champs de blé qu'ils traversent couvrent des
espaces qui ont été à l'origine des landes et des
marais, et qu'ont transformés les entreprises indi-
viduelles. Les routes, railways, trains, télégraphes,
sont les produits d'efforts combinés, aiguillonnés
par le désir du profit et de la subsistance. Les villages et les villes par lesquels ils passent étaient les

progrès dus à l'action privée. Les régions consacrées à telle ou telle manufacture l'ont été par des
hommes qui cherchaient simplement à gagner de
l'argent. L'énorme organisation distributrice, avec
ses vastes entrepôts et ses magasins de détail le
long des rues, qui expédie en tout lieu d'innombrables espèces de marchandises, a pris naissance
en dehors de tout dessein individuel. Des villes de
marchés, grandes et petites, sont devenues, sans
plan arrêté, des places d'échanges périodiques;
tandis que des échanges d'un ordre plus élevé et
plus vaste se sont établis à Londres, où, d'heure en
heure, vous pouvez sentir battre le pouls de l'univers. Ainsi, également, s'est développée par coopération spontanée cette immense marine marchande,
à voiles et à vapeur, qui conduit les hommes partout et apporte des marchandises de tous les endroits. Et nous ne devons pas moins à l'action
réunie des individus privés, en ce qui concerne ce
réseau de télégraphes sous-marins, grâce auxquels
s'est actuellement établi quelque chose de semblable à une conscience universelle. Toutes ces
choses sont en dehors de l'action gouvernementale.
Si nous demandons comment naquit la science qui
a guidé leur développement, nous trouvons que son
origine se trouve en dehors de l'action gouvernementale. Si nous demandons d'où sont venues
toutes les innombrables inventions existantes, la
réponse sera aussi que leur origine est non gouvernementale. De la presse quotidienne, hebdoma-

daire, mensuelle, il nous faut dire aussi qu'elle n'est pas gouvernementale. Il en est ainsi du grand torrent de livres continuellement publiés, aussi bien que des arts, — musique, peinture, sculpture, dans leurs divers développements, — et des amusements qui remplissent les heures de relâche. Cette vaste organisation sociale, à la vie de laquelle chacun de nous aide et qui rend notre existence possible en satisfaisant nos besoins, est un produit qui est juste aussi développé naturellement que l'est le langage au moyen duquel on communique ses besoins. Nulle autorité d'État, nul roi ou conseil n'ont fait celui-ci plus que celle-là. La ridicule théorie de Carlyle sur le Grand Homme et ses exploits[1] ignore absolument cette genèse des structures et fonctions sociales qui s'est poursuivie à travers les âges. Les actes du chef qui modifie les actions de sa génération, cette théorie les confond avec l'évolution du grand corps politique lui-même, dont ces actions ne sont que des incidents. C'est comme si un enfant, voyant pour la première fois un arbre dont un jardinier coupe ici une branche et élague là de plus petites parties, regardait le jardinier, le seul agent visible, comme le créateur de l'arbre

---

1. *On Heroes, Hero-Worship, and the Heroic in History*, 1841. On sait que, dans la pensée de Carlyle, les *héros* sont les agents par excellence de l'incessante transformation humaine. Les *types* pour lesquels il réserve avant tout son admiration sont Dante, Shakespeare, Luther, Cromwell, J.-J. Rousseau, Napoléon, et, un peu au-dessous de ceux-ci, Odin, Mahomet, Knox, Samuel Johnson et Robert Burns. (*Le Trad.*)

entier, sans rien savoir du rôle du soleil et de la pluie, de l'air et du sol. Les intelligences non développées ne peuvent reconnaître les résultats de causes lentes, silencieuses, invisibles.

L'éducation et la culture, telles que nous les voyons aujourd'hui, ne font rien pour diminuer cette incapacité, mais tendent plutôt à l'accroître. En tant qu'elles sont plus que de la linguistique, les « humanités », auxquelles les jeunes gens donnent toute leur attention, mettent en jeu des personnalités. Après les faits et gestes traditionnels des dieux et des héros, des grands chefs et de leurs conquêtes, viennent les productions des poètes, des historiens, des philosophes. Et quand à l'étude des premiers âges vient s'ajouter l'étude des derniers âges, nous trouvons la soi-disant Histoire composée de biographies de rois, du récit de leurs conflits, des querelles et intrigues de leurs vassaux et sujets. Dans la conscience d'un homme qui a passé par le *curriculum* d'études universellement à la mode tout récemment encore, il n'y a pas de place pour la causalité naturelle. Au contraire, il y existe seulement l'idée de ce qui, en un sens relatif, est une causalité artificielle, — la causalité par influences établies et à travers une force dirigée par telle ou telle volonté individuelle. On conçoit clairement de petits changements opérés par des fonctionnaires, mais on n'a pas la conception de ces vastes changements qui ont été opérés à travers le processus quotidien de choses non dirigées par l'autorité. Et ainsi la notion qu'une société est une manufacture, et non une évolution, vicie l'idée politique en général ; elle conduit, comme dans le cas qui m'a servi de texte, à la croyance que seule la coercition peut opérer des bienfaits. Indique-t-on du doigt un mal ? alors il doit être supprimé par la loi. Suggère-t-on un bien ? alors qu'on l'obtienne par un Acte du Parlement.

SENTIMENT EN REGARD
DE L'INTELLECT

Dans les premiers temps de mon amitié avec le professeur Huxley[1], — vers 1854, je crois, — comme je lui rendais visite un après-midi, il s'écria : « Montez ! Je veux vous montrer quelque chose qui fera vos délices : un fait qui rentre tout doucement dans une grande généralisation ! » Son expression ironique lui était inspirée par sa certitude que, comme j'étais si fort adonné à la généralisation, je serais déconcerté. Il était en train de disséquer le cerveau d'un marsouin, et le fait anormal qu'il relevait était que le marsouin a une cervelle d'une dimension relativement énorme, — dimension en apparence hors de toute proportion avec les exigences de cet animal. Quel besoin peut avoir un être

1. Thomas-Henry Huxley (1825-1895), l'illustre morphologiste et ardent partisan de Darwin, qu'il dépassa même en hardiesse dans son explication de l'origine des espèces.   (*Le Trad.*)

menant une vie si simple, d'un organe presque assez
vaste pour entretenir la vie d'un être humain?
Huxley, qui à cette époque n'était pas encore professeur, n'avait à offrir aucune solution de la difficulté; et moi, à ce moment, je ne trouvai pas celle
qui me semble la vraie.

On a universellement pris l'habitude d'identifier
l'esprit avec l'intelligence. La conduite de nos
actions par la pensée étant d'une part si évidente,
et le langage, qui occupe une si grande place dans
notre existence, étant d'autre part un véhicule qui
rend la pensée prédominante pour nous et pour les
autres, nous sommes conduits à supposer que l'élément pensée est l'élément principal de l'esprit : un
élément qui empêche souvent d'en reconnaître tout
autre. En conséquence, si l'on dit que le cerveau est
l'organe de l'esprit, on admet que le cerveau est
principalement, sinon complètement, l'organe de
l'intellect.

L'erreur est énorme. Le composant principal de
l'esprit est le sentiment. Pour voir cela, il est nécessaire de se débarrasser des significations erronées
que le mot « esprit » a acquises, et d'employer à la
place son équivalent « conscience ». L'esprit exactement interprété s'étend jusqu'à la conscience :
toutes les parties de la conscience sont des parties
de l'esprit. Les sensations et les émotions sont des
parties de la conscience, et loin d'en être les composants mineurs elles en sont les composants majeurs.
En premier lieu, l'ensemble de la conscience à un

moment quelconque est constitué par les sensations que produisent en nous les choses d'alentour : les divers groupes de couleurs imprimés à travers nos yeux, les bruits qui frappent nos oreilles, les pressions sur telles parties de notre corps suivant que nous sommes étendus, assis ou debout, les efforts musculaires accompagnant nos mouvements, et en certaines occasions les goûts et les odeurs. Entre ces nombreux sentiments périphériques s'établissent à chaque instant des relations constituant des perceptions et des pensées : des couleurs occupant certains espaces et positions sont reconnues comme telles et telles choses par assimilation à des séries idéales de couleurs similairement arrangées, et, des mouvements de certains groupes d'entre elles, on attend des résultats particuliers; ces résultats prévus sont des groupes idéaux de sentiments. Et il en est ainsi de tous les sons, attouchements, odeurs, chaleurs : l'élément intellectuel s'y limite à en reconnaître les coexistences et les successions. De sorte que le *corps* même de notre conscience pensante se compose de sentiments, et que la *forme* seule constitue ce que nous distinguons comme intelligence ; il n'y a pas intelligence dans une sensation de rouge, ou de douceur, ou de dureté, ou d'effort, mais seulement dans certaines coordinations de ces sensations.

Et ensuite vient l'autre grande classe de sentiments, ignorés dans la conception courante de l'esprit : les émotions. On peut observer au sujet de celles-ci, comme des sensations, que les émotions ordinaires, présentes de moment en moment, ne sont nullement regardées comme des sentiments. De même que la respiration ou les clins d'yeux, leur répétition incessante nous les fait oublier. Cependant les émotions sont de tous les instants. Nul mouvement n'a lieu sans être précédé d'un sentiment et d'une pensée qui le stimulent. Et il suffit seulement que le mouvement soit étendu, ou difficile, ou rencontre de la résistance, pour nous avertir qu'il a été précédé d'une émotion de quelque espèce. Ainsi en est-il de toutes les autres faibles émotions. La journée est belle, et il y a une légère exaltation de l'état mental. Elle est pluvieuse, et il en résulte une tristesse relative. Quelque personne sympathique apparaît, et une vague de plaisir soulève notre conscience; tandis qu'un nuage émotionnel suit la vue d'un ennemi. Il en est de même des occupations. Il y a une tâche à accomplir, et derrière toutes les activités physiques et mentales requises gît un obscur sentiment d'aversion, un sentiment très dissemblable de celui qui accompagne une occupation favorite ou la réalisation d'un succès. Et alors, quoique le sentiment compact qui ne cesse de se faire jour soit si discret que nous nous imaginons à peine son existence, il devient, dans des circonstances aptes à l'exciter, presque l'unique occupant de la conscience. Si une altercation provoque une extrême colère, l'émotion peut grandir au point d'exclure la possibilité de parler : l'élément pensant est anéanti. Une alarme intense peut désagréger l'intellect, au point d'amener une incapacité temporaire d'agir. L'anxiété produite par une affection absorbante peut anéantir toutes les idées qui y sont étrangères. Et cet élément mental qui, à l'occasion, se montre ainsi prédominant, est, en un sens, prédominant en tout temps; car les émotions qui prévalent, plus hautes ou plus basses, sont ces composants de l'esprit qui déterminent la conduite journalière, tantôt digne et tantôt relâchée, tantôt noble et tantôt vile. La partie qu'ordinairement nous ignorons, quand nous parlons de l'esprit, est sa partie essentielle. Les émotions sont les maîtresses, l'intellect est le serviteur. La direction de nos actes par la perception et la raison a pour fin la satisfaction de sentiments qui à la fois inspirent les actes et produisent l'énergie nécessaire pour les accomplir; car tous les exercices accomplis journellement, qu'ils soient accompagnés de sentiments agréables ou désagréables, sont accomplis afin d'obtenir ou d'éviter certains autres sentiments.

Là donc se trouve la solution de l'anomalie indiquée au début. Le vaste cerveau du marsouin n'est pas l'agent de beaucoup d'activité intellectuelle, mais est l'agent de beaucoup d'activité émotionnelle, qui accompagne la poursuite et la capture de la proie. L'énorme force musculaire qu'étale cet animal, — qu'il étale parfois dans ses ébats superflus, alors qu'il suit un vaisseau rapide, — est l'expression d'une énorme abondance de sentiment; car, sans le sentiment corrélatif, la contraction musculaire ne pourrait exister. C'est à produire cette grande masse de sentiment et d'énergie qui l'accompagne, énergie perpétuellement employée aux mouvements de la poursuite, que son cerveau est constamment occupé.

La multiplication d'effets, qui est un caractère universel du processus cosmique, est bien illustrée par la façon dont les erreurs se ramifient et influencent éventuellement une multitude de choses avec lesquelles elles semblent n'avoir aucun rapport. C'est pour pouvoir indiquer quelques conceptions faussées qui en résultent, que je signale cette immense méprise consistant à identifier l'esprit avec l'intellect.

De nos jours, en effet, où l'on admet que, comme composant de l'être humain, l'esprit occupe un rang plus élevé que le corps (si toutefois nous pouvons dire cela en présence de l'athlétisme et des honneurs plus grands accordés au vainqueur d'une course à l'aviron qu'à un brillant lauréat de l'Université [1]), de nos jours où en théorie, sinon en pratique, le mental prédomine sur le physique, de grands maux résultent de ce qu'on ne tient aucun compte de la

---

1. « A senior wrangler », dit le texte, littéralement : l'étudiant qui, à l'Université de Cambridge, obtient la première place dans la première des trois divisions de l'examen de mathématiques. Il y a un « second wrangler », un « third wrangler », etc. Le mot vient de « to wrangle », se disputer, argumenter avec chaleur.   (*Le Trad.*)

partie la plus importante du mental. L'estime exagérée pour l'intelligence a nécessairement comme
corollaire l'amoindrissement d'estime pour la nature
émotionnelle. Considérés sous le rapport de leur
aptitude à la vie, individuelle et sociale, ceux en qui
prédominent les sentiments altruistes sont de beaucoup supérieurs à ceux qui associent à des facultés
de perception et de raisonnement des plus hautes,
des sentiments antisociaux, un égoïsme sans scrupules et le mépris de leur prochain. Le contraste
entre quelques tribus non civilisées illustre bien
cette vérité. Parmi les sauvages, les Fidjiens, quand
on les découvrit, se distinguaient par leur adresse
et par une habileté à penser que les races inférieures
montrent rarement ; et en même temps le cannibalisme régnait parmi eux, ils gardaient les tribus
assujetties pour s'en repaître, et ils ambitionnaient
la réputation de meurtriers. D'autre part, les pacifiques Arafuras ne sont pas décrits comme intelligents ; quelques-unes de leurs idées impliquent le
contraire. Mais vivant ensemble comme ils font
sans antagonisme et avec un gouvernement seulement nominal, leurs sentiments sont tels que l'un
d'eux, étant jeune, et déçu dans son désir de devenir
chef (distinction impliquant uniquement responsabilité pour le bien-être des membres plus pauvres
de la tribu), se consola en disant : « Eh bien! je
puis toujours employer ce que j'ai à aider mes semblables ». Ainsi mise en opposition, la supériorité de
l'élément moral sur l'élément intellectuel devient

évidente. Une société méchante à l'extrême peut, tant qu'elle parviendra à durer, être formée de gens qui rivalisent avec Méphistophélès en finesse d'intellect; et, au rebours, quoique ses membres soient stupides et rebelles au progrès, une société peut être pleine de bonheur, si ses membres sont scrupuleusement attentifs aux besoins des autres et activement sympathiques. Quoique cette proposition soit presque un truisme, on y prend peu garde. La complète reconnaissance de sa vérité ferait honorer par les hommes, beaucoup plus qu'ils ne font, les modestement bons, et estimer moins ceux dont le mérite est l'habileté intellectuelle. Il n'existerait rien, par exemple, de l'incessante admiration pour ce criminel transcendant, Napoléon.

Une foi excessive dans la valeur de l'enseignement est la résultante logique de cette interprétation erronée de l'esprit. On entend crier partout : « Éduquez ! éduquez ! éduquez ! » Partout prévaut l'opinion que la culture fournie par les écoles permettra de mouler les enfants, et par là même les adultes, dans les formes désirées. On suppose que, lorsqu'on enseigne aux hommes ce qui est bien, qu'une proposition intellectuellement acceptée sera moralement efficace. Et pourtant cette conviction, contredite par l'expérience quotidienne, est en désaccord avec un axiome quotidien : à savoir que chaque faculté est renforcée par son exercice, — le pouvoir intellectuel par à savoir individuelle, et le pouvoir moral par l'action morale. La notion courante est que ces causes et ces effets peuvent être intervertis, — que l'obéissance à une injonction sera suivie de l'exercice du sentiment corrélatif. Il est exact que là où le sentiment est déjà actif, ou que l'aptitude à ce sentiment existe, quelque effet peut s'ensuivre; mais là où le sentiment est endormi ou absent par disposition congénitale, l'injonction en réalité n'effectue rien : à moins qu'elle n'excite plutôt de la répugnance, comme cela arrive parfois. Il semble, cependant, que cette foi illimitée dans l'enseignement n'est pas pour être modifiée par les faits. Quoique, en présence d'innombrables écoles, supérieures et primaires, nous ayons les rowdies et les Hooligans [1], les perturbateurs sauvages de meetings, les falsificateurs de denrées, les distributeurs de pots de vin et les receveurs de commissions illicites, les hommes de loi frauduleux, les sociétés financières illusoires, cependant la foi demeure robuste; et récemment, en Amérique, à la clameur provoquée par l'accroissement annuel des crimes s'associa la détermination avouée de n'en rien conclure contre le système d'éducation en vigueur. Mais le refus de reconnaître la fertilité de la simple instruction comme moyen de moralisation, se justifie

1. Un « rowdy », du mot « row », tapage, querelle, est le nom donné à New-York aux vagabonds et aux ruflans qui battent le pavé. — Le « Hooligan », d'origine toute récente, équivaut à notre Apache : celui-ci est désigné par les Anglais sous le titre de : « The Paris Hooligan ». Ce dernier nom est un nom propre irlandais, sans doute celui du chef qui organisa l'association de malfaiteurs actuellement connue sous ce titre.

(Le Trad.)

de la façon la plus frappante par l'ignorance du fait patent que, après deux mille ans d'exhortations chrétiennes, émises par cent mille prêtres dans l'Europe entière, les idées et les sentiments païens demeurent prépondérants, depuis les empereurs jusqu'aux vagabonds. Les principes admis en théorie sont dédaignés en pratique. Le pardon est proclamé déshonorant. Une insulte doit être lavée dans le sang; et cette obligation est si péremptoire, qu'un officier est chassé de l'armée pour oser seulement la mettre en question. Et, dans les affaires internationales, le devoir sacré de la revanche, suprême pour le sauvage, est suprême aussi pour le soi-disant civilisé.

Comme on l'a dit plus haut, cette foi exagérée dans l'instruction provient principalement de la conception erronée de l'esprit. Si l'on comprenait pleinement que les émotions sont les maîtresses et l'intellect le serviteur, on verrait qu'on ne peut pas aboutir à un grand résultat en améliorant le serviteur, tandis qu'on n'améliore pas les maîtresses. L'amélioration du serviteur donne seulement aux maîtresses plus de pouvoir pour réaliser leurs fins,

LE BUT DE L'ART

La manie éducative qui a pour réclame les mots :
« Lumières, Information, Instruction », tend dans
toutes les voies à accentuer cette identification
erronée de l'esprit avec l'intellect; et elle influe en
conséquence sur l'estime que font les hommes des
diverses activités mentales et des divers produits
mentaux. Entre autres résultats, elle vicie leur conception de l'Art et le but de l'Art : en employant le
mot Art dans le sens généralement accepté aujour-
d'hui, comme embrassant toutes les œuvres d'imagination créatrice. Dans cette sphère, comme dans
d'autres sphères, on fait trop de cas de l'élément
émotionnel de l'esprit, et pas assez de cas de l'élément intellectuel.

Me bornant à effleurer la controverse interminable
relative à l'art dramatique, qui a tourné tout le
temps autour de la question de savoir si les représentations scéniques de la vie sont ou non instruc-

tives, comme si la production de plaisir n'entrait pas
en ligne de compte, je puis noter qu'en poésie nous
pouvons voir cette habitude d'attribuer plus d'importance à la pensée qu'au sentiment : témoin l'assertion de Matthew Arnold [1], que « c'est par une large,
libre et saine représentation des choses, que la
poésie, *cette haute critique de la vie*, a une vérité
substantielle ». Ce n'est pas l'éveil de certains sentiments, mais la communication de certaines idées,
qui est ainsi représentée comme la tâche du poète.

Même chose est advenue de la représentation pic-
turale. Les artistes cherchent à magnifier leur
métier, en affirmant que l'art est utile à la culture
intellectuelle. Cette raison est la seule qu'ils allè-
guent. Il y a des années, mon attention fut attirée
vers cette conception erronée par une dissertation
dont M. Holman Hunt [2] accompagnait un tableau
qu'il exposait : « Le Christ dans l'atelier », peut-
être. La valeur éducative de l'Art était le thème de
son exorde. Il s'ensuivait, par induction, que ce n'est
pas assez pour un tableau de satisfaire les percep-

1. Matthew Arnold (1822-1888) est une des figures les plus
remarquables de l'Angleterre contemporaine. A la fois poète et
critique, il a exercé sur ses contemporains une influence assez
comparable à celle exercée en France par Renan. M. Edmund
Gosse, le brillant historien littéraire anglais, caractérise ainsi
son action : « Il s'attacha à séparer en littérature, en politique
et en théologie, la foi de la superstition, à prêcher une douce
raison, à saisir l'essence des choses, à guerroyer contre le
préjugé, l'ignorance et la suffisance nationales ».   (*Le Trad.*)
2. Un des trois fondateurs, avec Dante-Gabriel Rossetti et Mil-
lais, de l'école préraphaélite anglaise. — Voir Percy Bate, *The
English Pre-Raphaelite Painters*, 1901, p. 25-30.   (*Le Trad.*)

tions esthétiques ou d'exciter une émotion agréable : il doit encore enseigner quelque chose. On n'exige pas que la satisfaction de certains sentiments s'affirme sur le premier plan, mais le but principal doit être l'instruction. J'ai rencontré récemment, dans une conférence faite devant la « Société Ruskin », de Birmingham, par l'éditeur de la revue *The Studio*, l'expression de la même croyance. Voici la phrase textuelle : « La mission de l'art est d'élever l'intelligence et de satisfaire ses aspirations ».

Et la même chose est en train d'advenir de la musique. Celle-ci aussi, dit-on, doit être regardée comme un exercice intellectuel. Elle est un appel à l'esprit; et l'esprit étant conçu comme intellect, elle est un appel à l'intellect. Un compositeur doit écrire pour exprimer non des sentiments, mais des idées illuminatrices, et l'auditeur doit découvrir et apprécier ces idées. La théorie avouée de Richard Wagner était que le but de la musique est d'instruire. Il avait certaines conceptions de la vie, et considérait ses opéras comme des véhicules de ces conceptions et des agents de leur propagation. Une croyance assez analogue est partagée par un de ses disciples distingués de chez nous, qui rejette l'idée qu'il faut concevoir la musique simplement comme une source de plaisir. Ailleurs nous voyons une idée semblable. Des critiques musicaux applaudissent souvent à des compositions parce qu'elles sont « scientifiques », — qu'elles ont du mérite non sous le rapport des émotions qu'elles excitent, mais parce qu'elles s'adressent à l'intelligence cultivée du musicien.

Comme cela résulte de ce qui a été dit plus haut, je tiens cette manière de voir pour fausse et ayant ses racines dans l'énorme erreur qui règne au sujet de la constitution de l'esprit. Dans cette partie de la vie où la musique est en jeu, comme dans les autres parties de la vie, l'intellect est le ministre, et les émotions les choses administrées. Il n'est pas douteux qu'une certaine quantité de perception intellectuelle, impliquant une culture appropriée, est nécessaire pour rendre possibles les sentiments de plaisir que la musique est capable de produire. Ceux-ci, cependant, ne sont que des moyens en vue d'une fin, et c'est une profonde erreur de les regarder comme la fin même. Une analogie nous aidera ici. Avant qu'il puisse y avoir sympathie, il faut avoir obtenu quelque connaissance du langage naturel des émotions, savoir quels sons et quels changements de voix, quelles expressions faciales, quels mouvements du corps indiquent certains états d'esprit. Mais la connaissance de ce langage naturel ne constitue pas la sympathie. Il peut y avoir perception claire des significations de tous ces caractères, sans que se produise aucun sentiment correspondant. Il en advient donc de même dans la distinction entre la connaissance de l'expression musicale dans ses développements complexes, et l'expérience de ces émotions dont l'expression musicale est l'instrument. Ce n'est qu'en tant que ses perceptions cultivées permettent cette excitation des sentiments que le compositeur a entendu produire, que l'intellect joue proprement un rôle ; et même alors, en jouant son rôle indispensable, il est apte à intervenir indûment. Il y a fort longtemps, alors que j'avais à l'Opéra royal italien une entrée libre pour deux personnes, je m'y rendais fréquemment en compagnie de George Eliot [1], comme on le mentionne dans la biographie de celle-ci ; et je me rappelle que lui faisant remarquer un jour combien la tendance à analyser les effets que nous écoutions nous empêchait d'en jouir, elle fut absolument de mon avis. La conscience n'ayant à tout instant qu'une capacité limitée, il en résulte qu'une partie de son champ ne peut être occupée en un sens, sans diminuer l'étendue du champ qui peut être occupé en un autre sens. L'antagonisme entre l'appréciation intellectuelle et la satisfaction émotionnelle est essentiellement le même que celui qui réside à la racine de notre structure mentale : l'antagonisme entre la sensation et la perception ; et il s'affirme à travers tout le contenu de l'esprit, s'élevant à des conflits partiels entre la pensée et le sentiment tels que ceux qui accompagnent les jugements critiques de la musique.

Quand nous en venons à la signification de la musique indiquée plus haut, — à cet enseignement qu'un compositeur est censé émettre et l'audi-

---

1. L'illustre romancière (1810-1880), dont il sera encore question plus loin.   (*Le Trad.*)

teur comprendre, — nous avons encore un autre empêchement à la véritable fin. L'élément intellectuel empiète toujours davantage sur l'élément émotionnel. Plus l'auditeur, au lieu d'être un récipient passif, devient un interprète actif, plus il perd dans la même proportion l'espèce de conscience que l'art a pour but de produire. Si, avec M. Ernest Newman, il juge la musique d'autant meilleure qu'elle « ajoute quelque chose à notre connaissance de la vie », et si, en l'écoutant, il cherche à acquérir cette connaissance, il perdra ce que la musique lui donnerait, et, comme je le crois, n'obtiendra rien en échange.

Tout effet éducatif, pour être dûment reconnu, doit être la conséquence de l'excitation des émotions supérieures. La musique peut faire appel à des sentiments crus et grossiers, ou à des sentiments raffinés et nobles; et en tant qu'elle fait appel à ces derniers, elle éveille la nature supérieure et opère un effet, bien que transitoire, d'espèce bienfaisante. Mais le but principal de la musique n'est ni l'instruction ni la culture; c'est le plaisir. Et c'est là un but qui suffit à tout.

QUELQUES QUESTIONS

Enchaîné par la mauvaise santé au sud de l'Angleterre, j'ai, depuis 1889, passé la plus grande partie de l'été de chaque année dans une maison de campagne, de préférence chez quelque gentilhomme fermier dont la famille et l'entourage remplissaient les conditions nécessaires ; l'une d'elles était la présence de personnes jeunes. Prenant deux dames avec moi, au cours de mes promenades quotidiennes en voiture, et étant habituellement incapable de supporter une conversation continue, j'y mettais bon ordre en posant à l'une ou à l'autre des questions dont la réponse exigeait de la réflexion. La pratique ainsi créée devint définitive, et j'ai eu depuis l'habitude de proposer des problèmes, partie pour jauger le savoir de la jeunesse, et partie pour exercer ses facultés de raisonnement.

Un des plus simples, qui fut parfois résolu, est celui-ci : Comment se fait-il que les moutons, les lapins et les lièvres ont les yeux sur le côté de la tête, tandis que les chats et les chiens les ont presque sur le devant?

Voici quelques autres problèmes, dont les solutions sont moins évidentes, et dont le plus grand nombre est resté sans réponse.

Comment est-il possible à une alouette, qui vole en l'air, de chanter plusieurs minutes sans cesser?

Pour quelle raison, dans les régions montueuses, les routes sont-elles au-dessous du niveau des champs, tandis que, dans les régions plates, elles sont sur le même niveau qu'eux?

Dans toute la campagne, spécialement dans ses parties moins fréquentées, les sentiers écartés, et parfois même les grandes routes, ont des bandes de gazon de plusieurs yards de chaque côté de la partie utilisée pour la circulation. Quelle est l'origine de ces bandes?

Les vaches et les chevaux boivent de la même façon que nous, tandis que les chiens et les chats boivent en lappant. D'où provient cette différence d'habitudes?

Pourquoi un canard se dandine-t-il en marchant? Et à quel besoin répond ce caractère de structure qui cause le dandinement?

Comment se fait-il qu'un bouledogue est en état de ne pas lâcher prise plus longtemps que d'autres chiens?

Les nids de freux se trouvent presque toujours près des habitations humaines, ordinairement de quelque dimension. Les freux semblent ne rien gagner à cette proximité, mais volent chaque jour bien loin vers leur lieu de pâture. En outre, ils persistent à pondre ainsi dans les arbres autour des maisons, quoique chaque année beaucoup de leurs petits sont abattus à coup de fusil, à peine peuvent-ils voler. Quelles circonstances les ont conduits à faire choix d'un logis en apparence si inapproprié?

Quand nous parcourons la campagne à pied ou en voiture, nous voyons peu de merles ou de grives en plein champ, mais nous en voyons davantage à mesure que nous approchons des maisons, spécialement des maisons confortables, même dans les parties de l'année où ne s'offre pas la tentation des fruits des jardins. Pourquoi?

Dans les réponses tentées à ces questions, le fait à noter a été l'absence de développement de l'idée de causation. La révélation atterrante, c'était moins que les réponses étaient fausses, qu'elles ne révélaient aucune conception d'une cause pertinente. Quand, par exemple, on me demandait si l'habileté à chanter sans s'interrompre d'une alouette volant en l'air est due à la pureté plus grande de l'air supérieur, on faisait montre d'une entière impossibilité de concevoir les actions physiques nécessitées par un chant d'alouette. En outre, dans quelques cas, on proposait des solutions d'un caractère absolument indéfini, même si elles se rapportaient à la question. Quand, à propos de la façon différente de boire des vaches et des chevaux par rapport aux chiens et aux chats, on se demandait si elle provient de quelque différence dans la forme de leur gosier, il est clair que si j'avais répondu affirmativement, la réponse aurait été jugée suffisante; on ne s'était pas fait une idée de la façon dont la différence suggérée pourrait expliquer la dissemblance d'habitude. Évidemment, les esprits laissés dans l'état indiqué sont des terrains tout prêts pour les superstitions. Qu'il est mauvais de renverser le sel, et qu'on puisse conjurer le malheur imminent en en jetant une pincée par-dessus l'épaule gauche, ou que la vue de la nouvelle lune à travers un verre est synonyme de quelque mal futur, ce sont des croyances acceptées sans difficulté, là où n'existent pas d'idées rationnelles de causalité. Les dogmes les plus absurdes trouvent facilement accès là où n'a été acquise aucune connaissance de l'ordre de la nature.

L'ORIGINE DE LA MUSIQUE

Il y a quarante ans et plus je publiai un essai sous ce titre : *L'origine et la fonction de la musique*. La doctrine contenue dans cet essai a été diversement critiquée, dans la plupart des cas en un sens défavorable, à la fois en Angleterre et à l'étranger. L'un de mes premiers critiques en date fut M. Edmund Gurney, dont les raisons de dissentiment occupent quelques pages de son livre sur *Le pouvoir du son* (*The Power of Sound*), aussi bien que d'un essai publié dans la *Fortnightly Review* de juillet 1876. Je répondis à ses critiques dans un *post-scriptum* ajouté il y a quelques années à l'essai original. (Voir mes *Essais*, Library Edition, tome II, pp. 437-449.) Dans ce *post-scriptum* je m'occupais aussi de la théorie opposée de M. Darwin, qui attribue le chant humain, comme il attribue les chants des oiseaux, aux incidents de la galanterie. Je crois y avoir démontré le caractère insoutenable de son hypothèse. Je me propose ici de m'occuper des hypothèses de quelques autres.

Le Dr Wallaschek, en combattant, dans le *Mind* de juillet 1891, ma manière de voir, énonçait l'idée que l'élément essentiel de la musique est le rythme. Il dit : « C'est un fait bien connu, établi par les observations de voyageurs et d'investigateurs, que le caractère essentiel de la musique primitive est le rythme ; la mélodie n'est qu'accidentelle ».

Cette assertion peut, je pense, être réfutée de deux façons. Elle est en désaccord à la fois avec la conception populaire et avec la conception scientifique. Observez la conception populaire.

Voici un moineau, le moineau trop connu. Il est perché sur le toit et gazouille avec une régularité passable. Spécialement, si c'est un jeune moineau qui réclame à manger, ses gazouillements sont réguliers dans leurs intervalles, — c'est-à-dire rythmiques. Ici, dans le taillis voisin, on entend un merle qui émet des successions de notes entièrement dépourvues de rythme. A laquelle de ces espèces d'émission appliquerons-nous le mot « chant »? Pas à celle du moineau rythmique, mais à celle du merle non rythmique. Et pourquoi appelons-nous chant le langage du merle? Sans aucun doute parce qu'il manifeste le caractère le plus évident de ce que nous nommons chant dans les êtres humains : une combinaison variée de notes différant en diapason. C'est-à-dire que nous refusons absolument le nom de « chant » aux sons rythmiques poussés par le moineau, dans lesquels il n'y a pas combinaison de notes dissemblables l'une de l'autre, et nous le donnons aux sons diversement combinés émis par le merle, quoique ceux-ci soient entièrement non rythmiques: et nous appliquons le mot « chant » à ces sons, parce qu'ils nous rappellent le chant humain. Il est donc hors de doute que, dans la conception populaire, le rythme n'est pas l'élément essentiel de la musique.'

Un exemple préparera mieux la voie à la réfutation offerte par l'analyse. Les mammifères sont des animaux qui, comme leur nom l'implique, sont caractérisés par les *mamelles* : la possession des mamelles caractérise essentiellement un *mammifère*. « Non, pourrait dire le Dr Wallaschek, la caractéristique essentielle d'un mammifère est une colonne vertébrale ». Le naturaliste répliquerait que les oiseaux, reptiles et poissons ont aussi une colonne vertébrale, et qu'un caractère possédé également par d'autres groupes de créatures ne peut être le caractère essentiel d'un mammifère : il faut un caractère par lequel celui-ci diffère d'elles.

Venons maintenant aux diverses productions d'art caractérisées par le rythme. Il y a les mouvements rythmiques qui constituent la danse. Il y a les articulations rythmiquement arrangées qui forment les vers. Et il y a les sons vocaux successifs de différent diapason qui composent le chant, dans lesquels les vers étaient originellement articulés, — sons qui peuvent être émis indépendamment des

mots. Ces trois manifestations rythmiques de sentiment ayant été d'abord simultanées, le rythme ne
peut être considéré comme l'élément fondamental
de l'une d'elles plutôt que des deux autres. Il appartient aux mouvements rythmiques et au langage
rythmique, tout autant qu'aux tons rythmiques. Dans
le cours du temps, ces manifestations de sentiment
se sont différenciées, chacune conservant son
rythme. Et ce qui caractérise l'une quelconque des
trois, c'est sans doute ce qu'elle a de différent des
autres, non ce qu'elle a de commun avec elles.

Ainsi l'hypothèse du Dr Wallaschek ignore entièrement la conception courante de la musique, et elle
ignore aussi les principes de classification scientifique.

Récemment, dans une œuvre de mérite, rationnelle sous la plupart des égards, intitulée : *Une
étude sur Wagner* (*A Study of Wagner*), M. Ernest
Newman a joint, à ses arguments hostiles personnels, les arguments des autres. Il a cité en l'approu-
vant la critique de M. Combarieu : « M. Spencer
néglige ou ignore tout ce qui donne à l'art qu'il
étudie son caractère spécial et unique; il ne semble
pas avoir compris ce qu'est une composition musicale ». (P. 104.)

Nous avons ici un exemple frappant de la façon
dont une hypothèse apparaît insoutenable, en la
représentant comme une chose pour laquelle elle ne
se donne pas. J'ai esquissé un exposé de l'*origine* de
la musique, et aujourd'hui l'on vient me blâmer

parce que ma conception de l'origine de la musique ne renferme pas une conception de la musique dans son plein développement! Si l'on répondait à quelqu'un disant qu'un chêne vient d'un gland, qu'il n'a évidemment jamais vu un chêne, puisqu'un gland ne contient aucune trace de toutes les complexités de forme et de structure du chêne, la réponse ne serait pas regardée comme rationnelle; mais elle serait tout aussi rationnelle que celle de M. Combarieu, qui pense que je n'ai pas « compris ce qu'est une composition musicale », parce que ma théorie de la musique ne dit rien au sujet de la caractéristique d'une ouverture ou d'un quatuor. Qu'est-ce que chaque processus d'évolution, sinon l'assomption graduelle de caractères qui, au début, n'étaient pas possédés?

Quelques-unes des critiques personnelles de M. Newman révèlent la même confusion entre l'origine d'une chose et la chose qui en provient. Il dit : « M. Spencer lui-même admet que cette théorie n'apporte aucune explication de la place de l'harmonie dans la musique moderne, tandis que beaucoup d'esthéticiens musicaux l'ont trouvée presque aussi peu satisfaisante par rapport à l'origine de la mélodie ». (P. 163.)

On pourrait rejeter avec une égale raison l'assertion que les mathématiques commencent par le calcul à l'aide des doigts, parce que, s'il en est ainsi, on n'en peut tirer aucune explication du calcul différentiel! Mais, laissant cela, notons deux corollaires

surprenants de la critique de M. Newman. Si une
théorie sur l'origine de la musique est fausse parce
qu'elle ne tient pas compte de l'harmonie, alors on
rejettera la musique de tous les peuples orientaux
comme n'étant pas de la musique, puisque l'harmonie en est absente. Bien plus, la musique européenne primitive, comme celle des Grecs, consistait seulement en simples successions de notes constituant la mélodie, ou, plus strictement, le récitatif;
l'harmonie ne prit naissance qu'en des temps relativement modernes. La faiblesse de l'objection est
mise en relief par ces faits. L'histoire elle-même
nous montre que l'harmonie étant un développement tardif de la musique, ne pouvait absolument
pas prendre place dans un exposé de son origine.

D'autres passages de la critique de M. Newman
tendent fort à concéder ce qu'il nie. Il dit que « la
musique vocale a pour but, parlant largement, de
présenter le sens verbal sous une autre forme, et plus
intensive; sa fonction est de repenser en musique
les expressions du discours. Il est évident que cela
est impossible là où les mots, n'ayant aucun contenu
émotionnel,... etc. »

C'est là un aveu évident qu'il y a une relation
naturelle entre les émotions et les cadences musicales, — aveu réitéré, quand on nie la possibilité de
donner une forme musicale à « une expression
purement intellectuelle »[1]. A un autre endroit,

1. Depuis que ceci a été écrit, un amusant exemple m'a été

M. Newman semble accepter plus complètement encore le point de vue qu'il prétend rejeter. Il écrit : « C'est à peine s'il faut tenir plus de compte de la transition du langage excité au récitatif ordinaire; l'esprit sent qu'il est toujours dans la même atmosphère, quoique la respiration soit un peu accélérée. Mais chantez une chanson, ou jouez un *adagio* au piano, et vous comprendrez soudain que vous êtes parvenus à un degré tout à fait différent de psychologie ». (P. 163.)

Il semblera étrange à presque tous qu'on puisse à la fois admettre qu'il y a une transition naturelle du langage excité au récitatif, et nier qu'il ne puisse exister une transition semblable du récitatif au chant.

Un exemple suffira, je crois, à écarter cette prétendue différence dans le « degré de psychologie ». Voici un tissu de soie simple. Voici un autre tissu semblable par la couleur et la qualité, mais avec une figure; et la figure, quoique de la même soie que le fond, peut clairement s'en distinguer. Évidemment on peut dire que la transition de la soie simple à la soie à figure est une transition à quelque chose qui est placé sur un p'an différent de construction.

fourni par une collection des *Chants d'opéras* de Haendel. Un chant de l'opéra de *Floridante* commence ainsi :

> « ' Tis worth observing,
> Some must be serving,
> Seeing that we cannot all wear a crown ».

(Il vaut la peine d'observer — que quelqu'un doit servir, — voyant que nous ne pouvons tous porter une couronne).

Pourtant les deux tissus ont une commune origine. Le métier à tisser de Jacquard s'est développé du métier à tisser ordinaire, et en retient les principes essentiels : l'appareil de Jacquard s'est superposé sur l'appareil originaire. De la même façon, donc, on peut reconnaître la distinction qui existe entre le récitatif et la mélodie, en affirmant que les deux ont une source commune : la mélodie s'élève un degré plus haut que le récitatif, de même que le récitatif s'élève un degré plus haut que le langage excité.

J'ai cité ailleurs, et aussi dans quelques-uns des paragraphes précédents, des preuves directes de développement; par exemple, le fait que la musique des races orientales est non seulement dépourvue d'harmonie, mais a plus le caractère de récitatif que de mélodie; et le fait que le chant du poète grec primitif était un récitatif avec accompagnement à l'unisson sur sa lyre à quatre cordes. Mais sir Hubert Parry, qui adopte l'opinion que je viens d'expliquer et de défendre ici, a montré par des exemples, dans son chapitre sur la « musique populaire », les premières phases de l'évolution musicale, depuis les chants hurlants des sauvages, — Australiens, Caraïbes, cannibales de la Polynésie, etc. — jusqu'aux rudes mélodies de nos propres ancêtres. Je ne vois pas comment un lecteur impartial, après avoir examiné les preuves mises devant lui dans leur ordre naturel, peut refuser son assentiment à la conclusion tirée.

On peut renforcer beaucoup l'argument, en insistant sur quelques-uns des points essentiels. L'un de ces points, de grande signification, je le relève dans un exposé de *La musique des Indiens Omaha*, par miss Alice C. Fletcher, attachée au musée ethnologique de Cambridge, dans le Massachusetts. Après avoir décrit les difficultés qu'elle a éprouvées à mettre ces chants sous la forme qui nous est familière, elle ajoute : « Je cessai de me préoccuper des théories d'échelles, de tons, de rythme et de mélodie »; et elle continue en disant qu'elle trouva difficile de transcrire les chants de ces Indiens, tant leurs intervalles sont indéterminés. Or, c'est là justement un des caractères à attendre, si la musique vocale s'est développée du discours émotionnel; parce que les intervalles du discours sont, eux aussi, indéterminés. Leurs tons n'ont pas les distinctions précises et fixes qui caractérisent les notes du chant. Une phase plus haute de la transition est marquée d'une façon frappante par le chant ou récitatif japonais *Sayanara* (en français, Adieu [1]). Nul auditeur de ce chant ne niera, je pense, qu'il est simplement une idéalisation des expressions vocales qu'un fort sentiment de nature analogue pourrait naturellement produire. Et si, après cela, le même auditeur écoute l'*Adieu* de Schubert, il peut y reconnaître une idéalisation ultérieure des phrases et cadences musicales appropriées, développement ultérieur de la forme mélodique.

En supposant que les explications ci-dessus et les

---

1. Tiré du *Miyako-Dori*, édité par M. Paul Bevan.

nouvelles preuves présentées ne convainquent pas les dissidents, on peut leur poser cette question : « Comment alors expliquez-vous l'origine de la musique? » Si l'on croyait aujourd'hui au surnaturel comme on y croyait dans les générations passées, on répondrait bien vite que les hommes ont été créés avec le don du sens musical; ce à quoi, pourtant, on pourrait objecter qu'il y a des races dépourvues du sens musical. Mais aujourd'hui que le surnaturalisme a été si fortement dépossédé par le naturalisme, et que l'évolution même des facultés humaines est admise par beaucoup, cette question se présente : « De quelle chose la faculté musicale s'est-elle développée? » La doctrine établie que le langage s'est développé de simples signes vocaux d'idées, doit manifestement avoir pour corollaire la doctrine que la musique s'est développée de grossiers commencements analogues; s'il en est ainsi, il faut affronter la question : « Quels grossiers commencements »? Ceux qui rejettent la réponse ici donnée sont contraints d'en donner une autre. Quelle peut-elle être?

LE DÉVELOPPEMENT DE LA MUSIQUE

Pour dissiper complètement la supposition que mon essai sur *L'origine et la fonction de la musique* visait à être une théorie de la musique en général, il peut être bon d'indiquer le plan d'une telle théorie, en montrant implicitement quelle faible portion en renferme l'essai mentionné. Mais que l'on me permette auparavant de rétablir d'abord quelques-unes des propositions principales de cet essai, et d'y ajouter quelques preuves.

A la vérité que la musique sous toutes ses formes est une expression du sentiment exalté, il faut joindre la vérité que le sentiment exalté, qui, le plus communément, se manifeste sous forme vocale, est un sentiment de joie. Nous voyons cela spécialement chez les enfants. De là il advient, par association, qu'il y a une certaine vague exaltation dérivée de la simple perception de la musique, même quand la distance ne permet pas de distinguer sa nature spéciale ; une faible vague de plaisir naît de la sympathie que l'on éprouve pour les sons à peine ouïbles, exprimant l'émotion excitée. Et cette satisfaction indéfinie que produit la musique en général semble toujours rester l'arrière-fond auquel chaque morceau de musique impose sa forme particulière, — le faible sentiment général que chaque morceau spécialise et intensifie, tantôt d'une façon, tantôt d'une autre.

On doit signaler un fait universel qui s'y associe, parce que sa signification, quoique évidente, n'est pas suffisamment appréciée. C'est que les diverses expressions musicales du sentiment dans les chants et les morceaux instrumentaux ont toutes le caractère de variation rythmique, — élévations et descentes, — primitivement simple, et qui devient graduellement complexe. Combien la parenté entre les compositions musicales est plus étroite que nous ne le supposons communément, on le verra en comparant les quatre diagrammes suivants, qui donnent une forme graphique aux élévations et descentes successives et aux longueurs des notes successives. Naturellement, les intervalles entre les notes et les longueurs de notes sont des quantités incommensurables; et comme, pour la commodité, les lignes horizontales représentant les longueurs de notes ont été tracées courtes, en comparaison des lignes verticales qui représentent la longueur des intervalles, une impression un peu faussé en résulte. Mais ceci n'affecte pas la ressemblance générale qui s'affirme à travers tous ces chants ainsi symbolisés, si différents qu'ils sont dans leurs caractères. Ils représentent en effet respectivement la *Marseillaise*, le *Largo* d'Haendel, *Pur dicesti*, et un chant de chasse, *Old Towler*[1].

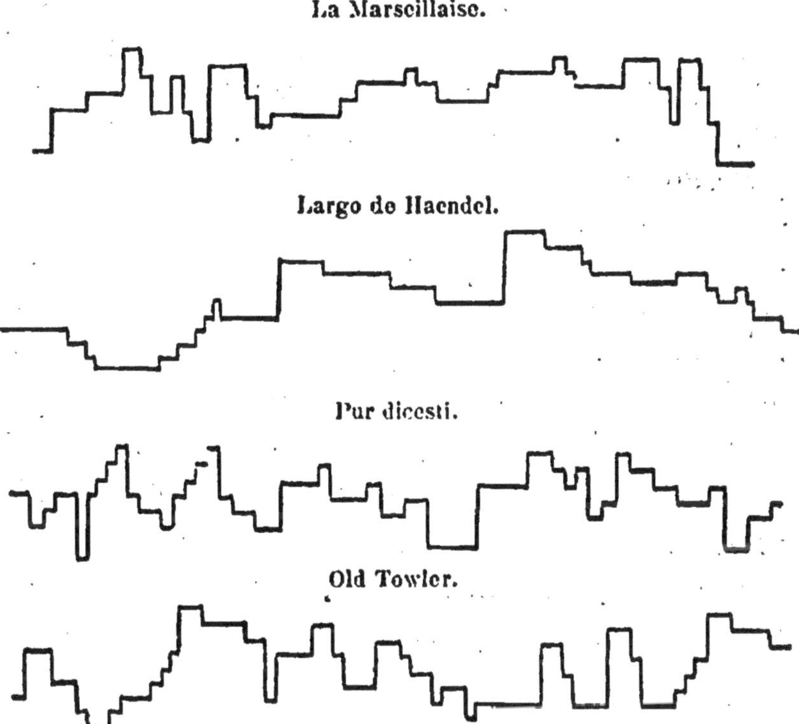

Les sons vocaux sont produits par les efforts de certains muscles, et nous voyons comme, dans chaque cas, ces efforts alternent entre extrêmes, et comme les alternances majeures sont brisées par les alternances mineures. En outre se présente

---

1. C'est un chant de chasse au cerf, anonyme, du xviiie siècle. On le trouve dans les *Songs and Ballads of Sport and Pastime,* recueillis par W. Weaver Tomlinson, p. 40. The Walter Scott Library. (*Le Trad.*)

l'analogie entre ces efforts musculaires alternants et ceux qui produisent la danse; tous deux ont une commune origine dans la décharge du sentiment en action.

Arrivant maintenant aux aspects plus spéciaux de la musique, nous devons d'abord noter qu'elle a deux éléments fondamentalement distincts : l'élément de sensation et l'élément de relation. Ses effets sont divisibles en ceux qui résultent des tons mêmes, et ceux qui résultent des combinaisons entre les tons, successifs et simultanés. Il n'est pas besoin de prouver que la beauté de la musique et le caractère dramatique qu'elle peut avoir dépendent l'une et l'autre en principe de la nature des tons employés, — de leur hauteur, diapason, et timbre. Tout à fait à part d'une organisation quelconque de ceux-ci, les sons pris individuellement sont des causes d'émotion, tantôt agréable, tantôt douloureuse.

Comme les tons élevés expriment ordinairement de forts sentiments, il en résulte que dans la musique il y a une certaine relation générale entre la hauteur et l'intensité de l'effet. Je dis à dessein une relation générale, parce que certaines espèces d'émotions, et d'autres émotions à certains degrés, prostrant le cœur et diminuant ainsi l'afflux d'énergie, produisent un relâchement musculaire au lieu d'un effort musculaire, et conséquemment s'expriment en tons faibles. Mais tandis que nous reconnaissons cette vérité qualificative, qui est dûment reconnue dans les formes appropriées d'expression musicale, nous pouvons encore dire que le volume du son est un signe de la masse de sentiment, et est ainsi interprété en musique à la fois par l'exécutant et par l'auditeur. Ici, cependant, se présente une vérité ultérieure qui est à peine reconnue par l'un et par l'autre. Le ton élevé qui exprime un fort sentiment n'est pas forcé, mais spontané, et dû non à une volontaire, mais à une involontaire excitation de l'appareil vocal. Par conséquent, le ton élevé d'un chanteur doit être un ton qui ne révèle pas l'effort : la tension musculaire requise doit être en réalité ou en apparence inconsciente. Mais les chanteurs, professionnels et amateurs, remplissent rarement cette condition, puisque, d'habitude, leurs voix ne sont pas assez sonores. Il en résulte que l'effet musical est vicié en un double sens : le ton n'est pas de la vraie qualité, et le manque de sympathie de l'auditeur pour le chanteur détourne de la conscience du plaisir, même s'il ne produit pas une conscience de déplaisir. De là le caractère non satisfaisant de presque tous les chants. Indirectement, un contraste d'origine analogue s'affirme entre cette espèce de musique instrumentale dans laquelle l'effort accompagne manifestement la production des tons, et celle dans laquelle une telle production n'a pas une concomitance manifeste d'effort. Sous ce rapport, les effets d'orchestre se laissent mal comparer avec les effets d'un grand orgue. Dans le premier cas, les tons séparés manquent le plus souvent de ce volume qui est un élément considérable de satisfaction musicale; tandis qu'on a inévitablement conscience des efforts auxquels se livrent les nombreux exécutants; aussi l'intérêt accordé à ceux-ci, comme l'attention aux mouvements visibles, détournent-ils du plaisir produit. Dans l'autre cas, les tons excitent plus pleinement, en vertu de leur volume plus grand, les émotions évoquées, tandis que les efforts de l'organiste, ordinairement invisibles, ne produisent ni distraction ni tension sympathique.

Je passe maintenant à la question de diapason. Dans mon essai original mentionné plus haut, j'ai beaucoup parlé des relations des tons élevés, moyens et bas, avec les différentes espèces de sentiments, et de l'usage qui en résulte en musique. Un fait qui n'a pas été mentionné là, doit être accentué ici. Dans le langage passionné comme dans la musique, les tons plus élevés sont aussi les tons qui s'éloignent le plus des notes moyennes de l'échelle. C'est là une conclusion nécessaire. Les deux caractères vont ensemble, parce que tous deux impliquent un grand effort musculaire. De cela résulte la loi ordinaire de l'expression. C'est un fait familier que dans les phrases musicales, simples et successives, une ascension croissante est accompagnée d'une sonorité croissante, et les cadences qui suivent, finissant en notes de diapason moyen, d'une sonorité décroissante; tandis qu'on peut aussi observer les relations opposées dans les passages au-dessous des notes moyennes, quand elles viennent à se présenter. Combien essentielle est cette relation, qui comporte des exceptions dues à une cause indiquée plus haut, on le verra en observant l'effet absurde que produit un passage joué sur le piano, de façon à intervertir ces contrastes. Et ce renvoi au piano fournit une nouvelle preuve indirecte que la musique s'est développée de la façon qui a été dite; car autrement on ne peut expliquer pourquoi, dans la musique instrumentale, on suit cette même loi d'expression, — pourquoi les notes élevées doivent être plus sonores que les notes moyennes. La musique vocale est gouvernée par la nécessité physiologique, et la musique instrumentale est obligée de suivre sa direction, montrant ainsi qu'elle a la même généalogie.

Quant à la qualité ou timbre des tons, qu'il suffise de dire que, puisqu'ils indiquent certains sentiments, certaines espèces de tons sont appropriées à certains groupements musicaux de paroles, et inappropriées à d'autres. On produirait un effet ridicule, en jouant l'*Addio* de Mozart sur la cornemuse; mais si l'on emploie la cornemuse à rendre *Scots wha'hae*[1], la disconvenance est loin d'être

______

1. Pièce de Robert Burns, qui a pour titre : *Bannockburn : Robert Bruce's Address to his Army.* C'est un chant national. — Voir « The Globe Edition » des œuvres de ce poète, p. 227.

(*Le Trad.*)

aussi sensible; le caractère râpeux des tons n'est pas en désaccord avec la passion exprimée. Au contraire, si l'on joue la *Marseillaise* sur la flûte, chacun peut percevoir que les tons manquent de la force adéquate et n'impliquent pas d'ardeur. Pour exprimer le sentiment, les tons de la trompette sont les plus aptes. De même que, sous de fortes émotions de la classe non sympathique, la voix acquiert une résonance métallique manifestement causée par l'augmentation des tons surélevés, les instruments qui produisent les tons surélevés en large mesure sont les meilleurs pour les exprimer; ainsi, pour les émotions plus douces, les instruments qui produisent des tons presque parfaitement purs, sont les meilleurs. Naturellement, ces vérités sont empiriquement reconnues. Je les mentionne seulement pour compléter les lignes générales de mon argument.

Incidemment, beaucoup de choses viennent d'être dites ci-dessus au sujet de l'élément de relation en musique; il a été en effet impossible de traiter des tons simplement comme tons, sans se référer à d'autres. Nous avons maintenant à nous occuper exclusivement de l'élément de relation. Examinons les faits du point de vue de l'évolution. La théorie générale de l'évolution nous fournira un appui pour la théorie spéciale de l'évolution musicale qui nous occupe ici.

Dans les exemples que nous donne sir Hubert

Parry en tête de son chapitre sur la « musique populaire », nous avons des émissions vocales peu au-dessus des hurlements et grognements qui servent d'expression au sentiment inarticulé. Il y a seulement une différenciation imparfaite des tons en notes proprement dites. De sorte que nous voyons bien exemplifié ce manque de caractère défini qui caractérise l'évolution commençante en général; et déjà nous avons vu que le manque de caractère défini continue à caractériser les tons partiellement différenciés des chants et des airs des sauvages.

Un autre caractère d'évolution commençante nous est offert par la monotone répétition de phrases musicales grossières dans la musique primitive, chorale et individuelle. Une pratique commune parmi les races inférieures, — et qui n'est nullement inconnue parmi les races supérieures, — c'est que quand un certain nombre de personnes s'associent en une action continue, elles l'accompagnent par un chant; ainsi, les porteurs de palanquin de l'Inde; ainsi, divers peuples quand ils rament de conserve. Quelques mots simples suggérés par l'occasion, et psalmodiés en une cadence simple, sont répétés à l'unisson par tous. Puis, parfois, il se fait un changement en d'autres mots avec une autre phrase musicale semblablement répétée. Parmi les tribus à leurs premières phases de développement, la même chose arrive par rapport aux solos. Un petit nombre de mots émis dans des tons expressifs de joie ou de peine reviennent toujours, montrant une tendance naturelle qui, même parmi nous, peut souvent être constatée dans un soudain malheur : « O mon Dieu! O mon Dieu! O mon Dieu! » émis successivement dans les mêmes tons. Sir Hubert Parry en rapporte, à la page 49 de son *Art de la musique* (*Art of Music*), un exemple fourni par les aborigènes de l'Australie. Le fait significatif est qu'un de ces chants ou airs monotones déploie l'incohérence d'une production qui n'est que peu développée, puisqu'il peut être interrompu indifféremment à n'importe quel point. Ses passages composants ne sont pas liés ensemble par quelque chose qui leur constitue un tout. Puis, enfin, un de ces morceaux primitifs de musique, si on peut le nommer ainsi, est relativement homogène : c'est une kyrielle de parties toutes semblables. Ainsi nous avons l'homogénéité relativement indéfinie et incohérente par laquelle commence l'évolution.

Mais ce n'est pas la seule espèce de musique primitive. Il faut y ajouter cette espèce produite par l'émotion avec laquelle les hauts faits sont narrés. Nous lisons que des peuples existants, les Araucaniens, chantent les prouesses de leurs héros, et que les Esquimaux chantent « leurs exploits à la chasse » et « célèbrent les actions de leurs ancêtres » (*Essais*, tome II, pp. 433-434), à l'instar des poètes grecs primitifs. Mais un récit n'admet pas les répétitions de mots, et, par conséquent, ne

permet pas ces répétitions de phrases musicales
dans lesquelles sont émis les mots répétés. Un fait
concomitant est qu'il n'y a aucune tendance au
rythme. Quoiqu'une forme métrique surgisse peu
à peu, le rythme des pieds dans les vers est cependant trop rapide pour se prêter au rythme des
phrases musicales. Et en constatant que cette
musique narrative originale, analogue au récitatif,
ne tend pas vers la répétition des phrases et vers
un rythme qui s'ensuit, nous pouvons néanmoins
inférer qu'elle donne peut-être naissance à un type
supérieur de musique, par suite de cette répétition
et de ce rythme. Une comparaison employée dans
les pages précédentes admettait qu'un nouveau
caractère peut être donné à un tissu simple par la
superposition d'un dessin, quoique les deux tissus
soient semblables par la matière, et que le résultat
soit obtenu uniquement par la jonction du même
appareil. Ici s'offre la conjecture que peut-être on
commença à superposer à l'occasion sur le récitatif
les phrases répétées et le rythme accompagnat r
décrit plus haut, et qu'ainsi fut produite une espèce
de mélodie. Ou, au contraire, il a pu arriver que les
passages du récitatif soient venus à être intercalés
dans les formes chorales ou au solo des phrases
répétées. D'une manière ou de l'autre, il ne semble
pas improbable qu'il y ait eu une influence réciproque qui a conduit au développement de la vraie
mélodie.

Quoi qu'il en soit, cependant, on peut reconnaître

les traces du développement. Le premier pas est de bonne heure indiqué. Après la répétition de la même phrase simple pendant une certaine durée, il y a souvent une transition à une autre phrase simple qui est semblablement répétée, et puis aussitôt un retour à la première. Ainsi se manifestent à nous les germes de ces combinaisons qui caractérisent la musique développée. La répétition d'une phrase ou d'un membre de phrase est peut-être le caractère le plus commun dans les mélodies. Prise en soi, elle offre ce plaisir intellectuel que nous éprouvons à reconnaître la similitude, — un plaisir qui, s'il devient fastidieux quand la phrase revient perpétuellement, est appréciable quand elle revient seulement deux ou trois fois. Puis le second germe que renferment ces chansons ou airs primitifs, nous le voyons dans la transition à une phrase différente, qui est semblablement répétée jusqu'à la lassitude, mais qui, dans la musique développée, est prolongée seulement jusqu'au degré nécessaire pour produire le plaisir du contraste. Ici est le début de ces nombreux effets obtenus par changements de thème, tantôt simples, tantôt élaborés, que les compositeurs utilisent. Un pas de plus s'effectue, quand la même phrase est répétée en une partie supérieure ou inférieure de la portée. Cela est la forme la plus simple d'un caractère qui, comme moyen d'accroître le plaisir, est un caractère de l'Art en général : l'union de la similitude avec la diversité. Si en effet nous reconnaissons comme agréable l'activité des facultés de perception en général, il s'ensuit qu'au plaisir que donne la perception de la similarité se joint le plaisir qui naît de la perception accompagnatrice de la dissimilarité : le volume de la conscience agréable est accru. Ensuite, en conséquence du même principe, vient cette combinaison de la similitude avec la diversité qui s'obtient par les variations mineures de chaque thème, — divergences produisant du plaisir par la constatation simultanée de l'accord et du désaccord.

Pour suivre les phases successives du développement de la musique, il faudrait la science d'un compositeur, et cela surchargerait trop notre sujet. Il doit suffire de noter ici que la satisfaction due à la perception de similitude s'étend degré par degré à de plus larges combinaisons de phrases, membres de phrases et périodes ; que le plaisir causé par le contraste entre une réunion de notes et une autre réunion vient à embrasser des réunions plus longues et plus élaborées ; que les constatations de variété en unité s'opèrent aussi sur de plus grandes échelles ; que se produisent les similitudes et les diversités dues à des variations de force, à des variations de temps, à des changements de clef, etc. ; et que, simultanément, se produit l'immense développement collatéral de l'harmonie, qui a pour résultat une hétérogénéité toujours croissante.

En second lieu nous avons à noter un accroissement graduel de caractère défini. Il se montre en diverses façons. Il y a différentes conditions à rem-

plir : chaque note doit venir exactement à sa place ;
elle doit avoir le vrai diapason ; les intervalles doivent être corrects, et la longueur des mesures et des
notes soigneusement observée. La preuve de cela
est donnée par le choc que cause une fausse note,
et par l'agacement qui résulte d'un défaut dans le
temps.

Puis, de nouveau, l'intégration croissante se
manifeste diversement. Tandis que le morceau entier
est maintenu ensemble par subordination à sa
tonique, il est maintenu ensemble également par
les rapports entre phrases semblables aussi bien
qu'entre celles-ci et phrases contrastées provoquant
chacune des attentes qui doivent être remplies ; et il
est maintenu par les rapports de ses parties plus
larges, — comme lorsque, après un thème dûment
élaboré, il y a changement en un autre thème très
différent, quoique congru, et puis aussitôt retour au
thème original : un sentiment d'inachèvement se
produit, si toutes ces divisions ne se trouvent pas
là. Ainsi il y a une avance simultanée en hétérogénéité, en intégration et en caractère défini.

Mais maintenant, après avoir noté les caractères
de la musique évoluante, qui éclairent les caractères de l'évolution en général, observons, autant
que nous le pouvons, comment naissent différentes
espèces de musique, dont quelques-unes ne portent
que des traces indistinctes de leur origine. Nous
avons vu que le langage musical inspiré par le sentiment exprime le plus souvent un simple transport,

une surabondance de vivacité semblable à celle que nous montrent les enfants dansant en rond et chantant quelque chanson de la *nursery*, ou bien les artisans sifflant ou fredonnant tandis qu'ils travaillent; et il a été suggéré que de cette association d'un sentiment agréable avec les manifestations vocales de celui-ci naît le vague plaisir causé par les sons musicaux, même quand ils sont indistincts. Cette connexion entre la vocalisation spontanée et une agréable disposition d'esprit est non spécifique, en ce sens qu'elle n'a pas de ressaut en phrases musicales particulières. Le sentiment excité provoque des mouvements vocaux de toute espèce quelconque, juste comme, quand il est très fort, il provoque une danse irrégulière.

Mais quoique les manifestations vocales du sentiment excité prennent presque toutes les formes, il y a des classes de sentiments exprimés seulement par des manifestations vocales plus ou moins spécialisées : par exemple, les sentiments de mélancolie, de pitié, de tendresse, aussi bien que ceux de colère, de courage, de défi, etc. : vérité qui devient évidente, si des paroles de sympathie sont émises sur des tons semblables à ceux employés dans l'indignation. Mais les phrases et les cadences de ces classes varient à l'infini. Beaucoup de personnes sont presque incapables d'exprimer au moyen d'élévations et d'abaissements de la voix l'un quelconque des sentiments plus aimables, tandis qu'il en est d'autres dont les modulations impliquent clairement leur présence; et il est évident que des combinaisons de tons comme les leurs peuvent être développées en d'autres combinaisons encore plus expressives. Si l'on examine, avec cette idée dans l'esprit, l'*Adélaïde* de Beethoven ou quelques-unes des mélodies de Gluck, on reconnaîtra en maintes cadences des formes idéalisées des manifestations émotionnelles appropriées. Et si l'on écoute les *Chansons sans paroles* de Mendelssohn, on peut percevoir que quelques-unes des phrases musicales suggèrent des sentiments qui sont vaguement concevables.

Ici donc on admet implicitement deux types de musique, dont le premier, qui exprime le plaisir en général, n'est pas lié à certaines classes d'images, et par là est susceptible d'une expansion et d'une variation illimitées; et dont le second, exprimant des sentiments plus ou moins spéciaux, doit employer des images qui sont restreintes dans leur portée. C'est la non-admission de cette large distinction qui a été cause de la plus grande partie de l'opposition que mes vues ont rencontrée.

Expliquer pourquoi certains groupes de notes sont propres ou impropres à tel ou tel dessein, cela semble impossible. Mais limitons notre attention à la grande masse de musique, — la musique vulgairement gaie et la musique délicatement gaie. Dans un *post-scriptum* à mon essai original, je mentionnais le fait que si, après avoir plié une feuille de papier, puis l'avoir ouverte, on y fait à l'encre une figure irrégulière sur l'un des plis et que l'autre pli soit pressé sur lui, en produisant une tache répétée, un certain effet décoratif est obtenu de la symétrie, si laide que puisse être la ligne originale ; et je suggérais que, de la même manière, des arrangements symétriques de phrases musicales laides produisent un effet attractif sur les personnes non cultivées ; musique de chien, pouvons-nous l'appeler, comme celle dont on a un exemple dans les chansons des music-halls et dans la plupart des exécutions qui plaisent à ceux (bien vêtus et mal vêtus) qui entourent les musiciens aux bains de mer. Laissant la musique vulgairement gaie, notons que, quelle qu'en soit la cause, — probablement une cause physiologique, — certaines successions de notes et de phrases sont intrinsèquement agréables, sans égard aux effets produits par leurs combinaisons. De celles-ci sont tirés les morceaux musicaux que nous pouvons distinguer comme morceaux délicatement gais ; puisque, indépendamment de leurs beautés de symétrie, de contraste et de structure en général, les phrases qui les composent, prises à part, produisent quelque plaisir, quoiqu'elles n'excitent pas d'émotions distinctes. On peut citer comme exemples maintes des ouvertures de Cherubini et maintes des sonates de Mozart : compositions n'offrant guère qu'un assemblage plus ou moins habile d'images musicales qui, séparément, n'ont pas beaucoup d'intérêt.

Finalement, nous arrivons à la musique du type le

plus élevé : la musique poétique. Naturellement, elle ne se distingue pas fortement de la dernière, plus que la dernière ne se distingue de celle qui la précède ; car dans la musique délicatement gaie on peut employer des phrases et des images qui, quoique non distinctement émotionnelles, suggèrent des sentiments tels que ceux produits, par exemple, par de beaux environs ou par la perspective de plaisirs calmes. La *Symphonie pastorale* de Beethoven peut être citée en preuve. Mais, dans le type le plus élevé de musique, les phrases, les cadences et les images plus larges sont appropriées à des émotions plus fortes des espèces énumérées plus haut. Et ici, outre le plaisir produit par un modèle élaboré ayant des formes qui plaisent par leurs similitudes et leur manque de similitudes, nous avons le plaisir sympathique produit par ces manifestations idéalisées qui, nous pouvons l'imaginer, seraient aptes à exprimer nos propres émotions, si nous avions le génie musical nécessaire. Outre la beauté de la composition, il y a la beauté des éléments qui la composent. Parmi les exemples, le premier qui vient à l'esprit est le *Septuor* de Beethoven ; et je puis lui adjoindre un morceau d'une autre classe qui est injustement négligé : les *Sept dernières paroles* de Haydn.

Pour en finir avec ces aperçus sur l'exposition d'un vaste sujet, laissez-moi maintenant présenter une analogie. J'ai déjà dit et implicitement montré que ceux qui combattent l'hypothèse défendue ici,

sans envisager les choses du point de vue de l'évolution, ne se rendent pas compte que, dans le cours du
temps, des produits compliqués naissent de simples germes. Voyez, par exemple, ce qui s'est passé
pour le vêtement des oiseaux. Les plumes à l'origine étaient protectrices. Pour ne rien dire de celles
des ailes, qui remplissent une autre destination, il
est clair que celles qui couvrent le corps servaient
à l'origine, et servent encore avant tout, à la conservation de la chaleur. Ici l'aspect extérieur était de
mince importance. Laissant de côté les cas relatifs
aux couleurs qui aident les oiseaux à se cacher,
nous voyons que les couleurs ont très généralement
pour but d'accroître l'attraction sexuelle : fin super-
posée sur la fin originaire, et toute différente. Et le cas
échéant, il en résulte des plumes absolument impropres à la fin originaire. Les plumes gigantesques qui
forment la queue d'un paon, avec leurs taches brillantes semblables à des yeux, peuvent être supposées n'avoir jamais rien eu à faire avec le maintien
de la chaleur ; et il en est d'autres, comme celles de
la huppe d'un oiseau de paradis, qui ont presque
complètement perdu les traces d'une structure
appropriée à recouvrir. Mais elles sont toutes,
incontestablement, des modifications d'accessoires
protecteurs. Leurs caractères secondaires ont
déguisé et presque oblitéré leurs caractères primaires. De la même façon donc il est arrivé que des
phrases et cadences de manifestation émotionnelle
— quelques-unes exprimant la vive gaieté, et d'autres

des sentiments plus spéciaux — se sont développées,
dans le cours des âges, de combinaisons musicales,
les unes caractérisées par des formes idéalisées de
ces phrases, d'autres qui ne montrent aucune rela·
tion apparente avec ces phrases, mais toutes tissées
en compositions superbes qui diffèrent autant de
leurs rudiments que le plumage d'un martin-pêcheur
diffère de celui d'un moineau.

JUGEMENTS SUR LES HOMMES

Dans un sens général nous pouvons dire que le
monde a toujours plus ou moins tort dans ses jugements sur les hommes, qu'il se trompe par excès ou
par défaut. Les jugements sont déterminés moins
par des procédés intellectuels que par des sentiments ; et les sentiments sont en grande partie
poussés dans telle ou telle direction par les sympa-
thies et les antipathies purement personnelles, ou
par le désir d'exprimer des opinions autorisées, —
d'être à la mode. Aussi une méthode de défalcation
des opinions est-elle désirable. On peut s'orienter
jusqu'à un certain point en observant leurs oscillations et en notant dans ces oscillations les phases
qu'elles ont actuellement atteintes.

Qu'on me permette de poser à nouveau cette
thèse en partant de la vérité que tout mouvement
est rythmique, y compris celui de l'opinion. Après
être allée à un extrême, une réaction, dans le cours

du temps, la porte à l'autre extrême, puis vient éventuellement une nouvelle réaction. Ceci peut clairement s'observer dans le cas des réputations. Il fut un temps où l'autorité d'Aristote était suprême et indiscutée. Puis vint Bacon et la réforme qu'il inaugura en philosophie. Ce résultat fut que la réputation d'Aristote déclina et que celle de Bacon grandit. A une époque récente, l'estime trop grande pour Bacon a été suivie d'une protestation qui s'est traduite par un excès de mépris : et une cause en est qu'on a comparé ses idées avec celles de notre temps, au lieu de les comparer avec celles de son temps. En attendant, la réputation d'Aristote s'est relevée, et elle semble maintenant dépasser vraiment les bornes. Ce rythme est nettement mis en lumière dans le cas de Shakespeare, qui, hautement apprécié par ses contemporains (comme en témoignent les vers de Ben Jonson [1]), tomba ensuite dans l'oubli, puis, au dix-neuvième siècle, n'a cessé de grandir, et dont la situation est aujourd'hui si haute que la critique est littéralement paralysée, et qu'il s'est fondé des sociétés qui s'occupent des minuties de son style.

Je mentionne ces cas familiers simplement pour laisser voir que nous pouvons d'ordinaire nous

---

1. *To the Memory of my beloved Master William Shakspeare, and what he hath left us* (1623) :

> To draw no envy, Shakspeare, on thy name,
> Am I thus ample to thy book and fame;
> While I confess thy writings to be such,
> As neither Man nor Muse can praise too much, etc.
>
> (*Le Trad.*)

former quelque idée de la situation dans laquelle nous nous trouvons en présence de ce mouvement rythmique : reconnaissant que ni l'un ni l'autre jugement extrême sur un homme n'est vrai, puis, en examinant l'ensemble des faits, jugeant à quel point de l'oscillation nous nous trouvons à un moment donné. L'observation du rythme peut nous amener à soupçonner que la réputation de Shakespeare est à présent trop haute. Le jugement de son dévoué admirateur Ben Jonson, qui, quand on lui eut dit que Shakespeare n'effaçait jamais un vers, remarqua qu'il aurait bien fait d'en effacer mille[1], est probablement plus près de la vérité que le jugement actuel, qui implique la foi que tout ce qu'il écrivit est bon. Pour toute personne qui n'est pas l'esclave de la mode, il est en effet manifeste que, parmi la grande masse de ce qui est excellent au degré suprême, il y a beaucoup de choses bien loin de l'excellent. On peut en dire à peu près autant de Beethoven.

Un exemple emprunté à nos jours donnera un caractère plus défini à l'argument. Un peu après 1870, la réputation de George Eliot atteignit son zénith. Puis soudain elle commença à décliner, et

---

1. Voici le texte de Ben Jonson, tel qu'on le trouve dans ses *Explorata or Discoveries* (*The Works*, édition Fr. Cunningham, réimpression de 1897, t. III, p. 308) : « I remember, the players have often mentioned it as an honour to Shakspeare, that in his writing (whatsoever he penned) he never blotted out a line. My answer hath been, Would he had blotted a thousand. Which they thougt a malevolent speech, etc. » Le passage est beaucoup plus long. *(Le Trad.)*

il y a quelques années elle est tombée à son nadir. Récemment une réaction a commencé. L'analyse de ces mouvements démontrera clairement que si l'estime d'il y a trente ans était excessive, celle d'il y a cinq ans était insuffisante, et qu'à l'avenir le rang de George Eliot sera considérablement plus haut que maintenant.

En dehors des exemples particuliers, cependant, la conclusion est que nous devrions constamment chercher les modifications nécessaires des opinions courantes, — non seulement les opinions au sujet des hommes, mais les opinions au sujet d'autres choses, — en considérant dans chaque cas le rythme, et en tentant de voir à quel point de celui-ci nous nous trouvons : nous sentant sûrs que l'opinion qui prévaut n'est jamais tout à fait juste, et que seulement après de nombreuses actions et réactions elle peut se fixer à la moyenne rationnelle.

ÉDUCATION PAR L'ÉTAT

De bonne heure dans la vie il m'arriva fréquemment de me trouver dans une minorité, — une minorité souvent si petite, qu'elle se réduisait parfois à une minorité d'un seul. A une époque où l'éducation par l'État était discutée plus comme une matière d'intérêt spéculatif que comme une matière de politique soi-disant pratique, je me trouvai en opposition presque avec tout le monde, en exprimant une désapprobation qui a duré jusqu'à présent, quoique ce soit devenu un axiome politique pour le plus grand nombre, qu'un gouvernement est responsable de la culture mentale des citoyens.

Après 1840, je discutais fréquemment cette question de l'éducation par l'action gouvernementale avec un ami estimé qui écrivait à cette époque des lettres où il demandait qu'on mît à contribution les biens de l'Église, afin de trouver les ressources nécessaires.

Conformément aux vues que je professais alors au sujet de la limitation des fonctions de l'État[1], j'y étais opposé pour des raisons tant générales que spéciales. La raison générale, alliée aux raisons qui prirent une forme déterminée en un temps postérieur, était que la société est un produit de développement et non de manufacture. La raison spéciale, en harmonie avec cette raison générale, était que la loi de l'offre et de la demande s'étend de la sphère matérielle à la sphère mentale, et que si l'atteinte à l'offre et à la demande de marchandises est nuisible, il en est de même de l'atteinte à l'offre et à la demande de facultés cultivées. Beaucoup d'années plus tard, mon ami avoua que son expérience comme magistrat dans le Gloucestershire avait changé sa manière de voir. Elle lui avait montré que cette éducation artificiellement forcée, qui excite chez les campagnards et les ouvriers l'ambition d'une carrière plus haute, conduisait, à travers de fréquents désappointements, aux voies néfastes et parfois au crime. L'opinion générale à laquelle il était arrivé, c'est qu'il est mauvais que l'intellectualisation dépasse la moralisation, — opinion qui, exprimée par lui en d'autres termes moins définis, me renversa tout d'abord, quoique bientôt il devint clair qu'elle concordait avec les vues que j'avais souvent affirmées.

1. Je les ai exposées dans des lettres sur *The proper Sphere of Government*, publiées pour la première fois en 1842, et réimprimées en 1843.

Je n'ai pas l'intention de traiter ici au long la question générale de l'éducation par l'État; autrement j'opposerais des objections à la prémisse qu'un gouvernement quelconque est compétent pour dire ce que devrait être l'éducation soit comme objet, soit comme forme, soit comme ordre; je contesterais son droit d'imposer son système de culture au citoyen, de sorte que, sous peine de désobéissance, ses enfants puissent être modelés d'après le type approuvé; et je nierais l'équité qui consiste à prendre, par les impôts, les gains de A pour payer l'enseignement des enfants de B. Je protesterais une fois de plus, en un mot, contre cette superstition politique qui a remplacé le droit divin des rois par le droit divin des parlements. Mais je dois me limiter à la question soulevée plus haut, c'est-à-dire nier la connexion communément supposée entre la culture intellectuelle et l'amélioration morale, et prouver qu'une société ne retire pas un profit, mais subit au contraire un dommage, quand elle développe artificiellement l'intelligence sans égard au caractère.

Pour mesurer l'influence en bien ou en mal qu'une culture intellectuelle forcée produit sur une nation, il n'y a pas de meilleur moyen que d'examiner les enseignements de la presse quotidienne, et d'observer les effets produits. Une introduction absolument pertinente au sujet a été récemment exhumée des pages du journal *The Idler* [1].

---

1. *The Idler* (Le Flâneur), journal hebdomadaire publié par Samuel Johnson d'avril 1758 à avril 1760. (*Le Trad.*)

Le 11 novembre 1758, le Dr Samuel Johnson écrivait
ce qui suit :

« En temps de guerre la nation est toujours d'un
même esprit, impatiente d'entendre parler en bien
d'elle-même, et en mal de l'ennemi. En ce temps-ci,
la tâche des écrivains de journaux est aisée. Ils n'ont
rien d'autre à faire que de dire qu'une bataille est
imminente, et ensuite qu'a eu lieu une bataille dans
laquelle nous et nos amis, vainqueurs et vaincus,
avons fait tout, tandis que nos ennemis n'ont rien
fait... Au nombre des calamités de la guerre on peut
justement compter la diminution de l'amour de la
vérité due aux mensonges que l'intérêt dicte et que
la crédulité encourage. Une paix laissera également
sans emploi le guerrier et celui qui raconte les
guerres, et je ne sais ce qu'il faut redouter le plus,
ou les rues remplies de soldats accoutumés à piller,
ou les galetas remplis d'écrivailleurs accoutumés à
mentir ».

Un siècle et demi semble avoir peu changé les
choses; jour par jour les rapports de la guerre sud-
africaine ont été pleins d'inventions, d'exagérations,
de mutilations; on a beaucoup falsifié, beaucoup
supprimé. Ainsi l'affirmation faite aussitôt après le
début de la guerre, en octobre 1899, que les récoltes
des Boers pourrissaient sur le sol (renseignement
sans aucun doute émané de Londres, par les soins
de quelqu'un qui oubliait que notre automne corres-
pond à leur printemps), et qui fut suivie quelques
mois plus tard de l'affirmation que la moisson se

faisait. Ainsi, le fait que quand les forces qui s'avançaient pour délivrer Ladysmith furent repoussées, on décrivit les habitants comme recevant la nouvelle avec sérénité d'âme(!), tandis qu'en temps opportun arriva une lettre du correspondant du *Times* à Ladysmith, qui décrivait la « consternation » manifestée. Ainsi encore, les rapports des différentes places assiégées, affirmant que les bombardements n'occasionnaient aucun dommage digne d'être mentionné, et ensuite l'affirmation de M. Cecil Rhodes après la délivrance de Kimberley, qu'environ cent vingt personnes avaient été tuées ou blessées pendant le siège. Au demeurant, un correspondant spécial avoue que les faux rapports étaient une politique établie.

« Une fausse notion de loyauté et de patriotisme existe par rapport à cette campagne. On est taxé de déloyauté, si l'on exprime l'opinion que les choses prennent un aspect critique, à moins que l'on ne décrive une défaite comme une victoire ». *Le Globe*, 26 février 1900.

Un autre correspondant, M. F. Young, intéressé lui-même personnellement en l'affaire, certifiait que la censure militaire non seulement supprimait les faits, mais répandait des mensonges. Un autre exemple encore. Tant que les Boers ne furent pas exaspérés par l'incendie de leurs fermes et l'expulsion de leurs femmes, les rapports à leur égard des officiers et soldats prisonniers étaient uniformément favorables, et feu sir George Grey a dit d'eux :

« Je ne connais pas de peuple plus riche en vertus publiques et privées que les Boers ». Eh bien ! c'est au sujet de ces mêmes Boers que M. Ralph, correspondant du *Daily Mail*, a écrit qu' « ils ne sont ni braves ni honorables » ; ils sont « lâches et poltrons », « demi-sauvages », « inhumains », remplis de « préméditation satanique », etc.

Et ainsi continuèrent les comptes rendus durant l'hiver, le printemps, l'été. Quelques lecteurs de journaux étaient rendus de plus en plus sceptiques par ces faussetés manifestes, tandis que la grande masse avalait avidement, comme du temps de Samuel Johnson, les rapports favorables à nous et défavorables à l'ennemi. Cela dura jusqu'à ce qu'enfin se produisit d'un autre côté un exemple de mensonge de la presse assez frappant pour ébranler la foi générale. D'abord arriva le récit sensationnel d'un massacre à Pékin, lequel décrivait par le menu la résistance opiniâtre des Européens, leurs luttes désespérées corps à corps, l'écrasement final de leur petite troupe, et était suivi de détails circonstanciés sur les atrocités chinoises; puis au bout de quelques jours on eut la preuve que ce récit si explicite était absolument dépourvu de fondement, — qu'il n'y avait eu ni massacre ni atrocités. Parvenant au public d'une façon plus saisissante que ne le faisaient les nombreuses contradictions relatives aux événements de l'Afrique du Sud, cela attira l'attention sur les falsifications habituelles de nouvelles. On avança des preuves que les télégrammes étaient fabriqués en grande partie dans Fleet Street[1], quatre mots étant parfois allongés jusqu'à quarante; de sorte que, comme l'écrivait « Un vieux journaliste » dans le *Times* du 29 août 1900, « de brillantes descriptions de scènes de batailles qui remplissaient une colonne, étaient tirées d'un télégramme de vingt ou trente mots ». Et l'explication du système était que l'appétit public pour les nouvelles sensationnelles est si vif, que les journaux sont contraints, comme ils le croient, par leurs propres intérêts, à faire assaut les uns avec les autres de rapports fictifs et exagérés.

Aux preuves précédentes, qui datent de 1900, laissez-moi maintenant ajouter d'autres preuves venues en décembre 1901 et dues à deux témoins oculaires, M. Edgar Wallace, rédacteur des *Unofficial Despatches*, et le capitaine L. M. Phillips, auteur du livre *With Rimington*. Bien qu'ils se placent à des points de vue opposés au sujet de la conduite de la guerre, — le journaliste réclamant une plus grande sévérité, et le capitaine une plus grande douceur, — ils sont d'accord tous deux pour réprouver l'altération systématique de la vérité qui résulte de la censure. M. Wallace, donnant au censeur en chef de l'armée de lord Roberts le titre de « Lord High Mutilator of Telegraphic Despatches » (Lord

---

1. C'est la rue aux journaux : le *Standard*, le *Daily Telegraph*, le *Daily News*, le *Punch*, etc., y ont élu domicile. Les bureaux du *Times* sont à côté, dans le square de Printing House.   (*Le Trad.*)

Haut Mutilateur des Dépêches Télégraphiques),
affirme que, tandis que le censeur n'aurait pas fait
d'objection à une dépêche « extraordinairement opti-
miste », il n'aurait pas osé, par peur du commandant
en chef, laisser passer une dépêche pessimiste,
quelque vraie qu'elle pût être (P. 325). En même
temps le capitaine Phillips nous dit que la bande
financière « avait la presse dans ses mains, maniait
les fils télégraphiques, contrôlait et arrangeait les
informations qui devaient parvenir en Angleterre....
Des *griefs* de nature à arrêter l'attention de l'Angleterre étaient inventés *de propos délibéré* ». (P. 106).
La mortalité, la maladie, la dévastation parmi les
Boers constituent « une longue et lente torture;
l'agonie et la suette.... Il est de première importance que la situation soit nettement envisagée chez
nous, car, s'il en était ainsi, on changerait la conduite de la guerre ». (P. 211.) Nous avons là une
preuve irréfutable que la nation a été habituellement abusée par des rapports mutilés.

Et maintenant observez les conséquences impli-
cites auxquelles ces détails exposés par moi servent
d'introduction. Les journaux quotidiens de Londres ayant une circulation qui monte probablement
à trois millions d'exemplaires, et les journaux de
province en ayant une qui monte au moins à trois
autres millions, ont lancé chaque jour ces rapports
falsifiés parmi une population déjà irritée par les
faux renseignements reçus de la presse du Cap; ils
ont engendré ainsi des sentiments d'animosité sau-

vage qui se sont immédiatement traduits dans toutes les parties du royaume par le traitement brutal de ceux qui s'aventuraient à penser et à dire que le droit n'était pas tout entier de notre côté. Et les passions ainsi manifestées étaient les passions de ceux qui, mis par l'éducation de l'État à portée de lire les journaux, avaient absorbé chaque jour la glorification de nous autres Anglais et la diffamation de l'ennemi, avidement attendues. Les instincts assoupis du barbare ont été réveillés par une presse démoralisée, qui relativement aurait fait peu, si la diffusion artificielle de la culture intellectuelle n'avait pas livré les masses à son influence. Le duc dit, dans *Mesure pour mesure*, de Shakespeare : « Il existe à peine assez de probité pour tenir les sociétés en sécurité », — assertion qui, variée pour le cas actuel, devient : « Il existe à peine assez de probité pour tenir les sociétés en bonne santé ». En effet, la fièvre belliqueuse qui s'est déchaînée et est en train de causer des maux immenses, non seulement au dehors, mais dans notre état social, est le résultat de l'atmosphère de mensonge quotidiennement respirée. N'y a-t-il pas lieu, alors, de se ranger à l'opinion que des maux immenses peuvent s'ensuivre, si l'éducation intellectuelle est poussée plus avant que l'éducation morale [1] ?

---

1. Depuis que ceci a été écrit, il m'a été fourni un exemple notoire d'une des façons dont les jugements publics ont été habituellement égarés ; le témoignage vient d'un homme que sa longue expérience et sa haute situation dans l'armée mettent au-dessus de tout soupçon de préventions hostiles, — le field

Une autre preuve qui conduit à cette conclusion
est fournie par la diffusion de l'anarchisme. Acca-
blées sous le poids des impôts et écrasées par les
exigences du militarisme, une grande partie des
populations du Continent vit dans un état de mécontentement chronique. Les plus cultivés parmi elles
ne peuvent manquer d'associer les misères qu'ils
endurent à une organisation gouvernementale qui
met la main sur leurs ressources et expédie à
l'armée des multitudes de leurs jeunes gens ; et ils
ne peuvent ou ne veulent pas reconnaître cette
vérité, qu'une organisation gouvernementale quelconque est nécessaire, et, en une certaine mesure,
bienfaisante. Outre les criminels-nés, ceux qui sont
amenés à ces croyances erronées et aux actes violents qui en découlent, sont les gens éduqués. Sans
ces facilités que leur donnent la lecture, l'écriture,

maréchal sir Neville Chamberlain. Il dit que « jamais auparavant quelque chose approchant de cette destruction ou de ces
enlèvements de familles en bloc et sans pitié, n'a été accompli
par une armée anglaise ». A la fin du mois de juillet de cette
année (1001), il adressa à un journal de Londres une lettre renfermant des passages analogues à celui que je viens de citer,
qui blâmaient notre conduite de la guerre de l'Afrique du Sud.
Après plusieurs jours de silence, qui lui inspirèrent l'idée de se
renseigner par voie de télégrammes, il reçut de l'éditeur une
épreuve de sa lettre, avec l'insinuation d'en supprimer certains
passages hostiles. Le résultat du retard et du refus tacite fut
que sir Neville Chamberlain publia sa lettre dans le *Manchester
Guardian*. Ainsi on mettait obstacle, comme on le voit, dès le
commencement, à la publication d'opinions en désaccord avec
celles du parti dominant ; tandis que les opinions du parti
dominant ont été largement répandues. La vérité a été sup-
primée par une censure dans le pays aussi bien que par une
censure dans les camps.

et une certaine somme de connaissances, ces écoles d'anarchie ne pourraient se former. Ici, cela est hors de doute, le développement de l'éducation intellectuelle aux dépens de l'éducation morale a causé un mal énorme.

Nous pouvons dire avec certitude que la culture intellectuelle accroît le pouvoir qu'ont les émotions de se manifester et d'obtenir satisfaction, — qu'elle intensifie la vie émotionnelle. Si les émotions élevées étaient plus fortes que les basses, ceci serait un avantage; ou si les deux se balançaient, ce ne serait pas un désavantage; mais, incontestablement, chez les êtres humains de type moyen les émotions basses sont plus puissantes que les hautes : témoin les résultats produits par une subite disparition de toutes les contraintes sociales. Aussi l'éducation, ajoutant à la force de toutes les émotions, accroît-elle la prédominance relative des émotions basses, et les contraintes qu'imposent les émotions élevées peuvent être plus facilement brisées. Il y a un plus grand danger de perturbations et de désastres sociaux.

« Ainsi donc, en vue de la sécurité sociale, nous devons tenir le peuple dans l'ignorance », s'exclameront beaucoup en lisant le paragraphe précédent. Une idée largement répandue chez nous, comme elle l'est universellement sur le Continent, c'est que nous devons ou aider, ou prévenir. On n'admet pas cette politique passive qui ne fait ni l'un ni l'autre, mais laisse les choses suivre leur cours naturel. Ce qui a été dit plus haut n'implique pas que les classes laborieuses doivent être tenues dans l'ignorance, mais simplement que les lumières doivent se répandre parmi elles de la même manière qu'elles se répandent parmi les classes supérieures et moyennes : au moyen de l'aide privée, autant que les sentiments philanthropiques s'y prêtent. Ces sentiments et leurs résultats, en effet, sont des parties de l'organisme éducatif normal, aussi efficaces pour ceux qui donnent que pour ceux qui reçoivent. Mais, après avoir rejeté cette fausse interprétation, qu'il me soit permis de noter un contraste étrange. La sécurité sociale est regardée comme une fin si suprême, que, pour l'obtenir, les citoyens peuvent être justement privés de leur liberté d'action et exposés à des risques de mort, — peuvent en certaines occasions être saisis par force, contraints à combattre, et peut-être tués à coups de fusil en défendant leur pays. Cette subordination absolue de l'individu à la société n'est pas condamnée, dans ces cas-là, comme injuste ou cruelle. Mais, dans le cas qui est devant nous, on considère comme cruellement injuste que, pour le bien-être de la société, le citoyen ne soit pas aidé publiquement à élever ses enfants. La sécurité sociale étant la fin commune des deux cas, on considère comme juste, dans le premier, que l'individu subisse une contrainte jusqu'à devoir risquer sa vie, et comme injuste, dans le second, qu'on le laisse agir de son mieux pour lui et pour ses enfants ! — injuste qu'on ne prenne pas le bien des autres pour l'aider !

On peut insister sur un autre fait encore. Si on laisse libre jeu à l'offre et à la demande dans la sphère intellectuelle comme dans la sphère économique, et qu'on ne mette aucun obstacle sur la voie des individus naturellement supérieurs, l'éducation doit avoir un effet largement différent de celui qui a été décrit, — doit conduire à la stabilité nationale aussi bien qu'à d'autres bienfaits. Si en effet on laisse ceux des classes inférieures pourvoir de leur mieux à l'instruction de leurs enfants, absolument comme on les laisse pourvoir à la nourriture et aux vêtements de ceux-ci, il doit s'ensuivre que les enfants des classes supérieures seront avantagés : les parents économes, les parents énergiques, et ceux ayant un sens élevé de la responsabilité, acquerront l'éducation nécessaire à leurs enfants en une mesure plus grande que ne le feront les imprévoyants et les paresseux. Et si le caractère s'hérite, alors le résultat moyen doit être que les enfants des individus supérieurs prospéreront et se développeront mieux que les enfants des individus inférieurs. Il y aura une multiplication des plus aptes, au lieu d'une multiplication des non aptes.

LES DERNIERS MOMENTS

Dans ses *Confessions d'un mangeur d'opium*, Thomas De Quincey dit que l'opium exaltait son sens de la musique et qu'il en prenait habituellement une dose avant de se rendre à l'Opéra. Le hasard me mit un jour à même de fournir un témoignage de nature analogue. Il y a trente ou quarante ans, à des moments où mes nuits, toujours mauvaises, étaient devenues particulièrement mauvaises, je prenais quelquefois une dose de morphine (dont l'effet dure deux jours), pour recouvrer dans la mesure possible l'habitude du sommeil. Il arriva en une de ces occasions que, le lendemain, j'allai à un concert où l'on donna la symphonie de Spohr, *La Puissance du son*. Quelques années auparavant je l'avais entendue avec une complète indifférence, mais cette fois je l'écoutai avec un plaisir des plus vifs. En partie ma sensibilité aux sons s'était aiguisée, et en partie s'était accru chez moi le pouvoir d'apprécier leurs relations et la complexité formée par celles-ci.

Je cite ces faits parce qu'ils montrent qu'entre les sentiments de la vie juvénile et ceux de la vie mûre il y a un contraste semblable à celui qui existe entre les sentiments exaltés par un stimulant nerveux, et les sentiments dans leur intensité ordinaire. De même que le phlegmatique ne peut jamais éprouver les transports de l'enthousiaste, ainsi, dans la partie avancée de la vie, se produit une incapacité d'éprouver des sensations et des émotions aussi vives que celles de la jeunesse et de la première virilité.

Ces contrastes bien connus en impliquent un autre qui n'est pas si connu. Quoique l'on observe communément la vérité que, quand la force physique décroît et que l'énergie décline, les sentiments en moyenne deviennent plus faibles (je dis en moyenne, parce qu'on peut citer des exceptions), on n'en tire pas communément un corollaire évident par rapport à la phase finale. Ceux qui songent à la mort, en conservant leurs idées et leurs émotions existantes, supposent habituellement qu'ils auront, durant leurs derniers moments, des idées et des émotions d'une égale vivacité. Il est vrai que les cas rappelés, où sont intervenus incohérence, délire, et incapacité de reconnaître les personnes, leur montrent que, près de la mort, la faculté pensante a presque entièrement disparu; mais ils ne reconnaissent pas pleinement cette conséquence implicite que la faculté sentante a, elle aussi, presque entièrement disparu. Ils imaginent que c'est un état dans lequel ils peuvent avoir des émotions semblables à celles qu'ils ont maintenant en considérant la cessation de la vie. Mais à la fin, toutes les forces mentales baissent simultanément, à l'égal des forces physiques, et avec elles disparaît la capacité de sentir des émotions en général.

Il est à la vérité possible que, dans ses dernières phases, la conscience soit occupée par un sentiment non désagréable de repos. Les sentiments qui accompagnent la vie et tous les désirs concomitants ne sont plus concevables, car leur rappel dans la conscience implique quelque énergie mentale. Il subsiste seulement cette espèce de sentiment qui accompagne l'entière quiétude, — un sentiment qui, s'il n'est pas absolument neutre, incline plus vers le côté agréable de la conscience que vers le côté douloureux. Mais quoi qu'il en soit, il est clair que dans la mort normale, ou la mort par consomption, ou la mort par débilité, l'état sensitif est le plus possible éloigné de celui qui accompagne la vie vigoureuse, ou la vie artificiellement exaltée, et que les sensations et les émotions diminuent toutes graduellement en intensité, avant qu'elles cessent définitivement. Ainsi la terreur de la mort qu'éprouvent la plupart des hommes, n'a pas sa raison d'être.

Il semble à peine nécessaire d'ajouter que l'argument ne s'applique pas à la mort violente, ou à celle produite par un mal aigu. Dans ces cas-là, la période finale d'indifférence est grandement abrégée. Jusqu'à un moment très court avant la fin, les énergies vitales demeurent suffisantes pour rendre possible l'émotion.

STYLE

Peu de personnes rejettent ouvertement la croyance courante qu'un bon style implique une culture linguistique, une éducation classique et l'étude des meilleurs modèles. Cette croyance semble rationnelle, et, fréquemment affirmée comme elle l'est par les gens autorisés, on la considère comme hors de doute. Elle n'en est pas moins dépourvue de force. Éprouvons-la d'abord par les principes de la logique inductive.

Même de la méthode de l'accord général, qui, employée seule, constitue l'ordre de preuves le plus bas, elle tire bien peu d'appui. La grande masse de ceux qui ont reçu la discipline que donne une Université n'écrivent pas bien. Çà et là seulement dans cette grande masse peut se rencontrer un homme auquel on accorde un beau style; quant aux autres,

1. Pas plus que le chapitre sur *Quelques américanismes* qui se trouve plus haut, il n'est possible à un traducteur de rendre tout à fait exactement celui-ci   (*Le Trad.*)

leur style est banal, lorsqu'il n'est pas mauvais. Mais si la croyance courante était vraie, un bon style devrait être la règle parmi ceux qui ont une culture linguistique, et non l'exception. Moins justifiée encore est la croyance, quand on l'éprouve par la méthode de différence. L'application de cette méthode devrait montrer que des écrivains qui ont peu ou point du tout pratiqué l'étude de la langue, n'écrivent pas bien. Mais ici encore les preuves manquent. Chacun sait que, depuis Shakespeare, maints bons écrivains ont eu « peu de latin et moins de grec[1] ». La fausseté de la croyance est mieux montrée cependant par l'examen critique de styles supposés la justifier, ou qui la justifieraient, si elle était vraie. Déjà, dans *l'Étude de la Sociologie*, après avoir donné quelques échantillons d'anglais incohérent écrit par un premier ministre, un évêque et un principal de collège, j'ai, dans l'appendice, soumis à l'analyse deux phrases du si vanté Addison, citées avec approbation par Matthew Arnold; j'ai relevé six fautes en sept lignes. Ici je me propose de continuer la critique d'écrivains de culture classique.

La préface d'une collection de vers « dorés » devrait être sûrement un morceau de prose argentée,

---

1. C'est une remarque de Ben Jonson dans sa pièce sur Shakespeare que nous avons mentionnée plus haut :

> ... Though thou hadst small Latin and less Greek,
> From thence to honour thee, I would not seek
> For names...

                        (*Le Trad.*)

prose polie et sans défauts. Et quand une telle préface est écrite par un homme qui s'est acquis des titres classiques et a consacré sa vie de loisirs à l'étude de la littérature, on attend quelque chose qui approche de la perfection. Cependant on ne le trouve pas. La première phrase de la préface du *Golden Treasury* [1] de M. Francis Palgrave court ainsi :

« This little Collection differs, it is believed, from others in the attempt made to include in it all the best original Lyrical pieces and Songs in our language, by writers not living, — and none beside the best ».

Si la tentative de modifier le personnel en impersonnel, en employant l'expression « it is believed » au lieu de « I believe », est une marque de bon style, on en peut douter; car on jette ainsi dans l'esprit du lecteur un certain trouble inutile, en substituant le sens réel au sens figuré. Passant sur cela, cependant, examinons les éléments essentiels de la phrase. On nous dit que la collection diffère des autres. Or, une différence entre deux collections implique inclusion dans l'une de telle chose, de telle qualité, de tel caractère, qui ne sont pas inclus dans l'autre. Ici, cependant, la prétendue différence

---

1. *The Golden Treasury, selected from the best Songs and Lyrical Poems in the English Language*, etc., by Francis T. Palgrave, professor of poetry in the University of Oxford, 2 vol. publiés chez Macmillan. Ce recueil est dédié à Alfred Tennyson.

(*Le Trad.*)

consiste dans « the attempt made to include » (la
tentative faite pour inclure). Mais une tentative ne
peut faire partie d'une collection. Une tentative
n'est ni une chose, ni un caractère, ni une qualité
dont la possession puisse rendre le contenu d'une
collection différent de celui d'une autre. Les *résultats* de la tentative peuvent faire différer les collections, mais la tentative elle-même ne peut pas le
faire.

Nous passons six lignes et nous arrivons au
second paragraphe, qui commence par ces mots :

« The Editor is acquainted with no strict and
exhaustive definition of Lyrical Poetry; but he has
found the task of practical decision increase in
clearness and in facility as he advanced with the work
whilst keeping in view a few simples principles ».

Une question suggérée par cette phrase est celle-
ci : pourquoi dire « the task of *practical* decision »?
Que le mot « practical » soit superflu, cela devient
manifeste si nous nous demandons ce que serait
« the task of *theoretical* decision ». En outre, ce
membre de phrase est rattaché au premier simplement par suggestion, non par connexion spécifiée.
Ce qu'est la « practical decision », on ne nous le dit
pas, mais on nous le laisse à deviner. Puis, il est dit
que « the Editor has found the task increase in
clearness and facility ». Comment une tâche peut-
elle croître en facilité? La facilité peut être acquise
par une personne qui entreprend une tâche et y
persévère, mais la tâche proprement dite reste la

même. De sorte que cette phrase, comme l'autre, est incohérente.

Le troisième paragraphe commence par ces mots :

« This also is all he can plead in regard to a point even more liable to question : — what degree of merit should give rank among the Best ».

Vous pouvez discuter une affirmation, une opinion, une croyance, car, en chacune de ces matières, il y a quelque chose en jeu; mais vous ne pouvez discuter un point, parce qu'un point ne met rien en jeu. Que le sens soit donné par les mots qui suivent, on ne peut le soutenir justement. On peut admettre des fragments de phrases; mais alors ils doivent être franchement des fragments. Un bon style ne permet pas une phrase qui, par sa structure, se présente comme complète, mais qui, sans un appendice, est dépourvue de sens.

Et voici le début du quatrième paragraphe :

« It would obviously have been invidious to apply the standard aimed at in this Collection to the Living ».

Les mots « to apply the standard aimed at » ne peuvent s'accorder. Si vous *appliquez* un « standard »[1], il s'ensuit comme conséquence que le « standard » est quelque sorte de mesure; mais si celle-ci est l'espèce de « standard » qu'on a en vue, alors comment le visez-vous? Une chose que l'on

---

1. Le mot « standard », qui a en anglais des significations nombreuses et très diverses, indique entre autres à la fois une mesure et un jugement ou critérium. *(Le Trad.)*

vise doit être à quelque distance; mais si le « standard » en question est appliqué comme mesure, il ne peut être quelque chose d'éloigné. Les mots ne suggèrent pas une idée consistante.

L'Academy du 15 janvier 1898 contient une notice sur « Une nouvelle oubliée de James Anthony Froude[1] »; et, page 79, elle en donne des extraits. Le premier commence ainsi :

« I take it to be a matter of the most certain experience in dealing with boys of an amiable infirm disposition, that exactly the treatment they receive from you the will deserve ». *Shadows of the Clouds* (Ombres des nuages), p. 22.

Sans m'arrêter sur l'opinion exprimée, que les mots « certain » et « exactly » rendent beaucoup trop définie pour convenir aux faits dont il s'agit, je continue à dire que la phrase est mal construite. Un de ses défauts est la verbosité. Les douze premiers mots sont équivalents à : « l'expérience prouve ». Si l'on objecte que les douze mots sont plus expressifs que ces deux, je réplique que les deux sont ici, en cette circonstance, absolument assez expressifs. Puis les phrases ne sont rien moins que classiques. La phrase « I take it to be », quoique commune

---

1. Un des principaux historiens anglais (1818-1894), auteur de l'*Histoire de l'Angleterre depuis la chute de Wolsey jusqu'à la destruction de l'Armada espagnole,* qui parut en douze volumes, de 1850 à 1870. Il a publié aussi une biographie très importante de Thomas Carlyle. Son audacieuse réhabilitation de Henri VIII a fait beaucoup de bruit.   (*Le Trad.*)

dans la conversation, ne convient guère à l'usage littéraire. Pourquoi pas « I think it is »? On peut, au lieu d'une affirmation directe, employer avec justesse une affirmation indirecte, si l'on économise ainsi la pensée du lecteur, ou s'il est nécessaire de varier la forme; mais ici une idée non pertinente, « taking », mise à la place de l'idée pertinente, « thinking », doit être mentalement corrigée. On ne peut non plus approuver l'expression « a matter of ». Un mot employé dans beaucoup de rapports évoque des idées non définies qui doivent être précisées par le contexte; ce qui implique une suspension. Dans ces diverses expressions : « It is a matter of fact », « that's a matter of course », « what's the matter? », « it will cost a matter of £ 50 », nous voyons que le mot « matter », détourné de son sens primitif, éveille des idées vagues auxquelles il faut que l'esprit supplée de telle ou telle façon, selon les mots adjacents. Or, un bon style exclut tous les mots ayant une signification mal fixée, sauf quand on vise un sens indéterminé, ce qui n'est pas ici le cas. Une plus sérieuse objection est que la phrase « I take it to be » ne s'accorde pas avec la phrase « most certain experience »; car la première n'indique pas quelque chose de positif, tandis que la seconde est absolue. Nous ne pouvons réunir convenablement une affirmation impliquant quelque doute avec une affirmation qui n'en implique aucun. Il est absurde qu'un homme surpris par un orage dise : « I take it this is rain », or, « I think it rains »

(Je crois qu'il pleut); et il est également absurde de joindre l'expression « I think » ou son équivalent à l'affirmation d'un fait dit être « most certain ». Alors, une fois encore, pourquoi « *most* certain » ? Dans le langage à la bonne franquette, l'union des deux mots est commune; mais, dans un écrit regardé comme spécialement bon, nous ne devrions pas trouver un mot comportant un sens absolu, qui soit précédé d'un mot comportant un degré. Enfin, le plus grave de tout, c'est que la phrase a un sens incertain. Dire des jeunes garçons en question « that exactly the treatment they receive from you they will deserve », c'est dire que si vous les traitez doucement, ils mériteront un traitement doux, et que si vous les traitez durement, ils mériteront un traitement dur. Sûrement, ce n'est pas là ce qu'on a voulu exprimer! En tout cas, cependant, la phrase a le fatal défaut de laisser le lecteur dans le doute.

Un autre exemple est fourni par l'apôtre de la culture, M. Matthew Arnold. La page de *l'Academy* précédant celle que je viens de citer, contient à son sujet, sous le titre de « Réputations reprises en considération », un essai laudatif. On y reproduit une de ses phrases, avec cet avant-propos : « Son jugement personnel était perpétuellement guidé par les principes qu'il a établis dans le fameux passage commençant ainsi :

« There can be no more useful help for discovering what poetry belongs to the class of the truly excellent, and can therefore do us most good, than to have always in one's mind lines and expressions of the great Masters, and to apply them as a touchstone to other poetry[1] ». *Essays in Criticism*, seconde série, p. 16.

Ma première remarque est que la phrase « useful help » renferme un pléonasme. Un « help » est défini comme une chose qui aide ou assiste, et une chose qui accomplit cette fonction est une chose utile; de sorte qu'un « useful help » est une chose utile utile. Au lieu de « no more useful help », Matthew Arnold aurait dû écrire « no better help ». Nous arrivons ensuite à ce membre de phrase : « what poetry belongs to the class of the truly excellent ». Pourquoi tous ces mots? Tout ce qui appartient à la classe du vraiment excellent est de toute nécessité vraiment excellent. Pourquoi alors parler de la classe? La phrase devrait être : « what poetry is truly excellent ». Alors, à son tour, le membre de phrase : « to apply them as a touchstone », est, tout au moins, maladroit. Il devrait sûrement être : « to apply them as touchstones ». Finalement, à quoi bon les derniers mots : « to other poetry »? La première partie de la phrase a déjà impliqué que « other poetry » est la chose à éprouver. De là, laissant de

<hr>

1. Voici la traduction littérale de ce passage : « Il ne peut y avoir de moyen plus utile pour découvrir que la poésie appartient à la classe du vraiment excellent, et peut en conséquence nous faire le plus grand bien, que d'avoir toujours dans l'esprit des vers et des expressions des grands maîtres, et de les appliquer comme une pierre de touche à une autre poésie ». (*Le Trad.*)

côté les membres de phrase intermédiaires, l'idée est que, pour découvrir quelle poésie est « truly excellent », certains critériums doivent être appliqués « to other poetry »! Pour exprimer le sens voulu, la phrase aurait dû être : « There can be no better helps for discovering what poetry is truly excellent, and can therefore do us most good, than lines and expressions of the great masters kept always in mind and applied as touchstones ». Ou autrement : « There is no better way of discovering what poetry is truly excellent, and can therefore do us most good, than to keep always in mind lines and expressions of the great masters and apply them as touchstones ». On économise treize mots, et le sens est nettement exprimé.

On dira peut-être en manière de défense que ces phrases fautives ont été triées et sont exceptionnelles. Cela est faux. Comme l'impliquent les exemples, elles n'ont pas été cherchées. Les citations de M. Palgrave sont la première phrase de sa préface du *Golden Treasury* et les premières phrases des trois paragraphes suivants; et, en dehors de cette préface, je n'ai absolument rien lu de lui. La citation de Froude est la phrase d'ouverture de certains passages donnés par son critique admirateur. Et l'échantillon de l'écrit de Matthew Arnold que j'ai analysé, est la seule phrase en prose que son panégyriste reproduit. Une jolie conclusion est que des phrases similairement fautives sont communes dans les œuvres de ces trois auteurs.

ENCORE LE STYLE

Il ne faut pas supposer que des styles affranchis
des défauts que j'ai relevés, doivent par là même
être classés parmi les bons styles. Je suis loin de
dire ou de laisser croire cela. D'autres mérites doivent être possédés, — propriété de mots, variété de
forme, fraîcheur de métaphores, euphonie, —
mérites que, je le reconnais à regret, une faculté
innée peut seule réaliser. Ma thèse est qu'un style
ne peut être racheté par tel ou tel de ces caractères,
si les phrases en sont incohérentes ou contiennent
des superfluités et des amphibologies de sens. Éviter
les défauts de construction, c'est la première exi-
gence; et l'on ne peut accorder des louanges à une
culture qui, promettant d'assurer un bon style,
n'assure pas son premier élément.

Il semble étrange que la conclusion courante *a
priori* au sujet des effets produits par l'étude des langues et par la familiarité avec les bons modèles, ne se

vérifie pas *a posteriori*. Cette absence de vérification confirme l'adage français : « Le style est l'homme ».

Une expérience personnelle a fortifié ma foi en cet adage. Il y a plus d'un demi-siècle, un incident me poussa à rechercher pourquoi certains mots et arrangements de mots sont plus efficaces que d'autres. Jusqu'à ce moment-là, je n'avais pas prêté la moindre attention au style. Mais le problème qui se présenta alors m'amena à le considérer d'un point de vue psychologique. L'examen rapide d'œuvres sur le sujet ne me fournit que peu d'éclaircissements ; les préceptes que je rencontrai étaient purement empiriques. Le résultat fut une investigation qui aboutit à la composition d'un essai sur « La force d'expression », essai qui fut refusé par l'éditeur d'un périodique depuis longtemps disparu, *Frazer's Magazine*. Dix ans plus tard, cet essai, quelque peu amélioré, fut publié dans la *Westminster Review* sous ce titre : « La philosophie du style », titre choisi par l'éditeur, non par moi. Une des conclusions exposées, en même temps que les raisons lui servant d'appui, c'est que les mots d'origine anglo-saxonne sont plus efficaces que les mots d'origine latine. (J'emploie ce nom d' « anglo-saxon » en dépit de M. Freeman, car qualifier ces mots d' « anglais » causerait ici de la confusion). Or, cette croyance, commune à d'autres et fortifiée en moi du fait de la trouver justifiée par un principe général, aurait dû influer spécialement sur mon style. Mais récemment, en revisant mes *Premiers Principes*, je constatai avec étonnement qu'elle n'a exercé aucune influence : la langue que j'emploie dans cette œuvre est fortement latinisée. Naturellement, le livre agitant un vaste ensemble d'idées abstraites et générales, le manque de mots anglo-saxons pour les exprimer nécessita l'adoption de mots dérivés du latin et du grec. Mais je trouvai maints endroits où des mots d'origine nationale auraient pu être employés au lieu de mots d'origine étrangère. Il était clair que l'idée courante, quoique vérifiée par mes propres investigations, m'avait très peu influencé en écrivant.

Et cette absence relative d'influence est assez explicable, maintenant que je me rappelle combien peu j'ai été guidé par les autres conclusions exposées dans l'essai cité, — conclusions auxquelles je continue à me tenir aussi fortement que lorsque je les ai formulées. Elles n'ont jamais été présentes à mon esprit en écrivant. J'employais de temps en temps des mots et des formes d'expression que l'habitude m'avait rendus naturels, sans songer à leur conformité ou non-conformité aux principes que j'avais adoptés. A l'occasion, il est vrai, revisant un manuscrit ou une épreuve, tel ou tel de ces principes m'est revenu à l'esprit et m'a suggéré le changement d'un mot, ou la recherche d'une courte phrase à substituer à une longue. Mais l'effet a été extrêmement faible, les caractères généraux de mon style sont restés les mêmes, nonobstant mon désir d'en modifier quelques-uns. L'adage français renferme une vérité substantielle. En le variant un peu, nous pouvons dire : le style est organique. Sans doute, l'organisation peut être modifiée, mais la fonction comme la structure conservent leurs caractères fondamentaux.

Après avoir lu les paragraphes précédents, le lecteur s'étonnera si je lui dis que je n'ai jamais étudié le style. Il pensera que cette assertion est en contradiction complète avec beaucoup des choses que je viens d'écrire. L'affirmation n'en est pas moins vraie dans son large sens. L'essai mentionné sur « La force d'expression », qui eut son origine dans une recherche psychologique, ne traitait naturellement qu'une petite partie du sujet. Quoique publié sous le titre modifié, à l'instigation de l'éditeur, de « La philosophie du style », la substance restait la même; et je fus bientôt blâmé par l'éditeur, parce qu'il ne contenait, suivant l'expression de celui-ci, « que l'épine dorsale du sujet ». Comme il en résultait, mon essai ignore ces caractères du style qui lui donnent qualité, distinction ou couleur; et ayant exposé les conclusions psychologiques auxquelles j'étais arrivé, je ne me préoccupai pas de ces caractères. Il ne me vint jamais à l'esprit, ni avant ni depuis, de prendre un auteur comme modèle. La pensée de modeler mon style sur le style d'un autre est absolument inconciliable, en effet, avec mon mépris inné de l'autorité. Je n'ai jamais non plus examiné la manière d'écrire de tel ou tel auteur en vue d'en observer les particularités. Toutes les critiques que j'ai faites, toutes les opinions que je me suis formées, ont été entièrement accidentelles. Des défauts comme ceux que j'ai signalés plus haut ont, à la vérité, souvent attiré mon attention, — attention toujours tenue en éveil par la critique de mes propres écrits; mais à part le fait de remarquer des défauts en passant, mon observation du style s'est limitée à reconnaître les caractères marquants qui me plaisent ou qui ne me plaisent pas. J'ai éprouvé de la répulsion pour la structure pesante et embarrassée de la prose de Milton, tandis que, d'un autre côté, j'ai toujours été attiré par le naturel achevé de Thackeray. Et j'ai refusé de m'associer aux applaudissements accordés au style de Ruskin, pour la raison qu'il est trop conscient de lui-même, implique trop de préoccupation de l'effet. Dans l'art littéraire, comme dans l'art de l'architecte, du peintre, du musicien, l'indication que l'artiste songe à son propre succès plus qu'à son sujet, me choque toujours.

Ici, peut-être, se présente l'occasion de dire de mon propre style que, dès le début, il n'a pas été prémédité. La pensée du style considéré comme une fin en elle-même a rarement été présente à mon esprit, si jamais elle l'a été; mon seul but a été d'exprimer les idées aussi clairement que possible, et, quand l'occasion le réclamait, avec autant de force que possible. Qu'on me permette d'ajouter que l'habitude de dicter y a introduit quelque différence. Jusqu'à 1860, j'ai écrit moi-même mes livres et articles de Revues. A partir de cette époque je les ai

tous dictés. C'est une croyance admise que la dictée
est une cause de diffusion, et je suis aussi de cet
avis. Deux bons juges, les Lewes [1], me firent un jour
observer que le style de ma *Statique sociale* est
meilleur que celui de mes œuvres postérieures, et,
en admettant que cette opinion soit vraie, je crois
que la différence peut être attribuée à l'effet dété-
riorant de la dictée. Une récente expérience me confirme dans cette conclusion. En revisant l'édition
définitive des *Premiers Principes*, livre qui a été
dicté, la suppression des mots, membres de phrases
et phrases, et parfois paragraphes superflus, a eu
pour effet d'abréger l'œuvre de cinquante pages,
c'est-à-dire d'environ un dixième.

1. George Eliot et son ami de cœur George-Henry Lewes, l'auteur d'une *Vie de Robespierre*, d'un livre sur la *Philosophie des
sciences d'Auguste Comte*, et d'une biographie célèbre de Gœthe.
Un an juste après la mort de celui-ci, en mai 1880, George Eliot
épousa un autre vieil ami, John-Walter Cross, et elle mourut le
22 décembre suivant. (*Le Trad.*)

MEYERBEER

Une illustration de ce rythme de l'opinion commenté quelques pages plus haut, est fournie par la réputation de Meyerbeer, jadis si grande, aujourd'hui si petite. Il fut un temps où Liszt affirmait que Meyerbeer dépassait de la tête tous les autres : « les autres », c'est-à-dire, évidemment, les compositeurs alors vivants; et Henri Heine écrivait : « Par cette œuvre (*les Huguenots*), Meyerbeer a obtenu, pour ne plus jamais le perdre, son droit de cité dans la ville éternelle des beaux esprits, dans la Jérusalem de l'art céleste ». A présent, on entend à peine son nom. On donne parfois sur la scène *les Huguenots*; mais parmi les personnes d'éducation musicale, je n'en ai trouvé aucune qui connût quelque chose de sa musique, et quelques-unes connaissaient à peine son nom. Il semble qu'il n'y a pas moyen d'échapper à cette violente action et réaction, et quand les hommes ont été élevés trop haut, ils doivent expier en tombant trop bas. Mais les esprits judicieux peuvent, de la façon déjà indiquée, rabattre des opinions régnantes et former des jugements raisonnables. Quand un homme, si hautement loué à un moment, vient à être négligé et traité avec mépris, nous pouvons être sûrs que l'excès de mésestime se trompe comme avait fait l'excès d'estime, et, par la phase passagère d'excès de mésestime, nous pouvons approximativement juger où est sa véritable place. Ainsi jugé, Meyerbeer occuperait incontestablement une situation beaucoup plus haute qu'aujourd'hui.

On le caractérise de « théâtral », avec cette conclusion sous-entendue qu'il produit ses effets à l'aide de l'apparat et du bruit. Si ma connaissance de sa musique provenait seulement d'avoir entendu ses opéras il y a cinquante ans, cette accusation, portée par ceux que la mode dominante a entraînés, pourrait m'avoir influencé; mais mon opinion est largement basée sur ma familiarité avec sa musique arrangée pour piano, et dans laquelle l'élément théâtral n'apparaît pas. Ainsi mis à même de juger, je ne crains pas de dire que l'opinion exprimée par Liszt était beaucoup plus près de la vérité que l'opinion courante. Un des défauts qu'on lui reproche, c'est qu'il abuse des arpèges et des échelles. Or, les compositions qui, au lieu d'idées musicales, nous donnent des combinaisons de notes n'impliquant aucune idée, me choquent toujours, et voilà pourquoi je fus surpris de cette assertion.

Les échelles spécialement m'ennuient : elles me font penser que le compositeur, « embarrassé par le manque de matière », court en haut pour trouver une idée, et, désappointé, redescend. Désirant voir si les arpèges et les échelles sont réellement plus fréquents chez Meyerbeer que chez d'autres, je priai une dame pianiste qui habite ma maison d'en compter le nombre dans les vingt premières pages de trois de ses opéras, et de trois opéras de Mozart. Voici les résultats :

Robert le Diable,	23 échelles,	20 arpèges		
Le Prophète,	18	—	41	—
Les Huguenots,	15	—	22	—

c'est-à-dire en tout 58 échelles et 83 arpèges. Il y avait par contre dans Mozart :

Don Juan,	60 échelles,	31 arpèges.		
La Flûte enchantée,	57	—	10	—
Les Noces de Figaro,	58	—	30	—

formant un total de 175 échelles et de 77 arpèges. De sorte que dans des espaces égaux, Meyerbeer a 141 de ces successions mécaniques, et Mozart 252. Ainsi soumise à l'épreuve des chiffres, l'accusation tombe en fait. C'est le compositeur « classique » Mozart qui y prête davantage le flanc.

Puis vient la doléance, en partie d'accord avec la précédente, que les idées de Meyerbeer sont des lieux communs. Cela aussi me surprit quand j'en eus connaissance, car j'ai horreur des idées musicales banales. Parfois, en effet, pour éprouver l'originalité d'un compositeur, j'ai observé, en l'écoutant, si je pourrais souvent anticiper, ou partiellement anticiper, les phrases qui allaient venir, ou quelque chose y ressemblant; et, quand je le pouvais, je rabattais de mon estime pour lui. Mais dans ce cas, comme dans le cas précédent, la comparaison avec Mozart, au lieu de prouver l'allégation, la réfute. Quand on me joue des sonates de Mozart, il m'arrive de m'exclamer : « Arrête » ou « saute ». La conclusion, c'est que pas plus d'un tiers des mouvements ne me semble valoir la peine d'être joué; mon sentiment à l'égard des autres est qu'ils consistent en figures familières enfilées ensemble dans un nouvel ordre. En écoutant les opéras de Meyerbeer arrangés pour piano, je n'éprouve pas cette impression. Même dans les parties de pur accompagnement à l'action scénique, quoique assez peu intéressantes peut-être, il y a généralement beaucoup de motifs pleins de fraîcheur, et très peu de phrases banales.

Mais ma raison capitale pour placer haut Meyerbeer, c'est qu'il combine, mieux qu'aucun compositeur que j'aie entendu, les deux éléments requis dans la belle musique : l'expression dramatique et la mélodie. Dans la scène entre Raoul et Valentine, des *Huguenots*, il a réussi à faire ce que Richard Wagner essaye de faire, et, je crois, sans succès. Malgré tout ce qui a été dit contre lui, je continuerai à applaudir Meyerbeer, jusqu'à ce que l'on me montre quelque œuvre où la vérité d'expres-

sion et les qualités mélodiques soient mieux unies
que dans « Robert, toi que j'aime ».

Naturellement, je ne me permets aucune opinion
au sujet des pièces instrumentales de Meyerbeer,
dont je ne connais rien. Je parle seulement de ses
opéras. Mon but a été de noter que le rythme de sa
réputation a atteint à présent l'excès extrême de
mésestime, d'où se produira probablement une
réaction qui la ramènera en partie vers l'excès
extrême d'estime jadis marqué. Et ma défense est
basée sur le caractère dramatique de sa musique :
son succès à exprimer la passion, sans sacrifier la
beauté de la forme.

LA RECHERCHE DE L'ÉLÉGANCE

Les critiques sur la vie de nos voisins ne font
pas défaut, et quelques-unes roulent sur le manque
de proportion que révèle leur existence, — tantôt
une ardeur excessive pour les affaires, tantôt l'absence d'une occupation utile, tantôt l'absorption
dans un travail favori, et ainsi de suite. Mais
tandis que l'on reconnaît ainsi l'art de vivre comme
un sujet qui concerne chacun, on ne lui consacre
pas d'étude réfléchie : des idées fortuites occupent
la place de conclusions rationnelles. Personne n'essaye d'estimer la valeur relative des fins : combien
d'énergie peut être opportunément dépensée à
obtenir tel ordre de satisfactions, et combien à
obtenir tel autre. On fait son choix sans avoir anté-
rieurement aucune idée de la nécessité d'accorder
sa part, et seulement sa part, dans l'activité totale,
à chaque espèce d'activité mentale ou corporelle.
Le résultat est que la vie de tous est plus ou moins
faussée, — d'ordinaire très faussée.

Cette remarque générale est préalable à une remarque spéciale. Il y a une occupation que presque tous supposent pouvoir être poursuivie sans limites, — la recherche de la beauté; ou plutôt, la recherche de l'élégance. Les femmes en particulier, par l'emploi journalier de leur temps, laissent croire que l'occupation capitale de la vie est de plaire à l'œil. Depuis la lady américaine, dont l'idée semble être : « Les hommes doivent travailler pour que les femmes puissent s'habiller », jusqu'à la fille de cuisine anglaise, dont le plaisir au cours de la semaine consiste dans l'idée de rivaliser de toilette avec sa maîtresse, le dimanche, l'ambition qui marche en tête de toutes les autres est de satisfaire le besoin esthétique; ou plutôt, d'obtenir l'admiration qui l'accompagne, ou qu'on attend tout au moins de lui.

Mon excuse pour parler de ces faits familiers, c'est que ce sont des parties de faits beaucoup plus vastes. Nés, ainsi que le sont ces sentiments qui concernent la beauté visible, du désir de provoquer l'admiration de l'autre sexe, et associés comme ils le deviennent à un désir d'admiration en général, leur influence pénètre toutes les actions. Un motif suggérant les sacrifices que nous montrent les pieds comprimés des Chinoises et les tailles étranglées de leurs sœurs européennes, forme nécessairement un élément qui domine la conscience en général, et influe nécessairement sur la vie quotidienne en d'innombrables façons. Étant donnée la

disposition mentale qui en résulte, la question :
« Quel air cela aura-t-il? » doit perpétuellement
venir en première ligne. Si, dans l'effort pour conquérir l'admiration d'autrui, on va jusqu'à dislo-
quer ses os, il est inévitable qu'en tout il y aura
sous tous les rapports un mode de conduite similaire. L'extérieur tendra toujours à devenir une fin
principale, et l'utilité une fin secondaire. C'est ainsi
que le sauvage se pavane par le beau temps dans
un manteau qu'il enlève par la pluie.

Comme nous l'avons déjà dit, ce n'est pas vers
ces résultats immédiats, mais vers les résultats plus
éloignés, qu'il faut diriger l'attention. Je ne parle
pas seulement de certains résultats éloignés tels
que les atteintes à la santé provenant de ce que
l'on fait du vêtement une chose agréable à voir
plutôt qu'une chose destinée à tenir chaud; — vêtement qui, suffisant à certaines heures de la journée,
laisse à d'autres heures de larges surfaces nues;
mais je parle des façons dont cette manière d'as-
signer à l'extérieur une fin suprême sur toutes les
autres fins, influe sur la maison en général et sur
le cours des affaires domestiques. La paysanne dont
l'étroite fenêtre est tellement encombrée de fleurs
qu'il n'y entre presque pas de lumière, n'est pas à
même de comprendre les maux qui en résultent, si
on les lui montre; mais la dame à laquelle vous
expliquez que la lumière est un facteur important
dans le maintien de la santé, — si important, que
les malades du côté sud d'un hôpital se rétablissent

plus vite que ceux du côté nord, — et que par
conséquent le séjour dans des chambres obscurcies
est préjudiciable, ne se montre pas plus accessible
au raisonnement. Le bon état des tapis est une fin
qu'elle juge plus importante que le développement
de la santé de sa famille. Que le plancher ciré, sur
les bords du tapis, cause souvent des accidents, —
contusions, foulures, dislocations, — et que, même
quand ces accidents ne se produisent pas, une
crainte perpétuelle dicte une marche pleine de précaution, ce ne sont pas là des raisons suffisantes
pour contrebalancer dans son esprit la raison que
le plancher ciré a bon air. Il en est de même de
l'ameublement. Le choix évidemment a été déterminé avant tout par la pensée de l'aspect extérieur,
et très peu par celle du confort. Ici, dans la baie
de la fenêtre, se trouve un siège dont la surface est
découpée en fleurs à haut relief; et tout autour
sont les chaises, quelques-unes du type à la mode,
d'autres de forme archaïque, d'autres enfin avec de
jolis dessins sculptés, mais presque toutes incom-
modes pour s'y asseoir, et qu'on pourrait qualifier
de chaises antihospitalières.

Il en va de même des nombreuses jolies petites
choses, ou supposées jolies, qui encombrent les
tables, les petits meubles, les supports, etc., et
renferment des absurdités telles que des couteaux
à papier à manches sculptés. Le plaisir que tire
de ces objets le possesseur ou le visiteur est en
réalité tout nominal; en dehors de la conscience

que ce sont de jolies choses, ils offrent peu de ressource. En attendant, sans parler de ce qu'ils ont
coûté, leur surabondance est une cause constante
de contrariétés. Les exploits des servantes étourdies
provoquent des irritations qui forment une large
compensation aux satisfactions éprouvées. Ce n'est
pas seulement l'homme qui se marie, — pour citer
le mot de Bacon, — qui donne des gages à la fortune : c'est aussi celui qui accumule des objets de
valeur; car l'un et l'autre servent d'appâts à la mali-
gnité du Sort.

Et puis, après tout, cette recherche trop avide
des satisfactions esthétiques manque son but. On
n'atteint pas la beauté en remplissant une chambre
de belles choses. L'effet total d'une chambre ainsi
remplie est détruit par les effets séparés de son
contenu. Chaque objet distrait l'attention de l'autre,
et dans leur totalité ils distraient l'attention de la
chambre. Vous pouvez avoir un intérieur artistique
ou vous pouvez avoir un musée, mais vous ne
pouvez avoir les deux. Il en est de l'artiste domestique comme des artistes en général, peintres,
architectes et autres : l'erreur habituelle réside
dans l'excès suggéré par le désir exagéré de l'admiration. Et ici, en vérité, nous arrivons à l'autre
défaut impliqué par cette recherche absorbante
des fins esthétiques : il s'y révèle une attitude
morale d'espèce inférieure. L'avidité des applaudissements, quand elle s'étale, diminue dans l'esprit
des autres l'estime pour une personne qui l'affiche.

Et très souvent il est manifeste que cette avidité est le motif prédominant. Nous en avons partout des exemples. Les chambres trop ornées sont même plus nombreuses que les femmes trop habillées.

Mais j'abandonne cette critique digressive, et j'ajoute seulement que la façon dont on fait prédominer la fin esthétique sur d'autres fins de plus d'importance pourrait être montrée au long par l'exemple de la table. Depuis la cuisinière choisie non pour son talent culinaire, mais pour son habileté à confectionner de jolis plats, jusqu'au goût pour les végétaux imparfaitement cuits, parce que la cuisson nécessaire détruirait leur vert brillant (je cite des faits), on irait jusqu'à faire voir comment on sacrifie de diverses façons la saveur et la digestibilité à un résultat banal et transitoire de bonne apparence. Mais l'exposé de cette thèse a été poussé suffisamment loin. La proposition générale qu'il n'y a pas proportion exacte des diverses fins de la vie, a été démontrée par la proposition plus spéciale que les fins esthétiques occupent un champ beaucoup trop large de la conscience.

Certes, que les gens s'entourent d'un petit nombre de belles choses sur lesquelles les yeux puissent se reposer chaque jour avec plaisir; mais qu'on ne fausse pas la vie, en détournant l'attention des choses essentielles. Voici des parents dont c'est le devoir de préparer leurs enfants aux règles de l'existence, mais qui, guidés par la pure tradition, ou pas même par elle, ont à peine accordé une

pensée à l'éducation considérée rationnellement.
Voici des gens appelés à participer par leurs votes
à la direction des affaires sociales, qui toujours
encore sont guidés par les plus grossières superstitions, — mensonges « à l'usage des commerçants »,
et choses semblables, — qui n'ont jamais songé à
s'adapter à leurs fonctions de citoyens. Et de tous
les côtés il y a ceux qui ignorent le monde naturel
qui les entoure, animé et inanimé, dont la compréhension dans ses principes essentiels importe également à la droite conduite de la vie et à la conception de l'existence humaine. Et alors qu'il en est
ainsi, on accorde quotidiennement des soins et des
pensées sans fin à une multiplicité de choses qui,
espère-t-on, vous feront admirer : quoique les
choses, soit portées, soit étalées comme ornements,
fassent bien souvent le contraire.

PATRIOTISME

Si quelqu'un me traitait de déshonnête ou de déloyal, il me toucherait au vif. S'il disait que je ne suis pas patriote, il me laisserait indifférent. « Alors, vous n'aimez pas votre pays? » C'est là une question à laquelle on ne répond pas d'une haleine.

La prompte abolition du servage en Angleterre, le prompt développement d'institutions relativement libres, et la reconnaissance plus grande des revendications populaires après que la décadence de la féodalité eut arraché les masses à la glèbe, ce sont là des caractères de la vie anglaise qu'on peut considérer avec fierté. Quand on décida que tout esclave qui mettrait le pied sur le sol anglais devenait libre; quand on arrêta l'importation des esclaves dans les colonies; quand on déboursa vingt millions pour l'émancipation des esclaves dans les Indes occidentales; et quand, d'une façon d'ailleurs inconsidérée, on maintint une flotte pour empêcher la traite des noirs, — nos compatriotes firent des choses dignes d'être admirées. Et quand l'Angleterre offrit un asile aux réfugiés politiques et épousa la cause des petits États luttant pour leur liberté, elle révéla encore de nobles traits de caractère qui excitent la sympathie. Mais il y a des traits de caractère, par malheur de plus en plus fréquents, qui produisent une impression opposée.

L'examen des actes par lesquels notre pays a acquis plus de quatre-vingts possessions, établissements, colonies, protectorats, etc., — n'éveille pas des sentiments de satisfaction. Les transitions des missionnaires aux agents résidents, puis à des fonctionnaires disposant de forces armées, puis au châtiment de ceux qui résistent à leur loi, finissant en soi-disant « pacification », — ces procédés d'annexion, tantôt graduels et tantôt soudains, comme celle de la nouvelle province de l'Inde et celle du Barotziland, qui a été déclaré colonie britannique sans plus d'égards aux volontés des gens qui l'habitent qu'à celles des bêtes qui l'habitent, n'excitent pas la sympathie pour leurs tristes auteurs. L'amour de mon pays n'est pas fortifié en moi, quand je me rappelle qu'après que notre premier ministre eut déclaré que nous étions obligés par honneur envers le khédive de reconquérir le Soudan, nous commençâmes, la reconquête opérée, à l'administrer au nom de la reine et du khédive, en l'annexant de fait; pas plus que quand je me rappelle qu'après que deux ministres des colonies eurent promis de ne pas inter-

venir dans les affaires intérieures du Transvaal,
nous continuâmes à insister sur certains arrangements électoraux, et fîmes de la résistance l'excuse
d'une guerre dévastatrice[1]. D'autre part, le caractère national tel qu'il s'accuse dans une ovation
populaire à un chef de flibustiers, dans l'octroi d'un
titre universitaire à un archi-conspirateur, ou dans
les applaudissements bruyants dont les étudiants
saluèrent un individu qui se moquait de la « recti-
tude onctueuse » de ceux qui s'opposaient à ses
plans d'agression, ne m'apparaît pas non plus
louable. Si, parce que mon amour de la patrie ne
survit pas à ces expériences et à beaucoup d'autres
expériences pénibles, on me qualifie d'antipatriote,
— eh bien! je suis content d'être ainsi qualifié.

Pour moi, le cri : « Notre pays, à raison ou à
tort! » semble détestable. Par association avec
l'amour de la patrie, le sentiment qu'il exprime se
justifie jusqu'à un certain point. Mais arrachez le
masque, et le sentiment qu'il abrite apparaîtra des
plus bas. Observons les cas alternatifs.

Supposons notre pays dans son droit, supposons-
le résistant à une invasion. Alors l'idée et le sentiment enfermés dans ce cri sont justes. On peut en
effet soutenir que la défense personnelle n'est pas

1. Nous continuons à entendre répéter, comme prétendue
excuse, que ce sont les Boers qui ont commencé la guerre.
Dans le Far-West des États-Unis, où chaque homme porte sa
vie entre ses mains et où l'on comprend bien les usages de la
lutte, on tient pour l'agresseur celui qui le premier avance la
main vers son arme. L'application saute aux yeux.

seulement justifiée, mais est un devoir. Supposons au contraire que notre pays est l'agresseur, qu'il a pris possession du territoire d'autrui, qu'il veuille imposer par les armes à une nation certaines marchandises dont celle-ci n'a que faire ou appuie quelques-uns de ses agents, en « punissant » ceux qui ont usé de représailles. Supposons-le faisant quelque chose qui, par hypothèse, est regardé comme injuste. Quel est alors le sens de ce cri? Le droit est du côté de ceux qui nous font opposition; le tort est de notre côté. Comment doit s'exprimer en ce cas le souhait soi-disant patriotique? Évidemment, les mots doivent signifier : « A bas le droit, vive l'injustice! » Et sous d'autres rapports, cette combinaison de but implique le comble de la perversité. Dans l'esprit des hommes d'autrefois existait, comme elle existe encore dans l'esprit de beaucoup d'hommes d'aujourd'hui, la croyance en un principe personnifié du mal, en un être déchaîné à travers l'univers, qui combat partout contre les bons et aide au triomphe des méchants. L'action de cet être peut-elle s'exprimer plus brièvement que par ces mots : « Vive l'injustice et à bas le droit! »? Les soi-disant patriotes tiennent-ils à endosser cette devise?

Il y a quelques années, je donnai expression à mon sentiment personnel, — sentiment antipatriotique, ainsi le qualifiera-t-on certainement, — d'une manière un peu déconcertante. C'était à l'époque de la seconde guerre afghane, quand, en conformité de ce qui était regardé comme « nos intérêts », nous

envahissions l'Afghanistan. On avait reçu la nouvelle que quelques-unes de nos troupes étaient en
danger. A l'Athenaeum Club, un personnage militaire bien connu — alors capitaine, maintenant
général — attira mon attention sur un télégramme
contenant cette nouvelle, et me le lut d'une manière
impliquant la conviction que je partagerais son
anxiété. Je le stupéfiai par ma réplique : « Quand
des hommes, lui dis-je, se donnent à louage pour
tuer à coups de fusil d'autres hommes par ordre,
sans se préoccuper de la justice de leur cause, peu
m'importe s'ils sont tués eux-mêmes à coups de fusil ».

Je prévois l'exclamation que provoquera cette
assertion. Un pareil principe, si on l'acceptait, rendrait, dira-t-on, toute armée impossible et tout
gouvernement impuissant. On ne peut admettre que
chaque soldat emploie son jugement à chercher les
raisons d'une bataille. L'organisation militaire
serait paralysée et notre pays deviendrait la proie du
premier envahisseur.

Pas si vite, répondrai-je. Il est une guerre pour
laquelle l'armée resterait juste aussi utilisable que
maintenant, — une guerre de défense nationale.
Dans une telle guerre, chaque soldat serait conscient de la justice de sa cause. Il ne serait pas con-
traint de répandre la mort parmi des hommes dont
les actes, bons ou mauvais, lui sont inconnus, mais
parmi des hommes manifestement coupables envers
lui et ses compatriotes. On rejetterait seulement une
guerre offensive, non une guerre défensive.

Naturellement on peut dire, et dire avec vérité, que, s'il n'y a pas de guerre offensive, il est impossible qu'il y ait une guerre défensive. Il est clair, cependant, qu'une nation peut se limiter à la guerre défensive, si d'autres nations ne le font pas. Ainsi le principe restera efficace.

Mais ceux dont le cri est : « Notre pays, à raison ou à tort! », et qui voudraient ajouter à nos quatre-vingts et quelques possessions d'autres possessions acquises par les mêmes procédés, n'éprouveront que du dégoût pour une telle restriction mise à l'action militaire. Pour ceux-là il n'y a pas de plus grande folie que de pratiquer le lundi les principes qu'ils professent le dimanche.

QUELQUE LUMIÈRE SUR L'HÉRÉDITÉ DES CARACTÈRES ACQUIS

La parabole de la paille et de la poutre a ses applications dans la sphère de la science comme dans d'autres sphères. Un exemple frappant de sa justesse est fourni par la controverse entre les néo-darwinistes et les néo-lamarckiens, pour employer en cette occasion deux noms inappropriés, mais commodes. Soutenant la suffisance de la sélection naturelle, ceux de l'école de Weismann disent à leurs antagonistes : « Où sont vos faits? » Ils ignorent de propos délibéré, soit dit en passant, divers faits qui sont constatés. A quoi les partisans de l'hérédité consolidée par l'usage peuvent justement répondre : « Où sont vos faits? » Si les uns insistent sur la preuve inductive, les autres peuvent le faire également, et il n'y a aucune preuve inductive quelconque de la sélection naturelle. L'évidence des effets de la sélection artificielle est écrasante; mais il n'y a nulle évidence des effets de la sélection naturelle. La nature ne peut faire la sélection, comme le fait un éleveur, en vue de développer certain caractère, mais elle peut sélectionner seulement les individus qui, par l'agrégat de leurs caractères, sont les plus aptes à vivre. Jusqu'à ce que l'on voie apparaître la production d'une espèce par la sélection naturelle, il n'y a pas même un commencement de preuve inductive. D'autre part, la preuve inductive de l'hérédité des caractères acquis ne fait pas complètement défaut. Cependant les néo-darwinistes ne cessent de répéter aux néo-lamarckiens : « Où sont vos faits? »

La controverse fournit une autre illustration de la façon dont les hommes, qui voient clairement les défauts des hypothèses de leurs adversaires, ne peuvent voir les mêmes défauts dans leurs propres hypothèses. La doctrine de l'hérédité des caractères acquis est rejetée par suite de l'incapacité de « concevoir aucun moyen » par lequel une modification produite dans un organe peut produire une modification corrélative dans le germe d'un descendant. Cependant l'hypothèse alternative est acceptée en dépit d'une incapacité analogue, qui n'est certainement pas moindre et peut être tenue pour beaucoup plus grande. Si l'opinion de Weismann est vraie, une structure comme la plume d'un paon implique plus de 300 000 déterminants. Multipliez cela par le nombre de ces plumes et ajoutez les plumes du corps, aussi bien que celles de toutes les parties de tous les organes, et alors imaginez le nombre de déterminants qui doivent être contenus dans la microscopique cellule spermatique. Imaginez de plus que, dans le cours des transformations de développement, chaque déterminant trouve sa voie à la place qui lui est nécessaire! A coup sûr, « concevoir aucun moyen » par lequel ces exigences peuvent être remplies, ce n'est pas une plus petite difficulté, si ce n'en est pas une plus grande.

Je me suis étendu sur ces préliminaires nécessaires à la compréhension de ce qui va suivre. La nature nous présente certains phénomènes qui montrent d'une manière concluante que les processus de structure peuvent s'effectuer par quelque jeu d'actions non vues, quoique la manière dont elles peuvent être effectuées soit inconcevable. Deux exemples à peu près semblables nous suffiront.

La beauté des cristaux de neige enchante beaucoup de personnes, mais peu ont réfléchi aux faits étranges impliqués par leurs formes. Quoique variés à l'infini, ils sont tous de type hexagonal dans les arrangements de leurs parties, et ils sont absolument symétriques. Si l'un des rayons porte à certain endroit une saillie sur un côté, il y a une égale saillie correspondante sur l'autre côté : et sur chaque rayon de l'agrégat il y a des couples identiques d'appendices. Si à une place il y a un appendice complexe, il y a des appendices complexes semblables à toutes les places correspondantes. Comment cette symétrie est-elle produite? Notre unique alternative est de supposer que, tandis que le cristal de neige descend tranquillement à travers les couches supérieures de l'air chargées de vapeur d'eau, l'accrétion d'une molécule d'eau en un point est instantanément suivie par des accrétions à tous les points correspondants, et que cela s'effectue par l'action coercitive de l'agrégat entier. On dit que les forces polaires constituent cette action, mais de ces forces nous ne savons rien. Les actions moléculaires qui construisent ces superbes structures sont inconcevables.

Contemplez à présent un phénomène plus étonnant du même ordre. Chacun a observé de temps en temps sur la fenêtre d'une chambre à coucher, après une forte gelée, une couche d'eau cristallisée qui recouvre l'intérieur des vitres, et chacun a admiré les formes foliacées qu'elle prend; peu, cependant, se sont demandé un seul instant comment ces formes peuvent naître. Dans *la Nature* du 7 février 1901, le professeur T. G. Bonney donne une description frappante de ces structures produites non sur une fenêtre, mais sur un pavé.

« Elles forment des groupes divergents, comme les baguettes d'un éventail en partie ouvert,... groupes souvent d'un demi-mètre de diamètre, composés de flocons rayonnant en forme de feuillage, constitués de tiges minces de cristaux aciculaires (souvent longs d'environ quatre pouces et à peu près de la grosseur d'une épingle) magnifiquement recourbés; cette courbure presque invariable des *lames* en est la caractéristique la plus marquée. Elles ressemblent à des algues très délicates, séchées et étendues sur un carton comme un groupe ornemental ».

En considérant les actions qui produisent ces arrangements, nous sommes obligés de conclure que la cristallisation s'effectue dans chaque partie sous le contrôle de toutes les autres parties. Si l'union des molécules d'eau en cristaux s'opérait à chaque point indépendamment, ou seulement sous des influences locales, il ne pourrait exister cette subordination des détails à l'ensemble qui produit la structure symétrique en forme de feuillage. Nous devons admettre qu'en se formant, l'agrégat entier de cristaux exerce une pression sur les molécules à chaque place, tandis que celles-ci, à leur tour, s'unissent aux autres, en comprimant celles qui se trouvent à chaque autre place. D'un côté, il est impossible de nier cette subordination réglée des parties au tout, et l'influence réactive exercée sur le tout par chaque partie; et cependant, d'un autre côté, nous ne pouvons « concevoir aucun moyen » par lequel ces merveilleux processus de structure sont effectués. La chose advient, mais il est impossible d'imaginer comment elle advient.

L'application de ces cas à la doctrine de l'hérédité des caractères acquis saute aux yeux. Ils nous montrent que, bien qu'il soit impossible de concevoir comment une modification de structure dans une partie donnée d'un organisme peut influer sur les cellules spermatiques ou les cellules germinatives de façon à donner à leur produit une propension vers une structure correspondante, cependant il n'est pas déraisonnable de supposer qu'elles subissent une telle influence. Parce que le jeu des forces qui établissent une telle relation est inimaginable, ce n'est pas une raison, comme nous le voyons, pour affirmer que ce jeu de forces n'existe pas.

Et en vérité, quand nous évoquons dans notre esprit ces progrès de la physique moléculaire et de la physique de l'éther qui ont immensément élevé nos idées des phénomènes qui s'effectuent partout, nous pouvons comprendre que l'hypothèse de l'hérédité des caractères acquis n'est nullement en désaccord avec les faits connus. Aujourd'hui que, par le moyen des ondes électriques, des signaux sans fils sont faits à des milliers de milles de distance; aujourd'hui que nous voyons les rayons Rœntgen pénétrer diverses substances opaques à la lumière; aujourd'hui que de l'uranium et d'autres corps se trouvent émaner des classes particulières de rayons capables de douer temporairement d'autres sortes de matière de pouvoirs semblables de radio-activité; aujourd'hui que nous voyons que, outre cette agitation de molécules qui constitue la chaleur, les molécules des substances solides donnent et reçoivent d'autres ordres d'oscillations, — nous pouvons soupçonner que les influences moléculaires qui pénètrent les corps vivants dépassent nos conceptions. Il est probable que chaque groupe de molécules spécialement arrangées qui compose l'unité constitutive d'un organisme, est un centre duquel rayonnent les ondulations produites par chacun de ses nombreux composants; et que ces ondulations, répandues à travers l'organisme, influent sur les composants correspondants d'autres unités telles, tendant à produire des oscillations semblables et des structures conformes. Nous pouvons conclure que sans cesse s'effectue un processus semblable à celui indiqué plus haut, dans lequel l'agrégat entier réduit à des formes harmoniques tous les petits agrégats moléculaires qui le composent, tandis que chacun de ceux-ci a sa part dans la modification des autres; et qu'ainsi tout changement local de structure devient une cause de changement de toutes les unités constitutionnelles, et, entre autres, de celles contenues dans les cellules spermatiques et dans les cellules germinatives. Si, en outre, comme je l'ai indiqué autre part (*Biology*, §§ 54 *d*, 97 *f*), il y a une circulation de protoplasma, cette assimilation universelle de caractères doit être grandement facilitée. Quoi qu'il en soit, cependant, les remarquables phénomènes décrits plus haut témoignent clairement que l'incapacité de « concevoir aucun moyen » par lequel les caractères acquis s'impriment sur les éléments reproducteurs, n'est pas une raison adéquate pour admettre qu'ils ne peuvent pas le faire.

Qu'on me laisse ajouter que cette objection soulevée par les néo-darwinistes contre l'hypothèse de l'hérédité des caractères acquis peut être éliminée beaucoup plus simplement, et d'une façon plus concluante encore. Huyghens rejetait la théorie de la gravitation. Quelle était sa raison? Il disait qu'une attraction comme celle impliquée par une théorie de ce genre ne pouvait être expliquée par aucun principe de mécanique. C'est-à-dire, il ne pouvait « concevoir aucun moyen » par lequel pouvait s'effectuer la mutuelle influence des corps s'attirant. Néanmoins la théorie de la gravitation a été établie par des preuves irréfragables, et depuis longtemps elle a été universellement acceptée.

Naturellement, les paragraphes qui précèdent devraient faire partie de mes *Principes de Biologie*. Mais comme j'ai publié, en 1899, une édition définitivement revue de cette œuvre, et que je ne vois aucune probabilité d'être jamais capable d'en publier une autre, je décide de les insérer ici.

GOUVERNEMENT DE PARTI

Il y a une vérité, familière à chacun, qui produit souvent mon étonnement : c'est que de terribles résultats sont fréquemment la conséquence de causes petites et en apparence étrangères. Dans l'*Étude de la Sociologie*, chap. XIII, j'ai montré que les sciences organiques et superorganiques éclairent à un degré éminent ce que j'ai appelé la « causation fructifiante » (fructifying causation). Dans les phénomènes dont elles s'occupent, la multiplication des effets, qui se voit dans l'évolution en général, atteint un degré d'efficacité suprême. Un germe morbide, qui s'introduit dans le corps, produit des perturbations grandes et petites dans de nombreux organes ; et si la guérison a lieu, les conséquences sont souvent de nature à exercer un effet désastreux sur le restant de la vie. De même, dans une société, un événement aussi simple que la découverte de l'or entraîne une multitude de résultats : irruption de gens, naissance de villes, nouveaux arrangements sociaux, tripots d'enfer, démoralisation, sans parler de beaucoup d'effets plus étendus : nouvelles affaires, nouvelles lignes de trafic, et les changements bientôt produits à travers le monde dans la valeur relative de l'or et des marchandises.

Le cas particulier de cette causation fructifiante qui est maintenant devant mes yeux, remonte à un an ou deux avant les dernières élections générales. Si sir William Harcourt est un complet abstinent, ou s'il a été poussé par la misérable illusion qu'une majorité a le droit illimité de contrôler les actes des individus, ou s'il a pensé que l'appui des « teetotalers », dans l'élection qui se préparait, amènerait le succès, la question doit rester indécise; mais, pour une raison quelconque, l' « option locale [1] » devint une « planche », comme disent les Américains, de la plate-forme libérale. Considéré au point de vue de la tactique, l'acte était stupéfiant. Durant une année et plus avant l'élection, j'insistai souvent sur la maladresse politique qu'il y avait à exciter un antagonisme prononcé dans chaque débit de bière de toutes les parties du royaume. Pas même dans les villes, et encore moins dans les villages, la masse des électeurs ne se souciait pas plus que d'un fétu du Home Rule, qui se présentait

---

1. C'est le choix laissé à une ville ou à un district de décider par un vote s'il faut accorder ou non le droit d'y vendre des liqueurs et boissons spiritueuses. Cette expression se rencontre pour la première fois dans une lettre adressée en 1808 par Gladstone à ses électeurs, au sujet de cette question. (*Le Trad.*)

comme la principale question apparente; mais elle
se souciait beaucoup de l'intervention dont on
menaçait la vente de la bière. Chaque cabaretier
urbain avait intérêt à combattre la mesure proposée,
et chaque cabaretier rural, sympathisant avec lui et
craignant une extension de l'intervention gouvernementale, s'unissait à lui pour la combattre; tandis
que les habitués de leurs locaux, menacés non seulement de la perte de leur bière, mais de la perte de
leurs lieux de fréquentation, écoutaient volontiers
les accusations et se joignaient à eux pour les soutenir. Le résultat, comme nous le savons tous, fut
une défaite écrasante du parti au pouvoir et sa mise
à l'écart par l'opposition. Des multiples conséquences de tout genre dont il y a eu depuis des
témoignages, j'indiquerai d'abord la série la plus
visible.

Un homme ambitieux, de tempérament despo-
tique, qui, dans le gouvernement municipal de
Birmingham, avait appris l'art d'assujettir les
autres, et, par l'habileté et l'audace, s'était poussé
en avant dans le gouvernement central, devint
secrétaire des colonies. Que sa détermination d'agir
à sa guise ait été la cause de la guerre qui continue
encore dans l'Afrique du Sud, nul aujourd'hui n'en
doute. Les résultats pour les deux républiques ont
été la perte de nombreux milliers de vies, la sépara-
tion d'une multitude de familles, la destruction de
foyers sans nombre, la désolation du pays, l'arrêt
de l'activité industrielle et la complète désorganisa-

tion sociale ; tandis que, pour nous, les résultats ont été la mort d'environ vingt-cinq mille soldats sur le champ de bataille et dans les hôpitaux, comme aussi bien l'invalidité de soixante mille autres, dont beaucoup mourront et dont les autres resteront estropiés, l'accroissement énorme des charges financières par suite des impôts et des emprunts, l'arrêt de l'activité commerciale, l'éveil de sentiments sauvages se traduisant par la conduite brutale de la populace, la naissance à notre égard, parmi les peuples du Continent, d'une haine qui désormais influera sur les relations internationales, et la perte totale de ce caractère d'amour pour la liberté et de sympathie envers ceux qui luttent pour elle, qu'auparavant nous possédions. Ces effets principaux se ramifient séparément partout en d'inimaginables complications, infinies en nombre, s'étendant au monde entier, et hétérogènes dans leurs espèces jusqu'à un inconcevable degré ; et toutes ont eu pour point de départ un petit shibboleth[1] tout à fait étranger à la question. Car si l'on n'avait pas jeté l'« option locale » à la face des électeurs, une défaite possible du parti libéral, même si elle avait eu lieu, n'aurait pas donné au parti adverse une majorité

---

1. Mot hébreu, littéralement « épi de blé », et, par extension, « mot d'ordre ». Quand les Éphraïmites tentèrent de passer le Jourdain après leur défaite par Jephté, les gardes placés sur la rive constataient s'ils étaient Éphraïmites ou non, en leur demandant de dire le mot « shibboleth », que les Éphraïmites prononçaient « sibboleth ». (*Juges*, chap. xii, § 1-6.)
(Le Trad.)

assez énorme pour permettre à ses chefs de faire tout ce qui leur plaisait [1].

Mais, comme il a été indiqué plus haut, d'autres nombreuses séries d'effets importants ont suivi la cause qui, en apparence, n'avait rien à y voir. C'est sur ces effets, et sur la morale à en déduire, que je voudrais plus spécialement attirer l'attention. Les hommes au pouvoir, avec l'appui de leur écrasante majorité, ont, même ouvertement, légiféré en faveur de leur propre classe et des classes qui leur sont utiles. Par les lois de contributions (Rating Act) de 1896, ils déchargèrent les propriétaires fonciers anglais et écossais jusqu'à la somme d'un million et demi de livres, en imposant ce fardeau à d'autres contribuables. En 1897, un « don de charité » annuel de 800 000 livres fut fait aux écoles anglicanes « denominational », les avantageant ainsi dans leur compétition avec les écoles publiques (Board Schools), et accroissant la puissance de l'Église. Sous la forme de décharge d'im-

1. En addition à la preuve générale qui montre que le changement d'opinion sur la question du Home Rule ne fut pas la cause de la violente réaction de parti, il y eut la preuve spéciale offerte par le cas de sir William Harcourt lui-même. Lors de la précédente élection il avait été populaire auprès des électeurs de Derby, mais à l'élection de 1895 il fut chassé de son siège, et un conservateur fut mis à sa place (chose rare pour Derby, qui a presque invariablement élu des libéraux); puis, lors de la récente élection (1900), quand la question de l' « option locale » eut été décidément mise de côté, ce conservateur fut rejeté et remplacé par un libéral. L'animosité contre sir William Harcourt comme représentant de la croisade pour la tempérance (teetotal croisade) aurait difficilement pu se montrer plus clairement.

pôts agricoles, l'Irlande, et en grande partie les propriétaires fonciers irlandais, furent gratifiés d'une somme de 727 000 livres par an, et des charges supplémentaires équivalentes furent assumées par l'État, c'est-à-dire imposées aux contribuables britanniques. Finalement, en 1899, par la loi sur les dîmes ecclésiastiques (Clerical Tithes Act), dix ou onze mille bénéficiers furent exemptés de la moitié des impôts qu'ils avaient à payer sur la valeur des revenus produits par les dîmes, et l'ensemble de la nation devint responsable de la somme. De sorte que, sans parler d'abus moindres, les hommes au pouvoir gratifièrent leurs amis d'une somme de plus de 3 000 000 de livres, prise indirectement dans les poches de toute la nation. Le pouvoir donné pour appuyer une politique particulière fut employé par le ministère à pratiquer une autre politique que des électeurs n'auraient jamais approuvée, si on les avait consultés.

« Eh bien! que nous faut-il faire? », demandera-t-on. « Tous ces maux sont le résultat de notre système de gouvernement, et nous devons en tirer le plus d'avantages possible. Nous ne pouvons éviter d'avoir des partis. Une majorité docile permettra nécessairement à ses chefs de faire des choses en désaccord avec les désirs de ceux qui l'ont investie du pouvoir. Seule l'abolition du gouvernement de parti, que personne ne croit réalisable, peut changer ce pernicieux état de choses ».

Je m'oppose à cette conclusion. Si chaque membre du Parlement était fidèle à ses convictions, si chacun prenait la résolution de ne pas mentir par ses votes, si chacun cessait de regarder la « loyauté de parti » comme une vertu et décidait de donner cours à son unité d'opinion, sans égard pour les intérêts ministériels, ces transgressions de la volonté nationale par quelques gentlemen de Downing Street [1] seraient impossibles.

« Mais un tel état de choses, ripostera-t-on, arrêterait net le rouage gouvernemental. Nul ministère ne pourrait durer un mois, s'il ne lui était pas possible de compter sur une majorité qui vote les mesures qu'il propose, qu'elle les approuve ou non. Les ministères tomberaient les uns après les autres, et les affaires publiques seraient paralysées ».

Nous nous trouvons ici en présence d'un de ces cas assez fréquents où des hommes, discutant quelque changement proposé, supposent que, pendant que le changement s'effectue, les autres choses ne subissent pas de changement; or, il faut au contraire toujours supposer qu'en même temps les autres choses changeront. Si les représentants, ou une grande partie d'entre eux, décidaient de ne plus approuver par leurs votes des choses qu'ils tiennent réellement pour mauvaises; et si, obtenant l'appui nécessaire sur certaines questions importantes, le ministère était fréquemment mis en minorité sur

1. La rue où se trouvent le Ministère des Affaires étrangères et l'administration des colonies.   (*Le Trad.*)

des questions moindres, et, en conformité de la pratique actuelle, se retirait; et si la même chose se passait avec les ministères suivants, — on sentirait bientôt qu'il est anormal qu'un gouvernement dont la politique générale est l'objet de l'assentiment ait dû se retirer parce qu'il a été battu, et même souvent battu, sur des questions secondaires : surtout si ses partisans habituels, disposés cette fois à voter contre lui, faisaient savoir que leur dissentiment n'est pas l'indication d'un mécontentement en bloc. Dans les cas seuls où les défaites du ministère seraient assez fréquentes pour montrer que l'ensemble de sa politique a été condamnée, sa démission devrait s'ensuivre, et s'ensuivre logiquement. Mais, dans tous les cas ordinaires, les ministres prendraient simplement note du dissentiment, et, au lieu de démissionner, retireraient la mesure qui déplaît.

Et voyez ce que serait le résultat général. N'étant plus en état de décréter des mesures désapprouvées par l'opposition et par plus d'un de ses propres partisans, un ministère pourrait seulement décréter les mesures approuvées par une majorité de représentants de tous les partis, ou plutôt, disons-le, de fragments de partis; et, par conséquent, il pourrait seulement décréter les mesures qu'approuverait probablement la majorité des électeurs. Un ministère arrivé au pouvoir pour exécuter une chose réclamée par le pays ne pourrait, par la suite, user de son pouvoir pour exécuter des choses dont le pays ne veut pas, et qui sont en désaccord avec sa volonté. C'est-à-dire qu'un ministère deviendrait ce que son nom implique : un serviteur, au lieu d'être ce qu'il est actuellement : un maître; un serviteur non du monarque, comme à l'origine, mais un serviteur du Parlement et de la nation.

Au temps présent, ce dont nous nous targuons comme liberté politique consiste dans la capacité de choisir un despote ou un groupe d'oligarques, et, après que de longs abus ont amené le mécontentement, à choisir un autre despote ou un autre groupe d'oligarques; en attendant, on nous a imposé des lois dont plusieurs sont intolérables. Abolissez l'usage conventionnel existant, laissez sentir à chaque membre qu'il peut exprimer par son vote son opposition à une mesure gouvernementale, sans mettre en danger la stabilité du gouvernement, et l'ensemble de ce système vicieux disparaîtrait. Les électeurs, par leurs représentants, en arriveraient à être réellement les auteurs des lois sous lesquelles ils vivent.

Mais comment cela est-il possible, si chaque groupe d'électeurs a obligé ses représentants à suivre un chef de parti? Oui, c'est ici la grande difficulté. Les vices politiques ont leurs racines dans la nature du peuple. La possibilité de trouver des candidats qui s'obligeraient à suivre des programmes de parti, et le désir de trouver de tels candidats, indiquent également un caractère médiocre non adapté à des institutions vraiment libres, mais adapté seulement à ces institutions dans lesquelles le despotisme est de temps en temps mitigé par la liberté. La liberté dans son sens complet : le pouvoir d'exercer les activités de la vie sans autres restrictions que celles imposées par les droits d'autrui au même pouvoir, est comprise par bien peu. De tous les côtés nous rencontrons des exemples de l'incapacité courante. Des hommes qui prennent des actions dans une société formée pour un but spécifié et qui ensuite se croient obligés par le vote d'une majorité des deux tiers à poursuivre quelque autre but, ne s'aperçoivent pas qu'ils subissent une agression, ne voient pas que ceux qui ont conclu un contrat ne sont pas obligés de faire une chose qu'ils ne se sont pas engagés à faire par le contrat, et que par conséquent ils sont lésés dans leur droit. Des contribuables qui élisent les membres d'une administration municipale pour le maintien de l'ordre local et pour certains services publics, et qui ensuite se soumettent à une taxe pour des choses auxquelles ils n'avaient jamais songé (telles que la souscription d'un capital pour construire un canal), si une majorité du corps élu en décide ainsi, ne comprennent nullement la nature de la liberté. De même ceux qui, entrant dans une trade-union, abdiquent leur liberté de conclure des engagements aux conditions établies par eux-mêmes et acceptent le mot d'ordre de leurs chefs pour savoir quand ils doivent ou ne doivent pas travailler, n'ont nullement le sens exact du droit fondamental que possède chaque homme de se conduire comme il juge le mieux et de disposer de ses aptitudes de la façon quelconque dont il lui plaît. Alors, naturellement, il en résulte que les représentants d'électeurs ayant une si vague conception de la liberté, et ignorant le sentiment qui l'accompagne, doivent être disposés, comme il faut l'attendre, à se soumettre aux ordres de parti, et à dire par leurs votes qu'ils approuvent des choses qu'ils n'approuvent pas. Pour le moment, il y a probabilité non de mieux, mais de pire. En effet, le mouvement rétrograde actuel vers le type social militaire est inévitablement accompagné non d'un relâchement de l'autorité, mais d'un renforcement de celle-ci.

EXAGÉRATIONS ET EXPOSÉS INEXACTS

J'ai lu ou entendu dire que James Mill [1] punissait ses filles quand elles raisonnaient mal. Quelles pénalités il leur infligeait, je l'ignore; mais un traitement si énergique des défauts de la pensée, dus en beaucoup de cas à des défauts incurables de nature, n'a pas mon approbation.

J'inclinerais cependant à infliger à la jeunesse certaines punitions pour les exagérations et les exposés inexacts, punitions ayant du rapport avec les erreurs, et qui serviraient naturellement à les réprimer. Dans chaque cas, une tâche opportune serait de rédiger par écrit une définition correcte du mot mal employé, suivie de quelques exemples de son véritable emploi. La pénalité serait légère et

1. Le père de John Stuart Mill (1773-1830), auteur d'une *Histoire de l'Inde britannique* et d'une *Analyse de l'esprit*. Il est un des principaux représentants de l'école doctrinaire de Jeremy Bentham.   (*Le Trad.*)

à tous égards propre à produire une amélioration, puisque, outre qu'elle imprimerait dans la mémoire du délinquant la signification du mot, elle constituerait un exercice de définition : ce serait un exercice fréquent de penser exact. Ce genre d'exercice est ignoré dans les conceptions courantes de l'éducation, quoiqu'il soit infiniment plus important que maint autre sur lequel on insiste. Il va de soi que des pénalités analogues pourraient être infligées pour les exposés inexacts, — non les exposés inexacts de choses apprises par les livres, mais les exposés inexacts des incidents de la vie quotidienne tant privée que publique, qui apparaissent à tout instant dans la conversation des jeunes comme des vieux.

Tous sont transgresseurs, et par conséquent tous regardent d'un œil indulgent la transgression. Les sentiments passagers suggèrent des paroles plus fortes qu'elles ne sont justifiables, et le désir d'intéresser les auditeurs accroît les altérations nées d'autres causes. Je trouve que moi-même je suis à blâmer pour corrompre ainsi l'expression : je découvre souvent, en revisant un manuscrit, que j'ai mis le mot « very » là où il n'avait que faire. A chaque minute chacun emploie des adjectifs et des adverbes inutiles. Nous entendons rarement quelqu'un dire qu'il a un rhume ; il s'agit presque toujours d'un « mauvais » rhume, ou d'un « très mauvais » rhume. S'il est question du temps, une chaude journée de printemps est qualifiée d' « ardente » : épithète qui ne peut convenir qu'à certaines journées de juillet

ou d'août. S'il pleut modérément, on dit qu'il pleut
« à verse », — mot exact seulement en cas de pluie
d'orage ou de forte pluie analogue. De même, une
petite couche mince de glace sur les flaques d'eau
semble justifier cette assertion : « une dure gelée ».
Et si la question concerne le mérite ou le démérite
d'une personne ou d'une œuvre, on représente
celles-ci comme beaucoup au-dessus de la moyenne.
On saupoudre la conversation de superlatifs épais,
et cependant il suffit d'un moment de réflexion pour
sentir que les superlatifs ne doivent apparaître que
rarement, puisque les cas extrêmes ne se trouvent
qu'en faible proportion avec les cas moyens.

Les critiques exercées sur les licences de langage
sont raillées ou dédaignées. On oublie que celles-ci
sont les manifestations d'une habitude, et que si, le
plus souvent, peu ou point de mal en résulte, l'habitude produit, le cas échéant, des maux qui sont
sérieux. Dire que les exagérations ne sont d'aucune
conséquence, c'est comme si l'on disait que peu
importe que le langage transmette la vérité ou
l'erreur : erreur partielle et insignifiante dans la
plupart des cas, mais erreur grave dans quelques
cas. Mon attention a été récemment attirée sur ces
conséquences fâcheuses par des expériences personnelles qui montrent que les mots employés sans soin,
même dans les lettres privées, peuvent, par une
publication à laquelle on ne songeait nullement en
écrivant celles-ci, causer des malentendus.

La première des expériences auxquelles je fais

allusion est fournie par *The Life and Letters of T. H. Huxley*. A la page 333 du tome I, dans une lettre à son ami d'Allemagne le docteur Dorhn, qu'il menace en plaisantant de mettre en pièces quelques-unes de ses nouvelles idées, s'il les lui communique, Huxley, à l'appui de sa menace, parle de moi ainsi qu'il suit : « J'ai été *son* avocat du diable pendant nombre d'années, et l'on ne peut dire combien de brillantes spéculations j'ai aidé à étouffer à l'état embryonnaire ». Interprétée à l'aide du contexte, cette phrase ne sera pas prise au sérieux par un esprit critique ; mais les esprits non critiques donneront un sens littéral à l'expression : « L'on ne peut dire combien de brillantes spéculations, etc. » Sentant que, si on ne la corrigeait pas, cette phrase induirait en erreur, je priai mon secrétaire (qui actuellement écrit sous ma dictée) de comparer les manuscrits originaux avec les livres imprimés. Il trouva que dans mes deux ouvrages : *Premiers Principes* et *Principes de Biologie*, formant trois volumes, qui furent revus en épreuves par le professeur Huxley, il y avait dans les manuscrits quatre passages spéculatifs qui avaient disparu du texte imprimé ; l'un d'eux, toutefois, avait été reproduit plus tard par moi dans un appendice, parce que dans l'intervalle il avait trouvé pour lui de sûrs garants. Un autre malentendu peut avoir lieu. Il était nécessaire que j'eusse, sur mes écrits biologiques, les critiques d'un homme compétent, et ces critiques m'étaient aimablement adressées par le professeur Huxley; mais je ne lui demandai pas ses critiques sur mes écrits psychologiques, sociologiques et éthiques, non plus que sur mes mélanges. Néanmoins, certains autres passages de la biographie d'Huxley par son fils Léonard laissent en la plupart des lecteurs, sinon en tous, l'impression que je recevais ces critiques. On affirme, page 68 du tome II, qu'Huxley a été mon « avocat du diable pendant trente et quelques années[1] », — la période totale de notre amitié jusqu'à la date de cette lettre; et ceci, joint à la mention faite ailleurs de lectures des épreuves, semble impliquer qu'il a lu les épreuves des diverses œuvres écrites durant ce temps, et qu'en l'absence de son influence préservatrice j'aurais émis dans ces œuvres de nombreuses théories mal fondées. Je ne puis laisser passer sans la rectifier cette conclusion préjudiciable, qui résulte d'une négligence d'expressions. Sur seize volumes publiés il ne revit les épreuves que de trois, en y ajoutant les épreuves de quelques petits fragments. Qu'il s'entendait très bien dans ses lettres à avancer des faits d'une façon trop radicale, c'est ce dont le lecteur peut s'assurer nettement par lui-même. A la page 268 du tome II (première édition), parlant de l'hérédité des caractères acquis, il écrit : « Spencer est obligé de l'admettre *a priori*; sans elle, sa psy-

---

1. Il est probable que M. Léonard Huxley, qui publia dans l'*Athenæum* du 8 décembre 1900 une lettre contenant certaines rectifications que j'avais indiquées comme nécessaires, a omis dans les dernières éditions le passage renfermant ces mots.

chologie tombe en pièces ». Or, tous ceux qui ouvriront le premier volume des *Principes de Psychologie* et en liront les première, deuxième et troisième parties, puis ouvriront le tome II et en liront les sixième et septième parties, pourront voir que cette affirmation est tout à fait inexacte. Elle implique que si l'hérédité des caractères acquis était convaincue d'inexistence, le système entier s'écroulerait à terre, tandis que les quatrième et cinquième parties seules mentionnent cette hérédité, et quelques-uns contestent que même les changements décrits dans ces parties pourraient s'effectuer par sélection naturelle. Ce penchant de Huxley à l'exagération ne se limitait pas à ses lettres. Ses écrits publiés en donnent des preuves. Les opinions professées par moi au sujet de la limitation des fonctions de l'État, il les qualifiait de « nihilisme administratif »; quoique, outre la défense nationale, je regardais comme la besogne de l'État de défendre les citoyens non seulement contre les crimes de violence et d'agression réciproque, mais aussi contre toutes les vexations civiles, jusqu'aux actes qui causent simplement de la gêne (voir mes *Essais*, tome II, p. 442).

Le second cas auquel je me réfère, en ce qu'il illustre en quelque mesure le mal produit par l'exagération, illustre aussi le mal qui peut naître du manque de détermination. Dans une esquisse de ma carrière et de mes œuvres publiée par un narrateur chaudement sympathique, il y a cette phrase :

« Comme Aristote, il a dû confier de grandes parties de son travail à d'autres, qui l'exécutèrent pour lui ». Ceux qui savent que le travail confié à d'autres par Aristote était la collection de matériaux pour son Histoire naturelle, interpréteront exactement l'assertion. Mais il n'est pas un lecteur sur dix qui sache cela, et, en conséquence, on en tirera probablement des conclusions fausses. Comme mon nom est spécialement associé avec la « Philosophie synthétique », cette phrase suggérera à beaucoup la pensée que de « grandes parties » de celle-ci ont été écrites par « délégation ». Ce n'est pas ce qu'a voulu dire mon biographe. L'œuvre à laquelle il fait allusion est intitulée : « *Descriptive Sociology* : or Groups of Sociological Facts, classified and arranged by Herbert Spencer, compiled and abstracted by David Duncan, Richard Scheppig, and James Collier ». Huit parties de cette œuvre ont jusqu'ici paru. Sachant que je serais incapable de lire tous les livres de voyages et d'histoire contenant les faits dont j'aurais besoin pour traiter de la science de la société, je chargeai ces messieurs — d'abord un, puis deux, puis trois — de lire à mon intention et d'arranger leurs extraits de la manière que je leur prescrivais. Aux nombreux matériaux que j'avais accumulés dans le cours de beaucoup d'années, j'ajoutai une quantité beaucoup plus grande de matériaux tirés de ces compilations, quand j'écrivis les *Principes de Sociologie* et la deuxième partie des *Principes d'Éthique.*

Si même les critiques bienveillants sont enclins à nuire par des paroles mal employées, que peut-on attendre des critiques adverses? Inutile de dire à qui que ce soit que l'effet de l'animosité de toute espèce, personnelle, politique, théologique ou philosophique, c'est d'intensifier fortement les exagérations et de multiplier les exposés inexacts. J'ai eu beaucoup d'expérience de la polémique, et, m'en tenant strictement aux faits autant que je puis me les rappeler, — en évitant soigneusement l'exagération que je condamne, — mon impression est que, dans trois cas sur quatre, mes prétendues opinions condamnées par mes adversaires ne sont pas du tout mes opinions, mais sont des opinions qu'ils m'imputent à tort, — parfois par inattention, mais plus fréquemment par un mauvais esprit qui, assez souvent, semble prémédité.

Le passage ci-dessous des *Lettres de Benjamin Jowett*[1] (P. 190) donnera une idée du degré jusqu'où l'hostilité, manifestée sous forme de controverse ou sous une autre forme, peut pousser les exposés inexacts préjudiciables :

« Je pense parfois que nous autres, platonistes et idéalistes, nous ne sommes pas à moitié aussi habiles que ces gens répulsifs qui « croient seule-« ment ce qu'ils peuvent tenir dans leurs mains »,

---

1. Le révérend Benjamin Jowett (1817-1803) a donné des traductions des *Dialogues* de Platon, de la *Politique* d'Aristote et de l'*Histoire de la guerre du Péloponèse* de Thucydide.

(Le Trad.)

les Bain, les Herbert Spencer, etc., qui sont les vrais Tuppers[1] de la philosophie ».

Je ne demanderai pas dans quel sens la loi de l'évolution et diverses généralisations de caractère abstrait auxquelles est lié mon nom peuvent être séparément tenues dans mes mains, mais j'interpréterai cette affirmation dans le sens où on l'a probablement entendue, comme une imputation de matérialisme. On aurait pu espérer que le professeur Jowett, versé dans la philosophie et habitué à faire des distinctions, n'aurait pas suivi les traces d'adversaires théologiques moins cultivés, des calomnies desquels j'ai successivement fait justice. On aurait pu supposer que, puisque mon système de philosophie synthétique commence par une division intitulée « L'inconnaissable », laquelle a pour objet de montrer que tous les phénomènes matériels sont les manifestations d'un pouvoir qui dépasse notre connaissance, — que « la force, telle que nous la connaissons, peut être considérée seulement comme un effet conditionnel de la cause inconditionnelle » (§ 51), — on aurait pu supposer, dis-je, qu'on avait

1. Martin Farquhar Tupper (1810-1889) a publié, parmi beaucoup d'autres ouvrages, un recueil de poésies : *Proverbial Philosophy* (1838), où sont traités en longs vers solennels des sujets comme ceux-ci : Vérité dans les choses fausses, Compensation, Trinité, Amitié, Amour, Mariage, Joie, Beauté, Vie, Mort, Immortalité, etc. Ce volume, qui a joui d'une énorme réputation et a eu en Angleterre plusieurs centaines d'éditions, tant populaires que de luxe (il s'en est vendu, dit-on, un million d'exemplaires en Amérique), est à peu près complètement discrédité aujourd'hui, et un « Martin Tupper » est une expression proverbiale devenue synonyme de lieu commun méprisable. (*Le Trad.*)

apporté une preuve suffisamment décisive de la
croyance en quelque chose qu'on ne peut tenir dans
ses mains. Considérant que dans les *Principes de
Psychologie*, § 63, j'ai écrit : « En conséquence,
quoique, des deux, il semble plus facile de transformer la soi-disant matière en soi-disant esprit,
que de transformer le soi-disant esprit en soi-disant
matière (cette dernière chose est, en vérité, tout à
fait impossible), cependant nulle transformation ne
peut nous mener au delà de nos symboles », j'aurais
pu raisonnablement penser que personne ne me
traiterait de matérialiste. Plus encore, après l'analyse soigneuse contenue dans les §§ 271 et 272, qui
montrent l'impossibilité du matérialisme, j'aurais
supposé ma cause définitivement gagnée. Mais
l'accusation de matérialisme est une arme com-
mode pour les adversaires théologiques et philoso-
phiques, — une arme qui, échappée de la main de
l'un, est aussitôt ramassée par un autre, — une
arme que le professeur Jowett n'a pas eu honte
d'employer, en y joignant des mots outrageants[1].

1. « Mais peut-être n'a-t-il pas connu ces passages », dira-t-on
pour sa défense. Je ne sache pas que condamner les opinions
d'un auteur parce qu'on les ignore, ce soit là un motif
d'excuse; l'ignorance ajoute plutôt à la gravité du tort. Mais
l'excuse, si mauvaise qu'elle soit, n'existe pas ici, car le professeur Jowett avait entre les mains les œuvres renfermant ces
passages. Plus de la première moitié de *la Philosophie synthétique* avait été publiée à l'origine par fascicules de quatre-vingts
pages à l'intention des souscripteurs qui payaient dix shellings
pour quatre numéros. Le professeur Jowett était parmi les premiers abonnés. La publication se poursuivait depuis sept ans,
lorsque ennuyé, je suppose, du dérangement que lui causait le

Revenant de ces exemples au sujet général, j'insisterai plus que je ne l'ai encore fait sur les maux

payement de dix shellings à intervalles, il envoya à mes éditeurs en une fois une somme ronde de cinq livres sterling pour couvrir les futurs abonnements. Après l'apparition du 44ᵉ numéro, je décidai de publier les autres volumes en la façon ordinaire. A ce moment les cinq livres sterling envoyées par le professeur Jowett n'étaient pas épuisées, et la différence lui fut retournée. Ainsi, outre le fait qu'il fut un souscripteur de la première heure, il y a le fait plus remarquable que, sur environ quatre cents souscripteurs de la première heure, il fut le seul qui paya des abonnements par anticipation, — dix abonnements en fait.

En présence de la citation qu'on a lue plus haut, ces assertions sembleront incroyables ; on voudra à tout prix en avoir la preuve. J'écrivis donc à mes éditeurs, en me disant que bien que le livre d'abonnement fût délaissé depuis vingt-deux ans, on pourrait cependant trouver, sinon dans ce livre, du moins dans quelque autre livre de comptes, une inscription faisant foi. Mon espérance se réalisa, comme le montre la lettre suivante :

14, Henrietta St., Covent Garden, 21 août 1893.

« Cher Monsieur,

« En réponse à votre lettre du 20 courant, il ressort du seul livre que nous puissions consulter, que le professeur Jowett nous a payé, le 12 mars 1867, pour *la Philosophie synthétique*, la somme de cinq livres, et que par la suite la somme d'une livre lui fut retournée. Nous regrettons de ne pouvoir indiquer la date de ce remboursement, n'ayant pas les livres de caisse ou les lettres de cette date.

« Nous sommes, etc.,

« WILLIAMS et NORGATE. »

C'est donc ici un jeu de patience psychologique. La preuve manifestée de l'approbation du professeur Jowett était inversement proportionnée à sa désapprobation exprimée ! Tout en montrant, d'une façon extrêmement exceptionnelle, sinon son adhésion à *la Philosophie synthétique*, du moins son appréciation d'elle, il décrivait son auteur comme un « demi-savant vide » (mots employés dans un autre passage). On dit que le professeur Jowett était difficile à comprendre. Voici, proposé à ses admirateurs, un problème qu'ils ne résoudront pas aisément, je pense.

énormes produits par un langage inattentif. Effusion de sang, pertes de vie, désastres nationaux lui
sont en grande partie imputables. Les passions,
celles des individus comme celles des peuples, une
fois réveillées, sont rendues plus intenses par
les injures, souvent injustifiées au début, et à
coup sûr injustifiées à mesure que les passions
s'élèvent à leur comble, et les hommes, aveuglés
par la fureur, lâchent toutes les calomnies qui se
présentent à leur esprit. Naturellement, la grande
masse du peuple anglais se refusera à voir que nos
exagérations et nos exposés inexacts inconsidérés
ont été en grande partie la cause blâmable des maux
dont nous souffrons nous-mêmes en ce moment,
tandis que nous en infligeons de plus grands à
d'autres; mais elle ne se refusera pas à voir que les
exagérations et les exposés inexacts ont immensément accru la haine que les nations du Continent
ressentent maintenant pour l'Angleterre. Elle doit
sûrement comprendre que cet abus universel de
langage est au moment présent une source de
danger international, puisque les Français et les
Allemands étant désireux de trouver des motifs
pour nous combattre, de petits incidents peuvent
précipiter des guerres désastreuses. Il saute aux
yeux que l'animosité née dernièrement, et qui,
comme je l'ai appris d'un ami d'Allemagne, caractérise spécialement les jeunes gens, peut devenir
plus tard une cause de carnage en grand, de réveil
de la sauvagerie, et de lourdes charges finan-

cières. Aussi est-ce un devoir de réprouver les habitudes d'exagération. Je dis habitudes, parce que si l'on emploie mal les mots dans les petites matières indifférentes, on les emploiera mal dans les matières graves et importantes. C'est une folie de supposer que ceux qui, quand il s'agit de choses insignifiantes, emploient des mots plus forts qu'ils ne sont nécessaires, adopteront soudain un langage judicieux, quand il s'agit de choses très sérieuses.

« Ainsi donc, il nous faut rendre notre langage affecté et exact, et par conséquent lourd; regarder à nos mots avant de les émettre, pour voir s'ils n'outrepassent pas la vérité? Eh bien! dans ces conditions, la conversation perdrait tout son sel! » Tel est le genre de réponse à attendre de ceux qui exagèrent, et qui défendent l'exagération. La réponse vient à point, puisqu'elle met en lumière ce déséquilibre de la pensée que l'exagération même révèle. L'implication de l'argument ci-dessus est que les mots qui expriment fidèlement les faits devraient être employés dans tous les cas où l'on a l'intention claire d'exprimer des faits; et que les mots ne devraient nullement être employés de cette façon, quand on a l'intention claire d'exagérer, en vue d'amuser. L'exagération humoristique augmenterait d'effet, quand elle sortirait de la bouche d'une personne qui, ordinairement, emploie les mots d'une façon appropriée.

IMPÉRIALISME ET SERVITUDE

« Vous vous soumettrez. Nous sommes les maîtres, et nous vous le ferons bien voir ! » Ces mots expriment le sentiment qui dirige la nation britannique dans sa conduite envers les républiques boers ; et c'est ce sentiment qui, étalé d'une manière déterminée dans ce cas, pénètre d'une manière indéterminée le sentiment politique qui se manifeste actuellement sous la forme de l'impérialisme. La suprématie, là où l'on ne se l'imagine pas clairement, est vaguement présente dans l'arrière-fond de la conscience. Non seulement la dérivation du mot, mais tous ses emplois et associations impliquent l'idée de prédominance, — indiquent une subordination corrélative. La coercition réelle ou potentielle d'autrui, individus ou communautés, est nécessairement incluse dans l'idée.

Il y a ceux, et malheureusement ils forment la grande majorité, qui pensent qu'il y a quelque

12

chose de noble (moralement aussi bien qu'histori-
quement) dans l'exercice du commandement, dans le
fait de forcer des tiers à renoncer à leurs volontés
propres et à exécuter les volontés du maître. Je n'ai
pas l'intention de combattre ce sentiment. Je dis
simplement qu'il y en a d'autres, malheureusement
peu nombreux, qui regardent comme ignoble de
réduire leurs semblables à la sujétion, et qui pensent qu'il est noble non seulement de respecter leur
liberté, mais aussi de la défendre. Sans discuter
cette question, mon dessein actuel est de montrer à
ceux qui penchent vers l'impérialisme que l'exercice
de la domination reporte sur le maître lui-même
quelque forme de servitude plus ou moins prononcée. Les masses incultes, et même la plus grande
partie des personnes cultivées, regarderont comme
absurde cette affirmation ; et quoique beaucoup de
gens qui ont lu l'histoire en s'attachant aux points
essentiels plus qu'aux banalités, savent que cela
est un paradoxe dans le droit sens, — c'est-à-dire
vrai en fait, quoique ne semblant pas vrai, — ils ne
sont pas eux-mêmes pleinement conscients de la
masse de preuves qui l'établissent, et ce sera tant
mieux pour eux s'ils se rappellent des exemples.
Commençons par le plus ancien et le plus simple,
qui servira à symboliser le tout.

Voici un prisonnier avec les mains liées et une
corde autour du cou (comme le montrent les figures
des bas-reliefs assyriens), que son sauvage vainqueur, qui a l'intention de faire de lui un esclave,

dirige vers sa patrie. L'un, dites-vous, est captif, et l'autre libre. Etes-vous bien sûr que l'autre soit libre? Il tient une extrémité de la corde, et à moins qu'il ne songe à laisser échapper son prisonnier, il doit continuer à être attaché lui-même pour tenir ferme la corde, de façon qu'elle ne puisse se détacher aisément. Il doit être lié lui-même au captif, tandis que le captif est lié à lui. Son activité est entravée en d'autres manières, et il subit certains désagréments. Un animal sauvage traverse la route, et il ne peut le poursuivre. S'il désire boire au ruisseau voisin, il doit attacher son captif, de peur que celui-ci ne mette à profit sa position sans défense. De plus, il doit songer à la nourriture pour deux. Donc, de diverses façons, il n'est plus complètement libre; et ces façons éclairent sous une forme simple cette vérité universelle, que les moyens par lesquels s'effectue la subordination des autres subordonnent eux-mêmes le vainqueur, le maitre, ou le gouvernant.

La coïncidence de temps entre la guerre sud-africaine et la récente explosion d'impérialisme illustre la vérité générale que militarisme et impérialisme sont étroitement alliés, sont, en fait, des manifestations différentes de la même condition sociale. En réalité, il ne pourrait en être autrement. Les races sujettes ou les sociétés sujettes ne se soumettent pas volontairement à une race dominante ou à une société dominante; leur sujétion est presque toujours l'effet de la coercition. Une armée est l'agent qui l'a opérée, et il faut toujours tenir prête une armée pour la maintenir. A moins que la suprématie n'ait derrière elle une force présente ou en réserve, il y a seulement fédération, non impérialisme. Ici, toutefois, comme cela a été impliqué plus haut, le but n'est pas tant de montrer qu'une société impériale est nécessairement une société militaire, que de montrer qu'en proportion de la diminution de liberté dans les sociétés sur lesquelles elle domine, la liberté est diminuée dans sa propre organisation.

Les annales les plus anciennes en offrent un exemple. Si, à l'époque de la construction des Pyramides, le pouvoir de l'autocrate égyptien qui réalisait ces prodiges était tempéré par un système minutieux de restrictions, nous n'en avons aucun témoignage; mais il y a des preuves aptes à montrer que, dans des temps postérieurs, il était l'esclave de l'organisation gouvernementale.

« Les lois assujettissaient chaque acte de sa vie privée à un examen aussi sévère que celui appliqué à sa conduite dans l'administration des affaires. Les heures de la toilette, de la promenade, tous les divertissements et les occupations de la journée étaient fixés avec précision, et la quantité comme la qualité de sa nourriture étaient réglées par la loi ». (*Manners and Customs of the Ancient Egyptians*, Birch's Edition of Wilkinson, tome I, p. 166).

La relation entre la réduction à la servitude des peuples étrangers et la réduction à la servitude de la nation qui les a conquis, est en outre montrée par une inscription de Karnak, qui décrit « combien amèrement le pays payait le prix de ses conquêtes étrangères, dans son oppression par son armée permanente ». (Flinders Petrie, *History of Egypt*, tome II, p. 252).

Tournons-nous maintenant vers une société de type très différent, mais qui met en évidence les mêmes vérités générales : la société de Sparte. La race conquérante, ou Spartiates proprement dits, qui avait au-dessous d'elle les périèques et les ilotes, descendants de deux races assujetties, ne possédait pas seulement la suprématie sur eux, mais devint deux fois la race suprême du Péloponèse. A quel prix acheta-t-elle son « impériale » situation? Le Spartiate individuel, maître comme il l'était d'esclaves et de demi-esclaves, se trouvait lui-même en servage dans la société incorporée des Spartiates. Chacun menait la vie non qu'il se choisissait lui-même, mais la vie imposée par l'agrégat dont il formait une unité. Et cette vie était une vie de rigide discipline, qui ne laissait aucun loisir pour la culture ou l'art, ou la poésie, ou autre source de plaisir. Elle exemplifiait à un degré extrême la doctrine grecque, que le citoyen n'appartient pas à lui-même ou à sa famille, mais à sa cité.

Si, au lieu de la petite et simple communauté de Sparte, nous prenons le vaste et complexe empire de Rome, nous trouvons plus évidente encore cette connexion entre l'impérialisme et la servitude. Je ne parle pas du fait que les trois quarts de ceux qui peuplaient l'Italie à l'époque de l'empire étaient esclaves, enchaînés dans les champs quand ils travaillaient, enchaînés la nuit dans leurs dortoirs, et ceux qui les gardaient enchaînés devant les portes, — situation horrible à considérer, — mais je parle du fait que la partie nominalement libre de la communauté se composait de gradations d'esclaves. Non seulement les citoyens se trouvaient dans cet état de servitude qu'implique le service militaire, complet ou partiel, dans une sujétion si rigide, qu'un officier était plus à craindre qu'un ennemi; mais ceux occupés dans la vie civile ou demi-civile étaient contraints de travailler pour le public. « Chacun était traité en fait comme un serviteur de l'État.... La nature du travail de chaque homme était fixée pour lui d'une façon permanente ». La société était formée de serfs combattants, de serfs travailleurs, de serfs cultivateurs, de serfs employés. Et ensuite que dire du chef suprême de cette gigantesque bureaucratie au sein de laquelle s'était développée la société romaine, — l'empereur? Il devint un fantoche de la garde prétorienne, qui était, en même temps qu'un moyen de salut, une cause de danger. En outre, il était l'esclave quotidien de la routine. Comme dit Gibbon, « l'empereur était le premier esclave des cérémonies qu'il imposait ». Ainsi Rome montre à son tour, en plein relief, comment une société qui assujettit d'autres sociétés, s'assujettit elle-même.

Une semblable leçon est fournie par ces âges de

confusion bouillonnante, de violence et d'effusion de
sang, que légua la destruction de l'empire romain :
un empire qui demeure dans l'esprit du plus grand
nombre comme quelque chose à admirer et à
imiter, — du plus grand nombre qui pardonne
toutes les horreurs, pourvu que son amour brutal
de la domination soit satisfait, en idée sinon en
réalité. Passant sur ces époques sanguinaires où
les crimes de Clovis, de Frédegonde et de Brunc-
haut étaient typiques, nous arrivons, dans le lent
décours des choses, à l'apparition du régime féodal,
— un régime brièvement résumé par les quatre
mots : suzerains, vassaux, serfs, esclaves ; un régime
qui, en même temps que par les luttes perpétuelles
pour la suprématie entre les gouvernements locaux
et le militarisme chronique qui en résultait, était
caractérisé par le pouvoir sans restriction de
chaque chef ou gouvernant, comte ou duc, sur son
propre territoire, — par un servage gradué de tous
au-dessous de lui. La formule établie : « Je suis votre
homme », prononcée par le vassal à genoux avec
les mains jointes, exprimait le rapport d'un degré
à l'autre dans toute la société ; et puis, comme c'est
l'usage, le maître des esclaves était lui-même réduit
en esclavage par les moyens qu'il employait pour
conserver sa vie et son pouvoir. Il devait s'imposer
le fardeau constant d'armes défensives et d'une
cotte de maille, et se précautionner tantôt contre
l'assassinat, tantôt contre la mort par le poison. Et
ensuite, quand nous arrivons à la phase finale où la

subordination des chefs inférieurs à un chef supérieur était devenue complète, et où tous les comtes et ducs étaient vassaux du roi, nous n'avons pas seulement la servitude imposée au roi par les affaires d'État avec leurs incessantes anxiétés, mais la servitude du cérémonial avec son pénible retour périodique. Parlant de cela, en France, à l'époque de Louis le Grand, Mme de Maintenon remarque : « Après ceux qui remplissent les plus hautes situations, je n'en connais pas de plus malheureux que ceux qui les envient. Si vous pouviez seulement vous en faire une idée ! »

Après avoir simplement rappelé l'extrême assujettissement du gouvernant à ses moyens de gouverner qui se produisit au Japon, où le mikado descendu des dieux, emprisonné dans les exigences de son état sacré, était privé des libertés ordinaires, et dont la vie de reclus était astreinte à un certain moment à des pénalités telles que celle de rester chaque jour assis trois heures sur son trône ; après avoir noté également ce qui se passe en Chine, où, comme nous le raconte de l'empereur le professeur Douglas, « sa vie entière est un cercle continuel de pratiques d'étiquette », et, « du jour où il monte sur le trône jusqu'au moment où il est porté à son tombeau sur les Collines orientales, ses heures et presque ses minutes ont des devoirs spéciaux fixés par le Conseil des Rites, — nous pouvons en arriver maintenant à l'exemple éclatant fourni par la Russie. En même temps que cet incessant asservissement de nationalités inférieures par lequel se déploie son impérialisme, que voyons-nous dans son organisation intérieure? Nous avons sa vaste armée, au service de laquelle chacun est astreint en fait ou en droit; nous avons une énorme bureaucratie qui se ramifie partout et contrôle sévèrement l'existence individuelle; nous avons un montant de dépenses qui dépassent toujours les ressources et exigent des emprunts. Comme résultante de la pression sentie personnellement et financièrement, nous avons les sociétés révolutionnaires secrètes, les complots perpétuels, la crainte chronique des explosions sociales; et tandis que chacun court danger de la Sibérie, nous avons le chef omnipotent de cette nation tenue en servitude, qui tremble constamment pour sa vie. Même quand il va passer ses troupes en revue, de rigoureuses précautions doivent être prises au moyen d'une armée supplémentaire de soldats, d'agents de police, d'espions, dont les uns forment une garde qui l'accompagne, tandis que les autres se tiennent aux aguets çà et là, pour empêcher les attaques possibles; et des précautions analogues, qui de temps en temps manquent leur but, doivent toujours être prises, durant les promenades en voiture et les voyages en chemin de fer, contre l'assassinat par explosion. La portion d'existence qui n'est pas absorbée par les affaires gouvernementales et les observances religieuses, est occupée tout entière par les soins de préservation personnelle.

Et maintenant, quel est l'enseignement? Est-ce

que, dans notre propre cas, l'impérialisme et la ser-vitude, partout ailleurs et à toutes les époques unis, ne doivent pas être unis? La majorité répondra : oui. Bien plus, elle accouplera, comme l'a fait récemment notre poète lauréat [1] dans le titre d'une pièce de vers, les mots « Impérialisme et Liberté », — prenant les noms pour les choses, comme au temps jadis. Gibbon écrit :

« Auguste se rendait très bien compte que l'humanité est gouvernée par des noms; et il ne fut pas déçu dans son attente que le sénat et le peuple se soumettraient à la servitude, pourvu qu'on leur assurât respectueusement qu'ils continuaient à jouir de leur ancienne liberté ». (*Decline and Fall*, p. 68.)

« Libre! », pense l'Anglais. « Comment puis-je être autre chose que libre, si par mon vote je participe à l'élection d'un représentant qui aide à diriger les affaires nationales, au dedans et au dehors? » Déposant dans l'urne un bulletin de vote, il conclut à la possession des activités de l'exercice non restreint que la liberté implique; tandis que, pour prendre seulement un exemple, une pénalité suspendue sur sa tête lui rappelle chaque jour que ses enfants doivent porter l'estampille de l'État, non comme il veut, mais comme les autres veulent.

Mais notons maintenant comment, avec l'extension de la liberté constitutionnelle, s'est effectuée en même temps sa diminution réelle. Avant tout il y a

1. M. Alfred Austin, le successeur de Tennyson. (*Le Trad.*)

le fait que les fonctions législatives du Parlement sont allées en diminuant, tandis que le ministère est allé en les usurpant. Ce ne sont pas les députés qui, aujourd'hui, proposent les mesures importantes et les mènent à bonne fin, mais on demande au gouvernement de s'en charger ; la formation des lois est en train de passer graduellement aux mains du pouvoir exécutif. Et ensuite, dans le pouvoir exécutif lui-même, il y a la tendance à placer le pouvoir dans un petit nombre de mains. Précisément comme, dans les temps passés, le Cabinet sortit du Conseil privé par un procédé de restriction, ainsi, aujourd'hui, un groupe plus petit de ministres en vient à exercer quelques-unes des fonctions du groupe entier. Ajoutez à cela que nous avons des corps exécutifs subordonnés, comme le Conseil de l'intérieur, le Conseil du commerce, le Conseil de l'instruction publique et le Conseil du gouvernement local, auxquels a été déléguée la faculté soit de faire certaines espèces de lois, soit de les imposer : gouvernement par ordre administratif. De la même façon, en attribuant aux projets du gouvernement toujours une plus grande partie du temps jadis réservé aux membres privés; en mettant fin aux débats par la clôture; et, actuellement, en demandant que le vote sur un service entier passe en bloc, sans qu'on entre dans la critique des détails, nous voyons que, tandis que l'extension du droit électoral semble avoir accru les libertés des citoyens, leurs libertés ont été diminuées par le rétrécissement de la sphère d'action de leurs représentants. Ce sont là autant de degrés dans la concentration du pouvoir qui accompagne l'impérialisme [1]. Et comment opère cette tendance, là où le militarisme devient actif, nous le voyons par les mesures édictées dans l'Afrique du Sud, — la proclamation de la loi martiale par un gouvernement qui devient ainsi un véritable despote, et la suspension temporaire du gouvernement constitutionnel : suspension que beaucoup de soi-disant loyalistes voudraient rendre complète.

Laissons cela, cependant, et notons jusqu'à quel point le citoyen est, par voies détournées, le serviteur de la communauté. Certains usages anciens éclairciront mieux la chose. Aux époques où l'esclavage complet se mêlait au servage, le serf, attaché à la glèbe, rendait à son maître ou seigneur maints tributs et services. Ces services, ou corvées, variaient, selon l'époque et le lieu, d'une journée à six journées de travail dans la semaine, — d'un esclavage partiel à un esclavage complet. Les fatigues et les exigences de ce genre furent en grande partie, dans le décours du temps, rachetées à prix d'argent; on reconnaissait ainsi distinctement l'équivalence entre telle taxe payée au seigneur et telle quantité de travail accomplie pour lui. Or, en ce qui concerne la charge, cela revient au même si

---

1. Au moment même où je corrige ces épreuves, on promulgue les nouvelles lois de la procédure qui restreignent encore la liberté des représentants.

au seigneur féodal nous substituons le gouvernement central, et au payement local en argent les taxes générales. La question essentielle pour le citoyen, c'est quelle part de son travail va au pouvoir qui le gouverne, et quelle part lui reste pour satisfaire ses propres besoins. Le travail exigé par l'État est juste au même titre une corvée envers l'État, que le travail exigé par le seigneur féodal était une corvée envers lui, quoiqu'il puisse ne pas être appelé ainsi, et qu'il puisse être payé en argent au lieu de l'être en nature; et en proportion de l'étendue de cette corvée, chaque citoyen est un serf de la communauté. M. Yves Guyot calculait, voilà environ cinq ans, qu'en France les dépenses civiles et militaires absorbent environ 30 p. 100 de la production nationale, ou, en d'autres termes, que quatre-vingt-dix journées du travail moyen des citoyens sont données annuellement par force à l'État.

Quoique en une mesure moindre, ce qui arrive en France arrive chez nous. Sans oublier le pesant fardeau des corvées d'État que nous a légué l'impérialisme des époques passées, — les 150 millions de dettes créés par la guerre d'Amérique et les 50 millions que nous nous mîmes à dos avec les possessions de la Compagnie des Indes orientales, double charge qui impose aux citoyens un surcroît de travail annuel, limitons-nous aux fardeaux que l'impérialisme fait peser sur nous. Une autorité statistique qui ne le cède à aucune autre m'apprend que

100 millions de dépenses annuelles exigent de chaque citoyen en moyenne une journée de travail sur dix-sept, c'est-à-dire à peu près dix-huit journées par an. Comme les dépenses permanentes actuelles pour l'armée et la marine, plus les intérêts de la dette récemment contractée, montent à environ 76 millions, il en résulte que treize journées et demi de travail par an sont ainsi imposées en moyenne comme corvée à chaque citoyen. Et puis viennent les 153 millions de livres sterling dépensés et à dépenser pour les guerres de l'Afrique du Sud et de Chine, auxquels on peut ajouter, pour tous les frais subséquents de pensions, de réparations, de compensations et de réintégrations, une somme qui élèvera le total à plus de 200 millions de livres. Quelle taxe sera imposée par les dépenses directes et les intérêts des emprunts, le lecteur peut la calculer. Il a devant lui les données pour une estimation du nombre supplémentaire de jours dans l'année pendant lesquels l'impérialisme exigera qu'il travaille pour le gouvernement, — nombre supplémentaire, dis-je, parce que, pour faire face aux dépenses d'État ordinaires, il doit toujours employer un grand nombre de jours à travailler pour l'État. Sans doute, celui qui se contente de noms au lieu de choses, à l'exemple des Romains, trouvera absurde cette affirmation; mais celui qui entend par liberté la faculté d'user de ses aptitudes pour ses propres fins, sans autre entrave que celle qu'implique la même faculté de chaque autre citoyen, verra que, n'im-

porte de quelle façon plus ou moins déguisée, il est obligé d'user de ses aptitudes pour réaliser les fins de l'État; qu'il est jusqu'à ce point-là un serf de l'État; et qu'à mesure que notre impérialisme grandissant augmente la somme de ces services obligatoires, il est jusqu'à ce point-là de plus en plus un serf de l'État.

Et puis, outre les services plus ou moins évidents acquittés par le citoyen sous la double forme d'impôts directs et d'impôts indirects, équivalant séparément à tant de journées de travail qui, autrement, auraient profité à son existence et à celle de sa famille, viendra bientôt le service militaire actif ou de réserve demandé par l'État pour poursuivre une politique impérialiste, — service qui, comme peuvent nous le dire ceux qui sont actuellement dans l'Afrique du Sud, inflige souvent, sous le semblant de beaux noms, un esclavage plus dur que celui subi par le nègre, avec le risque de mort en plus.

Même s'il était possible de faire comprendre aux hommes jusqu'à quel point leurs vies sont, et seront bientôt de plus en plus subordonnées aux exigences de l'État, de manière à les laisser de moins en moins maîtres d'eux-mêmes, l'effet produit serait mince. Tant que la passion de la domination prévaut sur toutes les autres, la servitude, qui marche de conserve avec l'impérialisme, sera tolérée. Parmi des hommes qui ne s'enorgueillissent pas de la possession d'attributs de caractère simplement humains, mais de la possession d'attributs de caractère qu'ils ont en commun avec les brutes, et dans la bouche desquels le « courage de boule-dogue » est équivalent à nature virile, — parmi des gens qui mettent leur point d'honneur dans un pugilat acharné où le combattant se soumet à la souffrance, à la peine, au risque de mort, en vue de se révéler « le meilleur », nulle considération opposée du genre des précédentes n'aura de poids. Tant qu'ils continuent à conquérir d'autres peuples et à les tenir dans l'assujettissement, ils laisseront avec empressement absorber leurs libertés personnelles par le pouvoir de l'État, et ils accepteront, dans l'avenir comme jusqu'à présent, la servitude, qui marche de conserve avec l'impérialisme.

RETOUR A LA BARBARIE

Toutes les sociétés, qu'il s'agisse de ces tribus sauvages qui ont acquis quelque structure politique, ou de ces nations qui sont devenues grandes en conquérant des nations voisines, montrent que, comme il a été dit plus haut, le caractère fondamental des peuples combattants est l'assujettissement d'homme à homme et de groupe à groupe. La subordination graduée, qui est la méthode d'organisation d'une armée, devient de plus en plus la méthode de l'organisation civile, là où le militarisme est chronique; puisque, là où le militarisme est chronique, la partie civile devient un peu plus qu'un commissariat qui pourvoit aux besoins de la partie militaire, et est de plus en plus sujette à la même discipline. En outre, des faits familiers prouvent que l'apparition de ces types barbares de société développés en un militarisme chronique amène une diminution de cette subordination graduée, et il en résulte, comme on l'a vu dans les derniers siècles, une augmentation de liberté. A quoi il faut ajouter que là où, comme chez nous, les activités militaristes ont été pendant très longtemps moins marquées et l'organisation militaire moins prononcée, les institutions libres naissent plus tôt et progressent davantage. Un corollaire évident est qu'un caractère fondamental du processus de retour à la barbarie est la renaissance de la subordination graduée. Considérons les faits.

Les États-Unis nous présentent un miroir approprié. Depuis qu'y ont apparu les « bosses »[1] locaux auxquels obéissent des groupes de votants, il y a eu un développement de « bosses » dont l'autorité s'étend sur de vastes rayons d'espace ; au point que, aujourd'hui, des hommes du type de Platt, de Hanna, de Croker, déterminent principalement les élections municipales et centrales. Les conventions formées de délégués qui sont censés représenter les volontés de leurs localités respectives, sont devenues des corps qui enregistrent purement et simplement les décisions de certains chefs qui nominalement conseillent, mais en réalité ordonnent. Et ce système a si complètement submergé les traditions de liberté individuelle, qu'aujourd'hui l'affirmation de cette liberté est devenue un motif de discrédit, et le

1. Le « boss » est aujourd'hui, en ce sens, l'homme qui dirige les élections. Le mot vient du hollandais « baas », qui signifie maître, patron, chef, et a été introduit à New-York, sous cette forme un peu modifiée, par la colonie hollandaise de cette ville. En France, dans le département du Nord, les ouvriers désignent aussi fréquemment sous ce nom leur patron. (*Le Trad.*)

citoyen indépendant qui se trouve çà et là, et qui
ne veut pas céder son droit de jugement personnel,
reçoit le nom méprisant de « mugwump[1] ».

En Angleterre le Caucus[2], qui ne maîtrise pas
encore complètement l'individu, l'a cependant
dépouillé en une large mesure de la liberté électo-
rale qu'il possédait à l'époque qui suivit le bill de
réforme, alors que, je le sais par expérience personnelle, l'initiative de chaque citoyen, même non électeur, était de quelque effet. Maintenant, les directeurs qui gouvernent chaque collège électoral
entreprennent de décider pour tous les membres de
leurs partis respectifs, qui sont obligés d'accepter
les candidats désignés à leur choix. En fait, ces
corps sont devenus des oligarchies électorales.
Pareillement, dans la Chambre des communes elle-
même, ce mouvement rétrograde, montré dans les
modes décrits quelques pages plus haut, se révèle
en d'autres modes. Il y a le changement qui, voilà
quelques années, supprima « le privilège de discuter

---

1. Ce mot, emprunté à la langue des Indiens de l'Amérique
du Nord, désigne un chef, une personne importante, et a pris,
en anglais, le sens de membre indépendant du parti républi-
cain.   (Le Trad.)

2. On nomme ainsi une réunion privée tenue en vue de se
concerter au sujet des élections du parti radical. Le mot
« Caucus », d'origine américaine, serait une corruption de
« caulker's meeting », société des calfats de Boston, qui, à la
veille de la guerre de l'Indépendance, se signala par une
opposition particulièrement énergique envers l'Angleterre. Toutefois, d'après un philologue américain contemporain, le Dr Trum-
bull, le mot viendrait de l'indien « cau-cau-as'u », un homme
qui avise, presse, encourage.   (Le Trad.)

les abus avant de se constituer en Comité pour les subsides », — c'est-à-dire supprima ce qui était le privilège principal des bourgeois envoyés ancienne- ment par leurs collèges respectifs d'électeurs; puisque de la suppression ou de l'atténuation des abus dépendait en partie l'octroi des subsides. Et récemment, en outre, une résolution analogue a refusé le droit de proposer des amendements à la motion de se constituer en comité pour l'approba- tion des dépenses. C'est ainsi que la régression s'accuse par la subordination croissante du citoyen, tant comme électeur que comme représentant.

Le mouvement ecclésiastique en train de s'opérer nous montre un changement analogue. Il y a un retour vers cet assujettissement à une classe sacer- dotale, qui caractérise les types barbares de société. La rébellion de l'Église contre le pouvoir civil est une indication du désir de revenir à ce régime social qui inclinait jadis les rois sous les papes. Dans la hiérarchie tout entière, l'affermisse- ment du sacerdoce est le but secret, sinon avoué; et quand on demande aux chefs de la hiérarchie de refréner ces pratiques qui assimilent l'Église d'An- gleterre à l'Église de Rome, ils se dérobent et tergi- versent de façon à les laisser se continuer, tandis qu'ils se montrent énergiques dans leur résistance aux efforts pour empêcher l'assimilation. Durant la dernière génération, on a fait des tentatives pour pré- senter le clergé comme un corps d'intermédiaires entre Dieu et l'homme. La confession, la célébration d'une sorte de messe, et diverses cérémonies avec accompagnement d'encens, ont tendu de plus en plus à élever la classe ecclésiastique; et les effets de ces pratiques sont renforcés par des vêtements somptueux et des symboles ornés de pierres précieuses, comme ils étaient communs au moyen âge, et qui rappellent ceux des peuples barbares en général.

Des changements qui ont ainsi envahi notre organisation sociale, les causes sont multiples. La cause initiale a été l'établissement de cette modeste organisation défensive, bien justifiée par les circonstances, que l'on qualifia à l'origine de « mouvement des volontaires ». Quand, par sa politique, Louis-Napoléon put laisser croire qu'il songeait à une invasion de l'Angleterre, il s'éleva une sorte de cri : « Aux armes! », qui prit corps dans les vers du poète lauréat : « Form, riflemen, form! [1] » (Formez-vous, tireurs, formez-vous!) Il en résulta, et ne cessa de se développer par la suite, un corps de civils qui étaient chaque semaine astreints aux manœuvres et qui s'exerçaient chaque semaine à tirer à la carabine : double entraînement fait pour éveiller en eux les idées et les sentiments militaires assoupis que nous avons hérités des âges primitifs de guerre perpétuelle. La formation de compagnies et de régiments, la série d'évolutions régulières, l'assujettissement

---

1. Le titre de cette courte pièce de Tennyson est *Riflemen form!* D'abord publiée dans le *Times* du 9 mai 1859, elle se retrouve dans le volume de ses œuvres complètes, édition Macmillan, 1901, p. 892. *(Le Trad.)*

aux officiers, les défilés dans les rues derrière la musique, joints à l'ambition d'occuper des commandements, cultivèrent chez nos jeunes citadins les idées et les émotions appropriées à la lutte. Un intérêt ravivé pour la guerre fut la conséquence nécessaire de tout cela; et les instincts en partie endormis du sauvage, vite réveillés, se sont exercés sinon à l'adresse d'ennemis réels, du moins à l'adresse d'ennemis censément prêts à nous envahir.

Pendant ces vingt dernières années est entrée en jeu une autre cause très étendue, dans laquelle peu de gens voudront d'abord reconnaître une cause, mais dont l'analyse rendra clairs les effets. La qualité d'une passion est en grande mesure la même, quel que soit l'objet qui l'excite. La peur produite par un chien enragé ressemble au fond à la peur inspirée par l'arme levée d'un assassin; et la répulsion éprouvée pour un animal dégoûtant est de la même nature que la répulsion éprouvée pour un homme fortement haï. Spécialement quand les objets qui excitent les passions sont imaginaires, il est probable qu'il y a peu de différence entre les états d'esprit produits. La culture de l'animosité envers un objet imaginaire, fortifiant le sentiment d'animosité en général, rend plus facile de le réveiller envers un autre objet imaginaire.

Je fais ces remarques à propos de l'Armée du Salut. Le mot est significatif : armée; comme sont significatifs aussi les noms des grades, depuis le soi-disant « général », en redescendant aux brigadiers, colonels, majors, jusqu'aux sous-officiers locaux, tous revêtus d'un uniforme. Ce système est semblable par l'idée et le sentiment à celui d'une armée véritable. Et quels sont les sentiments auxquels on fait appel? La « Gazette officielle de l'Armée du Salut » est intitulée : *Le Cri de Guerre*; et l'épigraphe en vedette sur le titre porte : « Sang et Feu » (Blood and Fire). Sans doute, on dira que c'est contre le principe du mal, personnel ou impersonnel, — contre « le démon et toutes ses œuvres », — que les sentiments de destruction sont invoqués par ce titre et cette épigraphe. Ainsi on dira qu'en un hymne étalé en première place dans le numéro du journal que j'ai en main, le même esprit se manifeste dans les expressions que je recueille des trente premières lignes : « Il nous a faits guerriers pour l'éternité, il nous a envoyés dans la plaine pour combattre... Nous vaincrons avec le feu et le sang... Saisissez vos armes, l'ennemi est proche! Les puissances de l'enfer nous environnent... Le jour de la bataille est tout près! En avant pour la lutte glorieuse! » Ce sont là autant de stimulants aux penchants belliqueux, et les excitations du chant jointes aux processions guerrières et à la musique instrumentale ne peuvent manquer de fortifier grandement ces passions assoupies qui ne sont déjà que trop prêtes à éclater, même dans le cours de la vie ordinaire. Tous les appels aux sentiments plus nobles inculqués par la foi, sont perdus en fait au milieu de ces invocations bruyantes. Parmi des exhortations mélangées et contradictoires, les gens qui écoutent répondent à celles qui sont le plus conformes à leur propre nature, et sont peu influencés par les autres; de sorte que, sous les formes nominales de la religion de l'amitié, on exerce quotidiennement les sentiments propres à la religion de l'inimitié. Et alors, comme on l'a dit plus haut, ces passions destructives dirigées vers « l'ennemi », ainsi qu'on nomme le principe du mal, sont facilement dirigées vers un ennemi différemment conçu. Si aux esprits pervers on substitue des hommes pervers, ceux-ci sont envisagés avec les mêmes sentiments; et quand les calomnies semées à la volée font apparaître certaines personnes comme perverses, la colère et la haine qu'on a perpétuellement alimentées se déchargent sur elles.

Pendant que je dicte ceci, on me présente, à l'appui de mes affirmations, des faits qui montrent que non seulement dans l'Armée du Salut, mais dans les services religieux célébrés à l'occasion du départ de troupes pour l'Afrique du Sud, on interprète certains hymnes d'une manière qui substitue à l'ennemi spirituel l'ennemi humain. Ainsi, durant la dernière génération, sous le voile des formes d'une religion qui prêche la paix, l'amour, le pardon, on a perpétuellement acclamé les mots « guerre » et « sang », « feu » et « bataille », et l'exercice constant des sentiments de haine.

Cette diffusion d'idées militaires, de sentiments

militaires, d'organisation militaire, de discipline militaire, s'est étendue partout. Il y a le corps concurrent, l'Armée de l'Église, qui, sans être particulièrement gênant, suit la même voie, comme nous pouvons le conjecturer par son nom; et il y a la Brigade des adolescents de l'Église (Church Lads' Brigade), avec son uniforme, ses armes, son dressage, qui montre plus clairement encore la tendance ecclésiastique vers la même direction. En cela comme dans le reste, l'élément clérical et l'élément militaire sympathisent pleinement. Le révérend Dr Warre, principal du Collège d'Eton, lit à l' « United Service Institution » un rapport concluant que dans les écoles publiques secondaires on devrait enseigner les éléments de la science militaire, aussi bien que les manœuvres, l'usage des armes à feu, etc. De même, un autre principal, le révérend M. Gull, dans une conférence faite au Collège des précepteurs, sous la présidence du révérend M. Bevan, nous dit qu'il y a soixante-dix-neuf corps de cadets dans les diverses écoles publiques; que l'on fait des efforts pour « organiser les exercices dans les écoles élémentaires et pour les garçons dans les conditions inférieures d'existence »; qu'un comité de la Conférence des principaux de collège a décidé à l'unanimité que, dans les écoles publiques secondaires, les garçons au-dessus de quinze ans recevraient le dressage et l'instruction militaires; et que, sur l'initiative de ces « révérends » principaux, une loi sur l'instruc-

tion militaire, incarnant leurs vues et favorisée par
le War Office, a été présentée aux deux Chambres
du Parlement[1]. De même, durant la « Guthrie
Commemoration » au Collège de Clifton, le principal, le révérend chanoine Glazebrook, en présence de deux évêques, glorifia la part que les
élèves de Clifton avaient prise à la guerre de
l'Afrique du Sud ; s'arrêtant avec orgueil sur « une
si noble contribution à une cause si patriotique »,
pour laquelle étaient tombés dix-neuf anciens
élèves de Clifton, et insistant aussi sur le zèle
croissant de l'école pour les choses militaires. Et
voilà que, à Cambridge, le sénat réclame que
l'Université s'occupe d'organiser l'enseignement
de la science militaire.

Des développements plus en vue du même genre
ont eu lieu. Nous avons les revues, les manœuvres,
les camps d'entraînement des volontaires, et les
concours de tir annuels, tantôt à Wimbledon,
tantôt à Bisley ; nous avons les camps permanents
à Shorncliffe et Aldershot, et sommes sur le point
d'en avoir un beaucoup plus étendu dans la plaine
de Salisbury. Il y a cinquante ans, nous n'avions
ni « passages of arms » ou tournois, devenus
aujourd'hui périodiques, ni expositions militaires
et navales. Finalement, pour montrer le changement complet du sentiment social, il fut décidé
dans un meeting à Mansion House que la grande

---

1. Voir *Educational Times*, 1ᵉʳ Juin 1901.

Exposition de 1851, dont on attendait l'inauguration de la paix universelle, serait commémorée en 1901 par une exposition navale et militaire : une manifestation antimilitaire ayant pour son jubilé une manifestation militaire !

Le tempérament engendré par ces causes s'est affirmé par les explosions de violence déchaînées en Angleterre dans trente villes grandes et petites, où ceux qui nourrissent au sujet de notre conduite vis-à-vis les Boers des opinions déplaisant à la majorité, sont devenus les victimes de la populace, — populace qui non seulement supprimait même les réunions privées et maltraitait ceux qui se proposaient d'y prendre part, les frappant à coups de pied et les provoquant jusque dans les rues, mais qui attaquait les habitations de ceux que l'on savait opposés à la guerre, brisant les vitres des magasins, faisant irruption dans leurs maisons, et même y mettant le feu. Et maintenant, après que ces violations de la loi, continuées pendant deux ans, ont été le plus souvent absoutes par les autorités, nous trouvons des journaux importants qui applaudissent à la police pour s'être « judicieusement abstenue » d'intervenir, alors que la populace maltraitait ceux qui parlaient d'arrêter la guerre ! A coup sûr, une société ainsi caractérisée et ainsi gouvernée est un habitacle adapté pour les Hooligans [1].

1. Voir la note de la page 44. (Le Trad.)

Naturellement, avec cette exaltation de la force brutale sous sa forme armée, telle qu'elle se révèle dans les organisations militaires, séculières et sacrées, aussi bien que dans le zèle des institutions enseignantes à l'entretenir, et avec ces manifestations de la passion populaire, montrant à quel vaste degré l'esprit de coercition, qui est l'élément essentiel dans le militarisme, a pénétré la nation, on a eu soin de cultiver l'exercice de la force physique, sous la forme d'athlétisme. Le mot est tout à fait moderne, pour la raison que, voilà une génération, les faits qu'il peut embrasser n'étaient pas suffisamment nombreux et en vue pour le créer. Dans ma jeunesse, les « sports » étaient à peu près exclusivement représentés par une publication hebdomadaire, *Bell's Life in London*, qu'on trouvait, me dit-on, dans les repaires de *rowdies* et les tavernes de basse classe. Depuis lors, le progrès a été tel, que l'acquisition de l'habileté aux jeux principaux est devenue une occupation absorbante. Les parties de cricket des clubs locaux sont des sujets d'intérêt non seulement dans leurs localités, mais ailleurs, et les noms des joueurs célèbres courent dans la bouche des multitudes. Il y a des professionnels et il y a des cours d'entraînement; de sorte que ce qui à l'origine était un jeu, est devenu une affaire. De même avec les matches à l'aviron, qui s'exercent sur toutes les rivières assez larges et qui ont leurs séries de parties, parmi lesquelles celles entre les Universités et celles de Henley sont

devenues des événements nationaux, qui attirent
des foules énormes, comme font aussi les parties
de cricket des Universités. Et ensuite le football,
qui dans ma jeunesse n'occupait nullement l'attention publique, a maintenant sa place réservée dans
chaque localité, et ses grandes luttes entre joueurs
payés attirent leurs dizaines de milliers de spectateurs, — dernièrement même, à Sydenham, cent
mille, — dont la nature est telle, que la police est
souvent appelée pour protéger les arbitres. On peut
en effet remarquer que ce jeu, devenu actuellement
le plus populaire, est aussi celui qui rend le plus
brutal; les luttes sans merci entre joueurs et l'intensité de leur antagonisme prouvent en effet,
même sans tenir compte des fréquentes blessures
et des morts accidentelles, que le jeu se rapproche
aussi près d'un combat que le permet le manque
d'armes.

Les « sports » des temps passés, que la loi avait
interdits à cause de leur brutalité, font leur réap-
parition. De temps en temps on lit quelque chose
sur des combats secrets de coqs que la police
découvre, et arrête; et en ce moment, le périodique
ressuscité de Samuel Johnson, *The Rambler*[1], se
fait nettement l'avocat des combats de coqs comme
amusement. La renaissance du pugilat a la même
signification; les illégaux combats pour des prix
y ont été remplacés par les soi-disant « combats au

----

1. *The Rambler* (Le Promeneur) parut, sous forme bi-hebdo-
madaire, du 20 mars 1750 au 17 mars 1752.   (*Le Trad.*)

gant », qui n'en diffèrent que de nom. Bien que, en ces quelques années, quatre morts en aient résulté, la sympathie des autorités pour ce « sport » est néanmoins telle, que les homicides ont chaque fois été acquittés par les tribunaux. Avec ce développement de l'athlétisme humain a marché de pair un développement de l'athlétisme animal, ou courses de chevaux, sous la forme de manifestations plus fréquentes; et tous deux ont été accompagnés d'une immense extension de jeux et de paris, — vices qui envahissent toutes les classes et tous les lieux, depuis les salons fashionables jusqu'aux bouges, vices qui favorisent le retour à la barbarie, puisque les plaisirs obtenus au prix des peines des autres entraînent nécessairement un dessèchement de la sympathie.

En attendant, pour satisfaire à la demande, le journalisme s'est développé, de sorte que, outre diverses feuilles quotidiennes et hebdomadaires consacrées entièrement aux sports, les feuilles quotidiennes et hebdomadaires ordinaires donnent les comptes rendus des « événements » dans toutes les localités, et il n'est pas rare qu'une feuille quotidienne leur réserve tout une page. Un grave fait accompagnateur est à noter. Tandis que la supériorité corporelle est en train de venir en première ligne, la supériorité mentale recule vers l'arrière-fond. On a depuis longtemps fait la remarque qu'un athlète connu est plus honoré qu'un étudiant qui est sorti le premier de ses examens; et, si l'on veut une preuve oculaire, on l'a dans les journaux illustrés, qui reproduisent continuellement des photographies de groupes rivaux de rameurs et de joueurs, tandis que nous ne voyons nulle part la photographie, par exemple, de tous les lauréats de l'année à Cambridge. Jusqu'à quel degré excessif prédomine l'athlétisme, le fait suivant l'indique : quand sir Michael Foster posa sa candidature à la représentation de l'Université de Londres, on vanta spécialement sa compétence, parce qu'il était un bon joueur de cricket! « Tous les joueurs de cricket voteront naturellement pour lui », écrivait dans le *Times* un certain B. A. qui avait « joué dans le même groupe que lui ». Ainsi divers changements indiquent une régression vers cette époque du moyen âge où le courage et la force physique étaient les seules qualités des classes gouvernantes, tandis que la culture existante était limitée aux prêtres et aux habitants des monastères.

Littérature, journalisme, art, tout a aidé à ce retour à la barbarie. Pendant longtemps ont fleuri des auteurs de romans qui ont cultivé les récits de crimes et les histoires sanguinaires. D'autres ont approvisionné les jeunes garçons et les jeunes filles de contes pleins de complots, de luttes, d'effusion de sang, — contes jetés par millions, en ces dernières années, dans la circulation[1]; et il y a eu d'innombrables volumes de voyages où les rencontres avec

---

1. Voir *Academy*, 5 juin 1897.

les indigènes et l'abatage de gros gibier ont été les attractions annoncées. Divers livres de guerre ont suivi le sillage des *Fifteen Decisive Battles of the World* (Les quinze batailles décisives du monde) du professeur Creasy, avec leurs trente et quelques éditions; et maintenant, dans le dernier numéro de l'*Athenæum*, je vois annoncés pour paraître prochainement deux livres de ce genre : l'un, *Great Battles of the World* (Grandes batailles du monde), et l'autre, *All the World's Fighting Ships* (Tous les vaisseaux de guerre) pour 1901, une publication annuelle. Comme indication la plus claire de l'état du sentiment national, nous avons l'immense popularité de M. Rudyard Kipling, dans les écrits duquel un dixième de christianisme nominal est joint à neuf dixièmes de paganisme réel ; qui idéalise le soldat et glorifie les triomphes de la force brutale; et qui, en dépeignant la vie scolaire, met au premier plan les activités et les sentiments à l'usage des barbares, et montre peu de respect pour une culture civilisatrice.

De même, aussi, la littérature des périodiques respire la violence. Dans les magazines américains, très répandus en Angleterre, se trouvaient, même avant les récentes conquêtes, des narrations réchauffées de la guerre civile, — des descriptions de telle ou telle partie de la campagne, et des biographies de tel ou tel chef. Non contents des batailles et des grands capitaines des temps récents, les éditeurs sont revenus, pour satisfaire l'appétit des lecteurs, au passé, tant reculé que récent. La vie et les conquêtes d'Alexandre le Grand ont été exposées de nouveau, avec des illustrations; dans une série d'articles, comme aussi sous la forme du livre, Napoléon a servi une fois de plus de sujet de biographie; et l'on a ressuscité aussi Wellington et Nelson. On a même exhumé, pour faire face à la demande, les mémoires de pirates et de corsaires célèbres. En même temps, les fictions qui remplissent nos magazines mensuels ont été avant tout sanguinaires. Récits de crimes et actions de violence, dessins représentant des hommes qui combattent, des hommes vaincus, des hommes qui fuient, des poignards, des pistolets tirés, — tout cela, dans toutes les variétés de combinaisons, a fait appel à notre sauvagerie latente. Parmi d'autres histoires de cette catégorie, il y en avait récemment deux ayant chacune pour attraction un pugilat rendu piquant par des gravures sur bois. Ainsi ont procédé nos journaux illustrés. Même avant les guerres récentes, on trouvait toujours des occasions pour représenter des combats sanglants, ou des faits de destruction navale et militaire, ou les chefs qui les opéraient. Je suppose que, en ces derniers temps, des scènes et des portraits de ce genre ont été plus nombreux encore. Je dis : je suppose, parce que, depuis des années, dégoûté de ces stimulants à la brutalité, j'ai, de propos délibéré, évité de regarder les journaux hebdomadaires illustrés.

Ainsi, de tout côté, nous voyons les idées, les

sentiments et les institutions propres à la vie pacifique, remplacés par les idées, les sentiments et les
institutions propres à la vie belliqueuse. Les augmentations continuelles de l'armée, la formation de
camps permanents, l'institution de manœuvres militaires publiques et d'expositions militaires, ont conduit à ce résultat. Les exercices, les revues, les concours des soldats civils, non inutiles quand ils
commencèrent, en sont venus à susciter les sentiments combatifs. Les excitations perpétuelles des
passions destructrices qui, dans le *War Cry* et dans
les hymnes des partisans du général Booth, ont
rendu familiers les batailles, le sang et le feu, et,
sous prétexte de combattre contre le mal, ont rejeté
à l'arrière-plan les émotions plus nobles, ont conduit au même résultat. De même, dans les écoles,
l'organisation et la discipline militaires en sont
venues à cultiver l'instinct d'antagonisme dans
chaque génération nouvelle. De plus en plus l'esprit de conflit a été exercé par les jeux athlétiques,
dont l'intérêt a été activement entretenu d'abord
par la presse hebdomadaire, et actuellement par la
presse quotidienne ; et le surcroît d'honneurs accordé
aux prouesses physiques a amené un décroît des
honneurs accordés aux prouesses mentales. En
attendant, la littérature et l'art y ont aidé. Des
livres qui traitent de batailles, de conquêtes, et des
hommes qui les ont conduites, ont été largement
répandus et avidement lus. Des périodiques pleins
d'histoires rendues intéressantes par des massacres,

avec les illustrations à l'appui, ont servi chaque mois à l'amour de la destruction, comme l'ont fait aussi les journaux hebdomadaires illustrés. Dans tous les lieux et de toutes les manières se sont affirmés, durant les cinquante dernières années, une recrudescence d'ambitions, d'idées et de sentiments barbares, et un incessant appel à la soif du sang.

Si l'on veut un exemple frappant du résultat, nous l'avons dans cette parole du poëte lauréat du peuple, que « la vie la plus haute sur la terre » est celle employée à tâcher de « rouler » (bag) une partie de nos semblables!

RÉGLEMENTATION

A première vue, ce titre : « Réglementation »,
semble n'impliquer rien de plus qu'une description
détaillée des changements exposés plus haut; mais
tandis qu'il fait ressortir en partie un côté de ces
changements et suggère leur commune tendance, il
sert à une autre fin. Je l'emploie ici pour exprimer
certains changements plus larges qui les accompagnent. En effet, comme on l'a indiqué quelques
pages plus haut, et montré au long dans les *Principes de Sociologie*, en un chapitre sur « Le type
militaire », cette subordination graduée que nous
voyons dans une armée caractérise toujours davantage une société militaire en général à mesure que
croît le militarisme.

Système, règlement, uniformité, contrainte, ces
mots sont en train de devenir familiers dans les discussions sur les questions sociales. Partout a surgi
l'habitude d'admettre comme un fait incontesté que

toutes les choses devraient être arrangées d'après un plan défini. La direction récente de l'opinion publique montre combien sont impuissantes, quand elles s'opposent aux préjugés et aux fantaisies, ces vastes vérités que la science révèle. On aurait pu penser qu'en ces jours où il est prouvé que le progrès de toute vie a été rendu impossible seulement par des variations incessantes, et que l'uniformité implique la quiétude qui se termine par la mort, — on aurait pu penser que la tendance serait sinon à accroître la variété, du moins à lui offrir pleine occasion de se manifester. Cependant une tendance contraire s'est produite pour les causes examinées.

Quoique nous n'ayons pas atteint un état comparable à celui qu'un ministre français vantait en ces termes : « En ce moment tous les écoliers de France sont en train de réciter la même leçon », cependant, si nous comparons notre état présent à celui qui a précédé la création des écoles publiques, nous voyons se dessiner un mouvement vers un semblable idéal. Nous avons un « code » auquel directeurs et professeurs doivent se conformer ; et nous avons des inspecteurs chargés de veiller à l'exécution des idées de l'autorité centrale. Le système réglementaire est allé dans certaines directions jusqu'au point que le Conseil de l'Instruction publique a eu le pouvoir d'imposer l'enseignement du système métrique ; des enfants, déjà surmenés, doivent, au gré du fonctionnaire qui commande, apprendre des séries de mesures qui ne sont pas en usage. En outre, du cours élémentaire s'est développé un cours secondaire; et maintenant sont venues des écoles techniques qui donnent aux garçons le savoir et l'aptitude qui les rendent propres à diverses besognes. On a créé aussi des écoles de science, des écoles d'art, des écoles de dessin; de sorte qu'actuellement l'État prépare ses élèves non seulement à la vie en général, mais aussi aux carrières spéciales. En attendant, comme je l'ai prophétisé il y a trente ans, on s'est avancé de l'éducation de l'esprit à l'éducation du corps. En vertu du principe qu'il est du devoir de la communauté envers l'enfant « de lui assurer toute sa part de chance par rapport à la vie », on estime qu'il faut accorder la nourriture aux enfants qui ont faim; et l'on a proposé de donner des souliers à ceux qui n'en reçoivent pas de leurs parents. Si l'on ajoute qu'il y a plus de trente mille enfants dans les écoles industrielles et dans celles pour les vagabonds [1], écoles entretenues et dirigées par l'État, nous voyons qu'en une seule génération de grands pas ont été faits vers une organisation réglementaire destinée à modeler les enfants selon un type approuvé.

Ayant été préparés à la vie par le gouvernement, les citoyens doivent avoir leurs activités contrôlées par la loi. Feu M. Pleydell-Bouverie a constaté que, sous le règne d'Élizabeth, 68 lois sur 269 avaient pour but de régler le commerce; et sous Jacques Ier,

---

[1]. C'est ce qu'on appelle en Angleterre les « Truant-Schools ».
(Le Trad.)

33 sur 167 avaient le même but. Ces lois, trouvées toutes inutiles ou nuisibles, ont été abrogées. Mais, aujourd'hui, en même temps que la résurrection d'un type social plus ancien, il y a un retour d'anciennes tendances vers l'intervention de l'État dans l'industrie. La restriction du travail des enfants dans les ateliers a ouvert la voie à des règlements protecteurs de classes toujours plus nombreuses d'ouvriers. Quoique la perte qu'une explosion fait subir à un propriétaire de mines soit un motif plus fort que tout autre pour se prémunir contre les risques, cependant on s'imagine que les précautions contre les explosions peuvent être assurées seulement par des inspecteurs : croyance qui survit à de fréquentes explosions. L'État, dont les propres vaisseaux subissent de nombreux accidents et qui souvent les perd, entreprend de protéger les hommes de la marine marchande au moyen d'un corps d'employés ; et cependant, à en juger par le nombre de naufrages, l'utilité de cette mesure n'apparaît pas évidente.

Mais passons de ces exemples dispersés à des exemples d'un ordre plus général. Durant la première partie du XIXe siècle, alors que les gouvernements municipaux n'étaient pas encore développés, l'activité de chacun était limitée à un petit nombre de matières essentielles : le maintien de l'ordre à l'aide d'un petit corps d'agents de police, le pavement et la propreté des rues, leur éclairage par des lampes à l'huile, la construction et l'entre-

tion des égouts. Pour répondre aux exigences crois-
santes d'une ou d'autre sorte, les citoyens indus-
trieux unissaient leurs ressources et risquaient de
grosses sommes dans l'espoir que, tout en satisfaisant
aux besoins publics, ils pourraient plutôt gagner
que perdre. Au début du siècle apparurent les com·
pagnies du gaz, et les autorités municipales leur
achetèrent le gaz pour éclairer les rues. Bientôt
vinrent les compagnies des eaux, qui dépensèrent
de grosses sommes pour les réservoirs, les conduits,
et les tuyaux distributeurs. Ainsi, une ville après
l'autre était grandement avantagée en se confor-
mant aux principes ordinaires du commerce[1]. Mais
au lieu de ces combinaisons privées d'hommes pla-
çant leurs épargnes et se préoccupant de leur intérêt,
comme font les hommes en général, nous avons
aujourd'hui les organisations municipales, qui sont

1. En lisant les écrivains socialistes et collectivistes, qui
ignorent les maux autrefois soufferts par les habitants des
villes, et vilipendent des hommes qui, tout en cherchant des
profits, ont mis les autres en possession de ces grands bienfaits,
j'ai parfois songé que j'aimerais à les replonger tous ensemble
dans « le bon vieux temps », — temps antérieur à la création
de routes convenables par des sociétés qui exigèrent ensuite un
droit de péage; temps où, à Londres, on suppléait au manque
d'eau des puits et des conduits par de l'eau amenée à dos de
cheval dans des outres en cuir; temps où, pour éclairer les
rues, les gens devaient suspendre des chandelles (lanternes?) en
dehors de leurs fenêtres, et où, même beaucoup plus tard, les
amis du plaisir ne pouvaient retrouver leur demeure, la nuit,
qu'à l'aide d'une chaîne de jeunes garçons portant des torches.
Une expérience de six mois, avec les misères qui en résulteraient,
changerait peut-être leurs sentiments envers les sociétés qu'ils
traitent maintenant d'ennemis publics.

en train d'usurper successivement ces besognes et en entreprennent sans cesse d'autres.

L'obligeance du secrétaire de la municipalité de Birmingham m'a permis d'obtenir des détails sur les diverses administrations de cette ville. Commençons par la plus essentielle, la police, qui comprend 800 hommes de sept grades divers. Ensuite viennent les travaux publics, avec huit divisions (rues, tramways, égouts et éclairage), qui emploient 1 726 hommes de quatorze dénominations. L'administration pour la fourniture de l'eau compte 469 employés qui portent vingt-cinq noms différents, outre d'autres employés pour les travaux actuels de l'Elan [1]. La section du gaz en a 2 843, divisés en sept classes; puis le système électrique, plus récent, emploie 113 hommes de quatre grades. On peut mentionner ensuite la brigade de pompiers, avec 72 hommes de cinq grades. Suivent les divisions des bains et des parcs avec leurs 137 employés de onze espèces. Après quoi vient la section des marchés et des foires, qui occupe 45 hommes de six espèces, et celle des poids et mesures, qui en occupe 13 de quatre espèces. La commission sanitaire forme trois groupes, « prophylaxie », « mesures sanitaires », « hôpitaux », dont le premier occupe à sa solde 585 hommes de quatre grades, et le dernier 178 hommes et femmes du même nombre de grades.

---

1. La rivière du pays de Galles à laquelle la ville de Birmingham emprunte une partie de l'eau dont elle a besoin.

(Le Trad.)

Les diverses subdivisions de l'administration des domaines, dont l'une concerne les tribunaux, emploient 109 personnes diversement dénommées. Ensuite on peut citer l'asile de la ville et l'asile d'aliénés, dont l'un a 133 employés de onze espèces, et l'autre 111 de seize espèces. Après l'école industrielle, qui occupe 18 employés variés, viennent l'école d'art avec ses subdivisions, qui occupe 157 personnes, et l'école technique, qui en occupe 66. Dans chacune de ces deux écoles les employés sont répartis en plusieurs classes. Enfin prennent place le musée et la galerie des beaux-arts, avec 29 employés divers. Tous ces employés ont pour chefs les membres de la municipalité, les secrétaires et les trésoriers de celle-ci, les premiers au nombre de 12, et les seconds au nombre de 25, avec différents grades. L'organisation totale comprend 7 800 personnes, qui très prochainement dépasseront 8 000. Ainsi, tandis que les administrations municipales sont venues se substituer aux compagnies par action, beaucoup d'autres administrations aussi se sont développées pour entreprendre d'autres œuvres. Chacune d'elles est, comme nous le voyons, semblable à une administration militaire, avec ses rangs subordonnés l'un à l'autre ; et leur agrégat nous rappelle une série de compagnies unies en régiments et en brigades sous un commandement central.

A M. William McBain, qui connaît bien l'administration municipale de Glasgow, et qui, l'an dernier, au Congrès de l'Association britannique tenu dans cette ville, lut un rapport sur ce sujet, je suis redevable du bref exposé suivant de l'organisation publique de cette dernière. Voici les noms des divisions et les chiffres de leurs employés : — Quartier général, 60; police, 1 400; travaux publics (ayant la haute main sur les bâtiments, les rues et les canaux en construction ou déjà existants), 600; éclairage, 700; propreté des rues, 600; ingénieurs et architectes de la ville, 12; tramways, 350; fourniture de l'eau, 527; gaz, 3 000; électricité, 1 200; téléphones, 400; pompiers, 121; parcs, galeries, musées publics et maisons, 300; bains et lavoirs; marchés, bazars, halles et immeubles, 150; assesseurs de la ville, 40; service sanitaire, 700; bibliothèques, 100; office du travail, 3; églises; — total, 13 413. Aux administrations municipales il faut ajouter dans les deux cas les autorités des écoles publiques et les autorités paroissiales avec leur suite. Ainsi, à Glasgow, le nombre des fonctionnaires et des employés gradués sous leur contrôle, est de 4 000.

Comme je l'ai fait entendre plus haut, la réglementation est un autre aspect de cette régression générale qui s'accuse par l'impérialisme croissant et le retour à la barbarie qui l'accompagne. Une preuve curieuse de la façon dont celle-là, comme ces deux-ci, nous ramène au moyen âge, est fournie par les annales de la ville de Beverley, récemment publiées. Les diverses affaires étaient naturellement expédiées, d'après l'usage général du temps, par les membres des guildes, qui, en comprenant celles de moindre importance, s'élevaient à la fin du xv° siècle au nombre de vingt-trois. Ces groupes de marchands, négociants et artisans, jusqu'aux portefaix, avaient chacun un *warden* ou *alderman* avec deux assesseurs ou *stewards*, et deux enquêteurs ou inspecteurs, tandis que les maîtres, commerçants ou bourgeois qui en faisaient partie, avaient des ouvriers et des apprentis. Ces corps organisés étaient sous le contrôle d'une administration municipale, à l'origine les douze gardiens (the Twelve Keepers), élus par les bourgeois ou maîtres, et ceux-ci, tout en pourvoyant aux affaires civiques, exerçaient une autorité sur les membres des guildes, infligeant diverses amendes pour délits et infractions aux règles édictées. C'est dire que, quoique ayant des fins différentes, ces corps étaient analogues à nos administrations modernes au point de vue de leur structure graduée, de leur sujétion à l'administration municipale, et de leur contrôle par les fonctionnaires de celle-ci.

Non contentes d'entreprendre des affaires analogues à celles des sociétés par actions, nos administrations publiques générales et locales commencent à se livrer au commerce de détail. Nous ne sommes pas encore allés aussi loin que les Français, qui ont fait de la vente comme de la fabrication du tabac, des allumettes et de la poudre à fusil, des monopoles de l'État, et qui ont des établissements d'État pour la fabrication de la belle porcelaine et des tapisseries; mais nous nous acheminons dans la même voie. Le fait le plus caractéristique est la construction de maisons par les soins des municipalités. Il y a cinquante ans passés, et plus récemment en 1884, je fis remarquer qu'une entreprise de ce genre porte en elle-même sa condamnation, et récemment lord Avebury[1] et lord Rosebery ont insisté sur la même vérité. Mais maintenant le public s'est emballé à ce sujet, et il n'est pas plus facile de l'arrêter par des arguments et des faits, qu'un cheval emporté en tirant sur les rênes. D'autres commerces font leur apparition. La « Liverpool Corporation » vend du lait stérilisé pour les enfants; et, en arguant qu'il convient de préserver les adultes aussi bien que les enfants de la fièvre typhoïde et de la tuberculose, cette vente de lait peut devenir générale. La Corporation de Tunbridge Wells s'occupe de la culture du houblon, — avec succès, affirme le secrétaire de la mairie; et elle a établi un système téléphonique. A Torquay, l'agriculture municipale a été jusqu'à tirer profit de l'élevage des lapins sur ses deux mille deux cents acres de terres, et à faire paître les troupeaux, au lieu de louer les prairies à des étrangers. Chaque pas rend plus aisé le second pas. Voilà trois ans ou un peu plus, une députation envoyée au Conseil du comté de Londres recommanda un système de boulangeries municipales; et il y a des symptômes que nous pourrons bientôt avoir des

---

1. Anciennement sir John Lubbock, l'auteur de ces livres si populaires, *Le bonheur de vivre* et *l'Emploi de la vie*.

(Le Trad.)

liqueurs alcooliques vendues par les agents publics; le système de Gothenbourg et le monopole de l'eau-de-vie en Russie fournissent des précédents. Quand le collectivisme sera devenu suffisamment fort, on pourra peut-être avoir des épiceries municipales, et ainsi de suite, jusqu'à ce que finalement les fabricants et les distributeurs se soient formés en d'innombrables départements, chacun avec son chef et ses rangs de subordonnés et d'ouvriers, — régiments et brigades. En France, outre l'armée combattante, l'armée des serviteurs civils, toujours croissante, s'est élevée à près de 900 000 personnes; et nous autres Anglais, quand toutes nos affaires auront été municipalisées, nous arriverons à un nombre plus grand.

En attendant, le même processus se déroule parmi les artisans et autres ouvriers constitués en trade-unions. Rendues un peu différentes l'une de l'autre à cause des adaptations à des besognes différentes, elles montrent néanmoins un caractère commun dans la division de leurs membres en divers ordres : chefs ouvriers, compagnons, apprentis. Comme jadis dans les guildes, des limites étroites sont imposées à l'apprentissage, et il y a des barrières qui empêchent l'ascension des travailleurs d'un ordre inférieur vers un ordre plus élevé. Il y a des règles rigides, et des espions chargés de découvrir les infractions qui y sont faites. Il y a des comités dirigeants devant lesquels sont appelés les membres transgresseurs, et qui imposent de lourdes pénalités

pour actes de désobéissance. Outre ces pénalités, il
y a celle d'expulsion, et la persécution qui en résulte,
lorsqu'on cherche un emploi. Les groupes locaux
dans chaque métier sont soumis à un corps central
qui les contrôle en partie; et il y a eu des tentatives
pour réunir tous les métiers. C'est ainsi que les principes généraux de la réglementation s'étalent partout. L'organisation entière est considérée comme
l'armée des travailleurs; et l'on a affirmé que, dans
les conflits avec les patrons, les usages de la guerre
sont justifiables.

Notons en dernier lieu que cette réglementation,
aujourd'hui visible dans les organisations privées
comme dans les organisations publiques, éclaire le
rapport étroit entre l'exercice de la coercition et la
soumission à celle-ci. Les hommes qui, poursuivant
ce qu'ils pensent être leurs intérêts économiques,
foulent aux pieds la liberté des autres hommes,
abdiquent en même temps leur propre liberté. Les
membres d'une association ouvrière qui assaillent
les non-unionistes parce que ceux-ci offrent leur
travail à un prix plus bas, leur déniant ainsi la
liberté de contrat, ont abandonné eux-mêmes leur
liberté de contrat à la majorité de leurs camarades
et à leur corps dirigeant. En renonçant à leur propre
droit de tirer le meilleur parti possible de leurs aptitudes, ils empêchent les tiers d'exercer un droit
similaire, et stigmatisent du terme de « blackleg »[1]

1. Littéralement : jambe noire. Dans son sens dérivé, coquin,
chevalier d'industrie, grec. Le *Slang Dictionary* publié chez

l'homme qui prétend s'employer comme il l'entend. Ils font plus. Leurs chefs ont applaudi le gouvernement boer parce qu'il « protégeait les grévistes, mais refusait la protection de la police aux « blacklegs ». Déjà ces hommes se sont rendus les demi-esclaves de leurs associations de métier, et avec le progrès continu de l'impérialisme, du retour à la barbarie et de la réglementation, leur demi-servitude finira en une servitude complète. C'est un état qu'ils mériteront pleinement.

Chatto et Windus, édition de 1874, dit : « Ce mot est probablement dérivé de la coutume qu'ont les hommes de sport et de turf de porter des bottes noires à revers. De là « blackleg » en vient à désigner un homme de sport de profession, puis un tricheur de sport de profession. Le mot, diminué dans un sens tout à fait péjoratif, est simplement : leg ».   (*Le Trad.*)

PRÉVISIONS MÉTÉOROLOGIQUES

« Ah! le temps est trop beau pour durer! », est une exclamation qui s'entend assez fréquemment par une belle matinée. Quelque mal fondées que soient beaucoup de croyances populaires au sujet du temps, quelques-unes sont bien fondées, et celle-ci est du nombre : mais peu de ceux qui l'expriment comprennent pourquoi.

Une matinée particulièrement belle est presque toujours la fin d'une belle nuit, c'est-à-dire d'une nuit pendant laquelle, en totalité ou en majeure partie, le ciel a été libre de nuages. Durant une telle nuit, la surface de la terre envoie sa chaleur dans l'espace sans obstacle. Il n'y a aucun voile de vapeur opaque flottant au-dessus, qui renvoie vers la terre une forte partie de la chaleur qu'elle reçoit d'elle. De là, durant la première partie du jour suivant, avant que le soleil soit haut, on atteint une basse température, tant des parties nues du sol que des parties couvertes de végétation, comme le montrent les larges couches de rosée. La surface refroidie est maintenant un bon condensateur, et si l'air est bien chargé d'eau, comme c'est le cas habituel quand le vent souffle de l'ouest, et spécialement du sud-ouest, la précipitation s'ensuit; les nuages commencent à se former, et bientôt vient la pluie. Si l'air n'est pas très chargé d'eau, comme lorsqu'il vient de l'est, du nord-est ou du nord, la probabilité de pluie est bien moindre; mais il peut s'ensuivre sans invraisemblance une journée nuageuse. En vue d'imprimer dans l'esprit le rapport entre ces faits, je l'ai parfois exprimé facétieusement ainsi : Quand dans la nuit la terre rejette sa couverture, elle prend froid et pleure le matin.

Ceci en manière d'introduction. Je vais passer maintenant à l'argument plus large sur lequel je voudrais m'étendre, — le rapport entre la nature du temps et la température de la surface de la terre, comme il se révèle d'une façon permanente dans certains cas, et d'une façon temporaire dans d'autres.

Nous avons des illustrations permanentes avant tout dans le désert du Sahara et semblables régions sans pluie, où la température de la surface est si élevée, qu'elle empêche la précipitation; la chaleur rayonnante dissipe tous les nuages qui arrivent. Un cercle vicieux s'établit. Les nuages ne peuvent exister sur le sable chaud, et, en l'absence de pluie et d'évaporation subséquente, le sable ne peut se refroidir. Dans les régions montagneuses, on observe un rapport opposé de phénomènes. Ayant au-dessus d'elles des couches d'air de moindre hauteur, les surfaces élevées sont plus froides que les surfaces des vallées, et, étant plus froides, amènent en bas l'eau plus facilement. Les orages et l'évaporation subséquente les refroidissent continuellement, et elles tendent par là à condenser plus de pluie, ou, comme dans les régions alpestres, de neige. Ici nous avons un cercle vicieux du genre opposé : de la froideur de la surface viennent de fréquentes précipitations, et celles-ci maintiennent la froideur de la surface.

Ce qui est vrai d'une façon permanente dans ces cas extrêmes, doit être vrai d'une façon temporaire dans des cas moins extrêmes, — cas où la surface, rendue d'une manière ou de l'autre plus froide ou plus chaude qu'à l'ordinaire, produit une plus grande ou une moindre tendance à la pluie qu'à l'ordinaire : une cause de pluie qui conspire contre les autres causes ou entre en conflit avec elles. Pendant les vingt dernières années j'ai noté, le cas échéant, cette connexion de faits, et je l'ai discuté, à diverses reprises, avec un ami qui s'occupe ou s'occupait des prévisions du Bureau météorologique. En suite de nos discussions je lui écrivis de Dorking, le 20 juillet 1888, une lettre dont voici un extrait :

« Certainement il y a deux ans, trois peut-être, j'ai attiré votre attention sur la température de la terre quand elle s'étend à une certaine profondeur au-dessous de la surface, comme un facteur en météo-rologie ; arguant que, quand cette couche superfi-cielle est plus froide qu'à l'ordinaire, elle est un con-densateur plus efficace et conduit au temps pluvieux.

« Vous n'attribuâtes aucune valeur à l'hypothèse ; mais à présent j'attire votre attention, à l'appui de mon opinion, sur le dernier temps que nous avons eu. Le long printemps froid, continuant en été, a tellement refroidi la surface de la campagne, que maintenant, quelle que soit la direction du vent, les nuages se condensent chaque jour et la pluie tombe ; il s'est établi, comme toujours en pareil cas, un cercle vicieux. La surface froide produit un nuage, le nuage empêche l'échauffement de la surface ; et quand un certain degré a été atteint, il n'y a pas de remède, sauf dans quelque cycle plus vaste de changements qui s'effectuent ailleurs ».

Puis le 8 mars de l'année suivante, en 1889, j'écrivis de nouveau : ·

« Quand, mercredi matin, le vent changea, sui-vant la prévision, vers le sud et le sud-ouest, je fis cette observation : Maintenant, nous allons avoir très probablement une grande quantité de pluie, puisque les vents du sud et du sud-ouest devront passer au-dessus d'une surface qui a été refroidie par quinze jours de gelée et de neige.

« Quelques heures plus tard arriva le journal du mercredi soir, qui contenait la prédiction suivante pour le lendemain jusqu'à midi : ... (L'extrait a été envoyé, et manque.)

« Ainsi, de nouveau, le matin suivant, la prévision était :... (Cet extrait fut aussi envoyé.)

« Ainsi il appert qu'on ne prévoyait pas de pluie jusqu'à midi pour jeudi, et qu'après ce jour-là la quantité de pluie prévue ne fut pas grande.

« Or, les faits ont été très fortement en désaccord avec ces prévisions. La pluie commença douze heures avant le moment où elle était prévue, c'est-à-dire au milieu de la nuit de mercredi, et ici il a plu sans interruption pendant plus de trente heures.

« C'est donc là, je crois, un cas où les prévisions sont erronées, en tant qu'elles ne tiennent aucun compte de la température de la surface sur laquelle le vent passe. L'été dernier — comme je vous l'ai fait observer — mit en évidence l'effet général et continu d'une surface refroidie à une profondeur considérable par le froid et la pluie prolongés du printemps ; et ce cas met en évidence l'effet spécial et probablement temporaire d'une surface fortement refroidie, mais sans doute à une mince profondeur.

« Dans votre réponse, l'automne dernier, vous laissiez entendre que, d'après moi, la température de la surface était le principal facteur. Je n'ai jamais dit ni jamais rêvé pareille chose. Je n'ai jamais supposé qu'on pût la considérer comme un principal facteur, mais j'ai simplement avancé qu'elle était un facteur dont on aurait dû tenir compte, et que dans certaines conditions il sert justement à faire trébucher la balance ».

Avant ces dates et depuis, j'ai noté, au sujet de la formation des nuages, différents faits qui servent en diverses façons à vérifier l'opinion exprimée plus haut. Durant une des nombreuses visites automnales faites avec mes amis à Ardtornish (une nouvelle maison à l'extrémité de Loch Aline, à laquelle ils donnèrent un nom emprunté au château voisin d'Ardtornish, sur le détroit de Mull), j'observai un jour de ce point de vue, en regardant le long des deux milles et demi qui s'étendent de Loch Aline au détroit, que sur la ligne de ce dernier les nuages étaient peu épais. Au-dessus des monts de Mull d'un côté et des highlands de Morven de l'autre, les nuages étaient obscurs, c'est-à-dire épais ; tandis qu'au-dessus de l'eau du détroit qui les sépare, le voile nuageux était relativement léger. La raison en était, je présume, que l'eau du détroit répandait plus de chaleur que les surfaces des hauteurs de chaque côté.

Un genre différent de preuve se présenta en une autre occasion. Nous naviguions en yacht sur le détroit de Sleat, quand nous aperçûmes l'île de Rum avec ses trois pics de montagnes. La journée était claire, mais sur chacun de ces pics, à deux ou trois cents pieds au dessus de l'île, il y avait un nuage solitaire. Le spectacle était à la fois curieux et instructif. La contiguïté et la surface froide de chaque pic, qui répandait peu de chaleur dans l'espace, établissaient les conditions aptes à produire la condensation de la vapeur dans l'air plus chaud qui s'accumulait au-dessus de l'endroit. Ces trois cas dans lesquels un nuage était détaché, mais demeurait en apparence stationnaire en haut, offraient un phénomène plus remarquable que les cas communs dans lesquels un nuage continue à envelopper la cime d'une montagne, nonobstant une brise paraissant assez forte pour le dissiper. Évidemment l'explication en tels cas est que le nuage n'est pas réellement stationnaire, mais que, tandis que du côté opposé au vent les portions continuellement chassées sont aussitôt dissoutes, du côté exposé vers le vent d'autres portions sont formées par le vent qui continuellement arrive.

Ici, au sud de l'Angleterre, des faits d'autre nature m'ont de temps en temps frappé. Je puis mentionner d'abord deux exemples d'effets contraires à celui décrit dans la lettre ci-dessus citée de 1888, quand un printemps froid et humide fut suivi d'un été froid et humide. Un de ces exemples date, je crois, de 1893, quand un printemps chaud et très sec fut suivi d'un été de sécheresse; et l'autre exemple est de cette année (1901), quand se produisit, quoique à un degré moins marqué, une succession semblable. Chacun de ces cas tend à montrer l'état qui résulte, quand la couche superficielle de la terre devient plus chaude qu'à l'ordinaire. Passant l'été dernier (1900) à Bepton, à l'extrémité occidentale des Downs du Sud, j'observai plusieurs exemples de l'influence que les terres élevées en arrière ont sur la formation des nuages. En une occasion, à une certaine hauteur au-dessus des cimes des Downs, s'étendait, aussi loin que l'œil pouvait atteindre, une voûte de nuages du type nimbus. Cette voûte s'allongeait à quelque distance vers le nord, tandis qu'au delà du nord il y avait un ciel d'été. Cette année (1901), à Petworth, j'ai observé un phénomène opposé. Le temps était très chaud, mais au-dessus des surfaces relativement froides de Blackdown et de Hind Head s'étaient formés quelques nuages floconneux. Dérivant vers le sud, ils arrivèrent bientôt au-dessus de la vallée du Rother, puis se dissipèrent graduellement sous l'action de la chaleur rayonnante.

Mais la raison la plus frappante de ma croyance, c'est le fait que j'ai observé dans le rayon entre Brighton et Portslade. De la plage, une bande de terrain unie s'étend à l'intérieur de la terre. Chaque fois le temps était beau du côté de la mer : un ciel d'été avec quelques nuages flottants, portés par une aimable brise du sud-ouest. L'air restait clair sur une certaine distance à l'intérieur de la terre à partir de la plage ; mais à un demi-mille plus loin, ou à peu près, commença à se condenser, à cent pieds au plus au-dessus de la surface, un voile mince de nuages. Celui-ci, continuellement chassé, s'épaississait en avançant, tandis qu'un autre voile mince se formait à sa place ; jusqu'à ce que, en regardant vers la terre, on voyait qu'à un ou deux milles au nord une voûte de nuages couvrait la campagne. Deux faits étaient ici évidents. Le premier, que l'air était mis en état de condenser l'eau contenue en passant au-dessus d'une surface plus froide que celle par-dessus laquelle il avait précédemment passé. Le second, que dans des conditions comme celles démontrées, une très légère différence de température dans la surface était en état de produire bien vite un grand effet, en interceptant la source de la chaleur. Il est clair que, si la bande de terrain intérieure décrite avait été un peu plus chaude et n'avait pas causé la condensation qui forma une voûte nuageuse, la campagne au nord, demeurant exposée au soleil, n'aurait eu aucune tendance à former des nuages et à précipiter la pluie; tandis que la voûte nuageuse, en interceptant les rayons du soleil et en maintenant la surface relativement froide, rendait plus probable la continuation du temps nuageux et pluvieux. Quand les forces se balancent presque, l'addition d'une petite quantité à l'une ou à l'autre peut causer un changement important et continu.

Il me semble que nous avons ici « une véritable cause » des variations du temps. L'unique question est jusqu'à quel point elle modifie les effets des causes majeures. Il est incontestable que les régions sèches et les régions humides d'une façon permanente présentent le rapport affirmé, et l'on ne peut guère nier qu'entre ces cas extrêmes il doit y avoir des gradations innombrables de cas dans lesquels des effets moindres sont produits. Si l'on peut tenir compte de ce facteur comme susceptible d'influencer sur les prévisions du temps, cela est douteux. Il m'est venu dans l'esprit, cependant, que si l'on établissait à travers le royaume le nombre nécessaire de stations, à la fois bien closes et bien exposées, contenant chacune des thermomètres dont les bulbes seraient insérés dans le sol à différentes profondeurs, — trois, six, neuf et douze pouces, ou davantage, — il serait possible, en comparant les observations météorologiques s'étendant à plusieurs années et à plusieurs mois, de juger s'il y aurait une tendance accrue ou diminuée au temps pluvieux, ou au beau temps; tendance surtout produite par d'autres causes. Mais j'émets simplement ceci à titre de suggestion.

LA MULTIPLICATION RÉGRESSIVE
DES CAUSES

Un arbre généalogique est un objet familier, — familier parce que le désir de suivre à la piste la descendance de quelque personnage notoire induit souvent à le dessiner. Mais personne ne dessine un arbre généalogique opposé, — un arbre qui représente tous les ancêtres de chaque génération précédente, se multipliant à mesure qu'on recule : les quatre grands-parents, les huit bisaïeuls, les seize trisaïeuls, les trente-deux quadrisaïeuls, etc.; presque tous gens banals ou obscurs, dont la parenté ne confère aucune distinction. Ignorant d'habitude le fait, quoi qu'il fasse, chacun de nous est conscient que de ces hommes et de ces femmes qui forment son arbre généalogique opposé, lequel se ramifie continuellement à mesure qu'il remonte vers le temps, chacun a fourni une part de la constitution actuellement possédée par lui, chacun a été une cause de nombreux caractères, la plupart cachés, quelques-uns discrets, et un petit nombre évidents, comme le prouve à l'occasion l'atavisme. Bien qu'on ne puisse attribuer une égalité d'influence à tous les membres composant chaque génération antérieure, cependant l'action de *quelque* influence est incontestable. La nature d'aucun être humain ne serait la même, si la part prise par un ancêtre dans sa formation était remplacée par une autre; et à mesure que le nombre des ancêtres de chaque génération antérieure devient plus grand, arrêté seulement par la coalescence croissante des lignes de descendance, nous voyons qu'en chaque personne on a un exemple de la multiplication régressive des causes.

En regardant de plus près la question, nous pouvons observer que chacune de ces causes était elle-même une cause complexe, non seulement en ce sens que chaque ancêtre était un agrégat compliqué de structures et de fonctions, mais en ce sens que chacun devenait une cause seulement avec l'aide de nombreuses causes coopérantes, — incidents, conditions, antécédents, devons-nous les appeler; puisqu'elles n'étaient pas par elles-mêmes des forces opérantes, mais par leur présence ou leur absence permettaient à d'autres forces d'opérer. Si un certain aïeul et une certaine aïeule avaient eu une foi différente; si l'un d'eux ou les deux n'avaient eu aucune fortune; si la dame ne s'était pas guérie de la petite vérole sans en porter des

marques; si une maladie avait empêché l'un d'eux
d'assister à une certaine réunion de société, ou si
l'autre avait été appelé ailleurs par ses affaires; ou
si quelque homme plus attrayant n'avait pas été
absent, etc., il n'y aurait pas eu de cour amou-
reuse, le mariage n'aurait pas eu lieu, et nul
enfant n'aurait tracé la descendance. En outre,
il saute aux yeux que chacun de ces antécédents coopérateurs dépendait lui-même de divers
autres antécédents; de sorte que, tenant compte
des innombrables causes impliquées par les innombrables mariages, il y avait en réalité un nombre
infini d'antécédents, dont chacun a exercé une
influence sur le résultat, comme on le voit dans le
descendant actuellement existant.

J'ai pris d'abord cette multiplication régressive
des causes qui se révèle dans le monde organique,
comme étant aisée à suivre. Je passe maintenant
aux cas innombrables, moins aisés à suivre, offerts
par le monde inorganique; puisque, quoique nous
ignorions communément le fait, en dépit de nos
efforts, chaque cause inorganique a une généalogie
de causes inorganiques, qui semblablement vont
se multipliant à mesure qu'elle remonte vers le
temps. Cette rive sablonneuse, bornée au delà par
un banc de rocher, offre de bonnes illustrations.
Un filet d'eau, qui s'écoule du banc de galets,
court sur le sable en serpentant, ici peu profond et
étendu, et là creusant au-dessous un côté de son
canal plus étroit. Un caillou qui se trouve au-

dessus du côté affouilli est tombé dedans. Regardez un peu plus haut, et vous voyez que ce filet d'eau a été dévié vers le côté affouilli par un bloc erratique dont la forme irrégulière a déterminé le cours de l'eau. Si vous recherchez leurs antécédents, vous voyez que les irrégularités du bloc, dues en premier lieu à sa composition hétérogène, impliquent une infinité de processus qui continuèrent aux époques géologiques, et rappellent ainsi les actions des brisants qui n'ont cessé depuis d'arrondir ses parties saillantes. Poursuivant une ligne ultérieure de causalité, on vous démontre que ce bloc a roulé en bas jusqu'à sa place présente du bord le plus haut du banc de galets, où un brisant l'avait déposé lors de la dernière marée; et vous êtes mis en présence des causes sans nombre qui amenèrent ce bloc à la place précédente requise, et aux forces qui formèrent le brisant qui le logea dans sa position : dans les deux cas il y a eu la coopération d'énergies innombrables. Une autre régression encore vous conduit à cette vibration produite sur la route voisine par le passage d'une voiture qui a ébranlé le bloc de sa place; puis vous avez le groupe complexe d'antécédents impliqués par le passage de la voiture : et en continuant ainsi à l'infini. Il en est de même de chacune des causes simples en apparence que nous voyons à l'œuvre. Toujours c'est une cause composite; et chacune des causes qui la composent est une cause composite. Se précipitant au delà de la saillie d'un rocher, une petite cascade déploie une force qui semble une et homogène, — une cause de changement que nous considérons comme simple. Mais si nous remontons aux origines du ruisseau, nous trouvons qu'en lui sont unis de nombreux petits ruisseaux dont chacun est formé de nombreux petits ruisselets qui séparément épuisent l'eau de l'herbage environnant, et convoient aussi les produits des sources. Un pas plus en arrière nous achemine aux orages et aux ondées survenant par intervalles, et qui présentent d'innombrables gouttes de pluie qui tombent en gravitant. Celles-ci, en outre, descendent des nuages qui ont dérivé et tourbillonné de la rive de l'Atlantique; et à un mille ou plusieurs milles au loin, les molécules qui forment ces nuages ont été évaporées de surfaces océaniques trop vastes et trop variées pour qu'on puisse les concevoir. De sorte que les forces exercées par la masse des molécules dans la cascade ont eu des antécédents qui se ramifient et ne cessent de se ramifier en un degré inimaginable, quand on remonte à leur origine.

Lorsque nous étudions le processus cosmique, nous sommes enclins à regarder en avant. Nous suivons de près les changements qui s'effectuent, et songeons à ceux qui bientôt s'effectueront. Lorsque nous considérons une force que tacitement nous supposons simple, nous observons comment, en rencontrant un agrégat quelconque, ses effets se multiplient perpétuellement, comment se poursuivent des différenciations correspondantes de structure, tandis que la force originelle et les forces dérivées d'elle sont elles-mêmes différenciées; et nous observons comment, dans certaines conditions, se poursuivent des intégrations de structure et des intégrations correspondantes de forces. Mais, pour bien concevoir le processus cosmique, nous devons accorder une attention égale au fait qu'il y a eu dans tout le passé de perpétuelles différenciations de matières et de forces, et que dans certaines conditions il y a eu de perpétuelles intégrations de matières et de forces : d'où s'ensuit ce résultat que les facteurs du processus cosmique immédiatement à notre portée ont dans le passé une histoire approximativement aussi complexe que sera leur histoire dans l'avenir. Nous commençons constamment nos analyses et nos synthèses par : Ici et Maintenant; or, dans la totalité des choses, il n'y a ni Ici ni Maintenant, mais seulement un aspect momentané d'une transformation qui, quoique devenant toujours plus enchevêtrée dans le cours d'un temps incommensurable, est approximativement aussi enchevêtrée dans le passé immédiat qu'elle le sera dans l'avenir immédiat. (J'ai dit : dans la totalité des choses, parce que, dans les choses prises séparément, il en arrive autrement.) En conséquence, nous devons considérer chaque cause que nous voyons à l'œuvre comme résultant d'une intégration de causes, ou plutôt de forces, conditions, antécédents, qui deviennent plus complexes à chaque pas de régression, et nous ramènent en arrière à une complexité infinie.

Maints lecteurs seront d'avis que les paragraphes qui précèdent, dûment élaborés, auraient dû former un chapitre des *Premiers Principes*. J'ai publié il y a plus d'un an la sixième édition de ce livre, mis au courant des derniers résultats; car je pensais alors, comme je le pense aujourd'hui, qu'elle serait l'édition définitive; il n'est pas probable en effet qu'elle s'écoule tout entière avant ma mort. Ainsi, il n'y a aucune probabilité que ce que j'ai récemment découvert puisse devenir partie intégrante de la doctrine générale contenue dans ce livre; et il ne me reste en conséquence d'autre ressource que d'en insérer un bref exposé dans ce volume de mélanges.

ASSAINISSEMENT EN THÉORIE
ET EN PRATIQUE

Un incident à peu près oublié, resté inutilisé
environ cinquante ans, servira d'introduction à quelques commentaires sur les faits et gestes de nos
gardiens de la santé publique. Il se produisit à un
petit dîner donné par un ami, depuis longtemps
décédé sans laisser de descendants, M. F. O. Ward,
qui avait pris une part active au mouvement sanitaire à l'ordre du jour en ce temps-là, et écrit à
l'occasion, dans le *Times*, je crois, des articles de
fond sur l'approvisionnement d'eau nécessaire et sur
d'autres matières analogues. C'était un enthousiaste
qui trouva bientôt moyen de mettre sur le tapis son
sujet favori. La forme que prit sa conversation fut
un éloge sans bornes de son ami Edwin Chadwick,
le chef du mouvement; et le trait caractéristique
particulier relevé à sa louange, fut sa persévérance
à mener à bonne fin de vastes enquêtes. Il cita entre

autres ce fait. Si Chadwick avait besoin d'un renseignement, il chargeait un individu de le lui fournir; et si l'individu ne le lui apportait pas, il lui retirait son emploi et envoyait à sa place un autre, qu'il traitait de même si celui-ci ne lui donnait pas satisfaction; et ainsi de suite, jusqu'à ce qu'il fût en possession de la preuve qu'il lui fallait. Tout ceci était dit avec une méconnaissance apparente des inductions fâcheuses qu'on en pouvait tirer pour les Livres Bleus, — révélant ainsi comment on arrive à donner force à une question, en omettant des faits qui ne viennent pas appuyer la conclusion déjà établie. Deux fois depuis cette époque j'ai eu l'occasion d'examiner ces masses de faits recueillis officiellement, et les deux fois j'ai constaté combien les préventions de ceux qui s'en sont occupés ont vicié les conclusions tirées.

Bien peu de ceux qui vivent aujourd'hui se rappellent combien, un peu après 1830, était répandue l'idée, née naturellement et acceptée avec empressement, que les fièvres de toute espèce sont produites par des odeurs nocives, — puanteurs et infections. Quelle proposition semblait plus raisonnable que celle-ci, à savoir que les exhalaisons répulsives sortant de la matière en décomposition portaient en elles les germes des maladies, ou autrement que les exhalaisons elles-mêmes étaient la cause des maladies? Les bouges et leurs entourages, où naissaient les épidémies, étaient communément caractérisés par de mauvaises odeurs provenant de la saleté, des amas d'ordures des canaux obstrués. L'explication n'était-elle pas évidente? Selon la manière ordinaire de raisonner, qui procède par la méthode de l'accord non vérifiée par la méthode de la différence, on conclut que ces deux choses allant habituellement ensemble, l'une était la cause de l'autre. On ne se demandait pas si les endroits où la maladie régnait n'étaient pas aussi des endroits habités par des gens menant une vie malsaine, — ivrognes, prostituées, mendiants, hommes et femmes mourant à moitié de faim, qui se trouvaient, par suite de leur manière de vivre, de leur mauvaise nourriture et de leur accroissement excessif, sur le grand chemin de la mort. On ne se demandait pas si ces maladies n'étaient pas dues à ces causes plutôt qu'aux exhalaisons. On admettait volontiers que le verdict des narines était confirmé par les statistiques.

Et cependant les preuves contraires étaient écrasantes. Dans chaque village de tout le royaume, chacune de la demi-douzaine de fermes avec sa cour pleine d'engrais, avec ses étables et ses écuries, qui toutes exhalent les gaz dérivant de la matière en décomposition, contredisait la croyance que les odeurs ordinaires déplaisantes sont nuisibles. Les endroits qui, selon les doctrines sanitaires courantes, devraient être des centres de maladie, se montrent en réalité tout à fait salubres, — si salubres, en vérité, que les malades s'établissent fréquemment dans les maisons des fermes où ils respirent ces produits d'excrétions en décomposition. Et nous n'avons pas besoin d'aller chercher à la campagne nos réfutations. Elles nous sont fournies par toutes les écuries des grandes villes, — écuries dans lesquelles grooms, palefreniers et autres passent une grande partie de leur vie, et dans lesquelles, dans beaucoup de cas, vivent des familles. Bien plus, Londres même présente une contradiction encore plus flagrante. Durant les mois les plus chauds de l'année, le fumier de cheval répandu dans les rues est perpétuellement trituré par les roues des attelages, mouillé de temps en temps par les voitures d'arrosage, et surchauffé par le soleil de juillet ou d'août; l'odeur répugnante émise par le temps chaud offre une preuve manifeste de la décomposition qui a lieu dans chaque endroit de passage. Quel est le résultat? Nul, à en juger par les tables de mortalité. La proportion des décès par mille n'est pas plus élevée à cette époque-là qu'aux autres époques; elle est même parfois moindre qu'en cet endroit salubre, Brighton. Enfin l'observation personnelle m'a suggéré une réfutation encore plus nette du mal fondé de la notion établie dans le passé sur des témoignages tronqués. Des visites fréquentes faites en automne à certains amis charmants qui, en cette saison, émigrent de Londres vers leur propriété sur la côte occidentale de l'Écosse, m'obligèrent à plusieurs reprises à descendre en bateau à vapeur la Clyde, parfois en juillet, parfois en août; et en plus d'une occasion je fus forcé, durant une partie de la traversée entre Glascow et Greenock, de tenir mon mouchoir devant mon nez, afin de diminuer le plus possible ma perception de l'abominable odeur émanée du drainage de Glascow, qui va se déverser dans la rivière. Or, tout le long du rivage il y a des chantiers de construction navale où des milliers d'hommes manient la scie et le marteau du matin au soir ; et si cette puanteur était l'agent fébrigène que nous sommes conduits à supposer, ces hommes auraient dû être emportés en masse. Cependant on n'a cité aucun cas de mortalité exceptionnelle parmi eux.

Mais à présent, acceptant pour un moment les doctrines qui nous ont été soigneusement inculquées, voyons quelles mesures on a prises en faveur de leur application. On a trouvé que le sol ordinaire est un bon désinfectant, et que les matières expulsées, mélangées avec lui, tout en perdant leurs odeurs désagréables, accroissent sa fertilité. Quelle était la conséquence? Évidemment que si les canaux étaient convenablement distribués sur des espaces de terrain, ils perdraient cette qualité morbifère associée à leur caractère nocif, en même temps que les récoltes s'accroîtraient. Les fermes à assé-chements sont nées de cette déduction. On oublia que le pouvoir désinfectant du sol dépend de son aptitude à absorber les matières mélangées avec lui ou déversées sur lui, et que, dès qu'il est saturé, il perd son pouvoir désinfectant. Cette conclusion, qu'on aurait pu croire même à la portée des igno-rants, ne fut pas tirée par les gens dont c'était l'affaire: Le résultat fut que les terrains irrigués devinrent de vastes sources de ces gaz qu'on nous a enseigné à redouter. Outre les cas fournis par mes lectures, il en est un qui m'est connu par expérience personnelle. Certains de mes amis, vivant à environ quatre milles d'une ferme à asséchements, étaient tellement incommodés par les odeurs répulsives qui, fréquemment, s'en exhalaient, qu'ils songeaient à abandonner leur maison. Naturellement, le désagrément éprouvé par eux était ressenti plus fortement encore par une quantité de gens plus rapprochés, selon que le vent charriait vers eux le gaz impur, ou le portait ailleurs. Et cette vaste diffusion d'effluves nuisibles, que dans d'autres cas on disait une cause de maladies, continua jusqu'à ce que la ville de Burton eut à dépenser une forte somme pour désinfecter en partie les canaux, avant de les distribuer.

Et maintenant observez quelles mesures ont été simultanément prises dans les villes, pour supprimer les maux imputés aux gaz impurs. On a insisté sur la ventilation des canaux comme sur un prophylactique nécessaire, et aujourd'hui l'on voit des tuyaux en fer galvanisé qui défigurent les côtés des maisons, arrangés en vue d'emporter ces produits de décomposition qui, par les fermes à asséchements, sont répandus au dehors, afin que les gens puissent respirer. Ce qui, en petite quantité, est nocif dans un endroit, n'est pas, en grande quantité, nocif dans l'autre! Mais ce n'est pas tout. Là où l'on opère des changements dans la canalisation des maisons, et où, par conséquent, certains vieux canaux sont abandonnés comme inutiles, on demande habituellement qu'ils soient détruits. Quoique dans très peu de temps il ne restera plus rien en eux à se décomposer, et que, dans l'intervalle, les gaz qui peuvent s'échapper doivent traverser six, huit pieds et plus de ce sol prétendu si efficace comme désinfectant, ils doivent disparaître aussi! En vérité, l'antique image de couler un moucheron et d'engloutir un chameau [1], est absolument impropre à exprimer la folie de pareils procédés.

Comment des croyances si évidemment fausses se sont-elles établies et sont-elles maintenues par les autorités centrales et locales et par leurs employés? Il s'est développé une bureaucratie qui a intérêt à maintenir ces illusions, et dont les membres, individuellement, ont intérêt à réclamer ces dépenses inutiles. Tout corps organisé tend à grandir, ainsi qu'à magnifier sa propre importance. Pendant le dernier demi-siècle, la classe militaire a poussé les hauts cris au sujet de notre faiblesse défensive, en dépit des augmentations successives faites à l'armée. Amiraux et capitaines de vaisseau n'ont cessé de réclamer d'urgence l'augmentation de notre marine; et quand cela eut été fait, on a demandé d'autres

1. Évangile selon Saint Matthieu, chap. xxiii, § 24. — L'allusion est de filtrer du vin, dans la crainte d'avaler par mégarde des insectes. Elle s'applique aux gens qui sont consciencieux dans les choses insignifiantes, et dépourvus de conscience dans les choses importantes.   (Le Trad.)

augmentations encore. De même avec l'Église de l'État. Sous le prétexte de « misère spirituelle », l'érection d'autres églises a été vivement réclamée par le clergé sans bénéfices, puis on a demandé les rentes pour les titulaires. Et, sous des influences analogues, les comités d'hygiène, qui ont grandi depuis l'époque de Chadwick, ne cessent d'exagérer les maux auxquels il faut porter remède, et exaltent en même temps tacitement leurs propres membres. Un inspecteur à la solde d'un corps public doit se montrer un homme vigilant, et il le fait en trouvant à redire chaque fois qu'il en a l'occasion ; en réalité, c'est son seul moyen de se faire valoir. De même, si un nouveau tenancier engage un surveillant, il en choisit un recommandé pour son expérience et son zèle, et celui qui possède cette qualité l'a obtenue en exagérant les défauts et en insistant sur les changements inutiles. Un homme qui répète fréquemment qu'il n'est besoin de rien faire produit une impression aussi sceptique que le médecin qui ne prescrit aucun remède.

Une autre cause agit encore. De nouvelles créations sanitaires sont continuellement projetées, sanctionnées par l'autorité, et demandées par des inspecteurs ; et les inspecteurs peuvent avoir, et ont certainement parfois, un intérêt personnel à pousser à ces créations : soit comme actionnaires des sociétés qui y procèdent, soit en recevant des droits de commission sur le chiffre des affaires faites à leur recommandation. De nos jours, où tant de gains illégitimes sont découverts, c'est folie de supposer qu'ici, où il y a une méthode assurée d'obtenir de secrets profits, on n'en fera pas usage.

« Mais qu'importe? » s'exclamera au hasard quelque lecteur. « Cela impose simplement un surcroît de dépenses à des propriétaires fonciers ou à des classes de tenanciers qui peuvent très bien les supporter ». C'est là un échantillon de ces modes vicieux de penser communs dans les affaires sociales. Dès 1850 je signalai les maux produits par l'élévation artificielle du prix des maisons, et depuis lors (voir *The Man versus the State*, pp. 51-55) (*L'Homme contre l'État*) j'ai prouvé nettement que la multiplication des exigences sanitaires arrête la construction des petites maisons.

Et ensuite vient un autre mal. Comme conséquence de cette insuffisance d'habitations créée par la loi, on a proféré des plaintes à voix toujours plus haute sur les « pauvres sans abri », avec de fréquents articles de journaux sur « le problème de l'habitation », articles admettant tacitement que c'est le rôle de l'État de donner au peuple des logis convenables. Pour des raisons tout aussi bonnes, on agitera peut-être bientôt « le problème de la nourriture », puis « le problème du vêtement »; sur quoi le socialisme sera complet.

Naturellement, les paragraphes précédents ne doivent pas être regardés comme la condamnation de toute administration sanitaire. Le contrôle public des individus est nécessaire dans la sphère de l'hygiène comme dans d'autres sphères; car les actes nuisibles sont une agression contre les voisins ou contre le public en général. Dans une ville, le soin des routes et des pavés incombe évidemment à une autorité publique, comme aussi celui des égouts (quoique Cheltenham, avant son incorporation, fût drainé par une société). Sans doute, il est difficile de tirer la ligne exacte. Mais les absurdités et les abus, aussi bien que les entraves indirectes mises à la construction des maisons, que j'ai signalés, fournissent des raisons pour tenir en échec la bureaucratie sanitaire, et critiquer complètement ses agissements.

GYMNASTIQUE

Il y a un an ou deux, je lus dans le *Harper's Magazine* (je n'ai malheureusement pas noté la date) le jugement d'un homme du métier qui confirmait cette mauvaise opinion sur la gymnastique qui m'est particulière depuis longtemps. C'était un essai intitulé : « Gymnastique non hygiénique », par M. Richard Buckham, qui citait l'appréciation suivante d' « un professeur de développement physique bien connu » de New-York :

« Je n'éprouve aucune hésitation à dire que nos systèmes d'entraînement athlétique, du moins la plupart de ceux actuellement en vogue, ne sont pas seulement vicieux en principe, mais tendent à détruire l'organisme, à abréger la vie, et font généralement plus de mal que de bien. J'ai étudié ce sujet pendant de longues années, et commencé il y a longtemps à rechercher pourquoi les athlètes meurent habituellement jeunes, ou sont loin d'être aussi vigoureux à quarante-cinq ou cinquante ans que l'homme qui a rigoureusement négligé toute espèce d'entraînement, et peut-être même d'exercice. Le fait est tel, il n'y a pas à en douter. Les athlètes meurent jeunes. Je ne veux pas dire par tout ceci que je ne regarde pas le sport athlétique de diverses espèces comme sain et avantageux. Au contraire, je le juge tel, tant qu'il est agréable, qu'il constitue un amusement, et non une fatigue. Mais quand votre jeune athlète commence à s'entraîner en vue d'un match de course à l'aviron ou de football, ou de quelque chose d'analogue, il tombe dans l'excès, et celui-là est juste aussi mauvais que tout genre d'excès, — qu'il s'agisse d'affaires, de labeur mental, de n'importe quoi. Et il court risque d'épuiser son organisme, de gagner une affection de cœur ou quelque autre maladie, et d'être entamé physiquement pour le restant de sa vie. Ce dont l'homme d'aujourd'hui a le plus besoin, ce n'est pas d'exercices athlétiques dans un gymnase, mais d'air frais en abondance dans ses poumons. Au lieu d'une quantité d'exercices violents qui le laissent affaibli plusieurs heures après, il a besoin d'apprendre à respirer régulièrement, à se tenir droit, et à s'asseoir droit ».

La foi dans les vertus de la gymnastique, largement répandue et même presque universelle, renferme plusieurs graves erreurs. La première à examiner ici est l'identification de la vigueur musculaire avec la vigueur constitutionnelle. On suppose qu'un individu qui peut soulever de lourds fardeaux, sauter à de grandes hauteurs ou courir à de longues dis-

tances, est par là même en état de résister aux difficultés de la vie, — à faire un pénible travail, à supporter des conditions défavorables d'existence, et
ainsi de suite. La déduction est erronée. Darwin
nous montre les Fuégiens, — des nains, — si
dégradés d'apparence physique, qu'ils ressemblent
à peine à des êtres humains; et cependant il nous dit
qu'ils peuvent laisser impunément la neige tomber
et fondre sur leur peau nue. Une perturbation de
l'équilibre constitutionnel, qui serait fatale à un
Européen, ne leur était pas nuisible. De même pour
les animaux. Il est reconnu par les éleveurs que les
petites races françaises non améliorées sont plus
vigoureuses que les grandes races anglaises améliorées. La muscularité et le déploiement d'une grande
force mécanique ne sont pas la mesure de la vigueur
dans le sens du mot qui s'applique avant tout aux
hommes. La puissance des membres qui résulte de
l'activité journalière de l'enfance, — la capacité, par
exemple, même dans la première jeunesse, de faire
plus de quarante milles en un jour (je parle par
expérience personnelle), — est tout à fait suffisante
comme préparation aux éventualités de la vie ordinaire, et de la vie qui s'éloigne sensiblement de l'ordinaire.

Non seulement il y a erreur à supposer que
l'augmentation de puissance musculaire et l'augmentation de vigueur générale marchent nécessairement de pair, mais il y a erreur à supposer que le
rapport opposé ne puisse exister. On tient pour

acquis que la vigueur générale, si elle n'augmente pas, en tout cas ne diminue pas. Mais ceci n'est pas vrai. Il y a des raisons physiologiques évidentes qui expliquent les résultats nuisibles certifiés par l'expert cité plus haut. L'opinion courante ne tient pas compte de la dépense de forces. On suppose que certaines séries de muscles peuvent se développer grandement, sans mettre à contribution l'organisme en général et lui nuire. Mais quand on se rappelle que les organes alimentaires n'ont qu'une capacité limitée, et que le sang qu'ils fournissent doit servir à tous les besoins, on comprendra que vous ne pouvez développer grandement certaines grandes parties externes, sans entamer sensiblement les réserves nécessaires pour la réparation et le développement d'autres parties externes, et aussi de ces parties internes qui entretiennent la vie; et que, par conséquent, les forces anormales acquises par les gymnastes doivent être acquises aux dépens de la détérioration de leur constitution.

Il faut y ajouter l'autre grande méprise consistant à dire que peu importe si l'exercice est agréable ou non. La conception courante est que, étant donnée une certaine quantité d'activité musculaire, l'effet bienfaisant est le même si, au lieu d'être accompagnée de satisfaction, elle est accompagnée d'indifférence, ou même de cette douleur partielle qu'un grand effort implique. Ici encore nous sommes en présence d'une bévue physiologique. Chaque médecin a la preuve quotidienne qu'un agréable état du sentiment influe beaucoup sur la guérison d'une maladie; et peut-être n'y a-t-il pas une seule famille dont les membres n'aient vu de temps en temps une illustration de cette vérité. Cependant il semble qu'on se refuse à conclure que si le plaisir est bienfaisant pour une personne malade, il l'est aussi pour une personne en bonne santé. Chez celle-ci l'effet n'est pas évident, mais il existe. De même qu'il est certain qu'une promenade à la campagne, à travers un beau paysage, est plus fortifiante qu'un égal nombre de pas en tous sens dans une salle, ainsi il est certain que l'activité musculaire d'un jeu, accompagné de la réjouissance ordinaire, fortifie plus que la même quantité musculaire sous forme de gymnastique.

Sous ces erreurs gît la conception vicieuse qui pénètre les idées des éducateurs en général. La culture, peu importe de quelle espèce, doit prendre la forme de tâches. Dans l'esprit de la plupart, éducation et plaisir sont des idées qui s'excluent naturellement. L'effort désagréable est regardé comme l'accompagnement nécessaire du développement mental; et nous voyons ici que la même connexion d'idées s'étend au développement corporel : celui-ci doit être complété par les désagréables efforts musculaires qui constituent la gymnastique. En outre, partout nous voyons la foi enracinée en la coercition. Élève et maître sont corrélatifs; et le maître est conçu comme un homme qui exerce telle force qu'il juge nécessaire. Aujourd'hui le rapport coercitif jadis assez marqué est en train de s'atténuer; mais l'idée dominante dans l'esprit de l'élève continue à être l'accomplissement de la volonté du maître plutôt que l'acquisition de connaissances et d'énergie mentale. Et si dans la culture corporelle, connue sous le nom de gymnastique, l'autorité de l'instructeur n'est plus évidente (sauf en Allemagne), chez nous aussi, cependant, survit l'idée de tâche à remplir et de soumission aux exigences du système.

Chez les plus anciennes races civilisées comme chez les races barbares, la guerre a donné naissance à la gymnastique; et la théorie comme la pratique de la gymnastique sont toujours restées conformes au type militaire de société : témoin l'état présent de l'Allemagne. L'endurance des efforts pénibles et le mépris du plaisir ont été les caractères propres d'états sociaux dans lesquels la vigueur corporelle était de principale importance; et une discipline physique poussée même jusqu'au point de détruire plus tôt la constitution, n'était pas dépourvue d'une bonne justification politique. Mais en avançant vers un état pacifique de société, la nécessité de faire de la force des membres un attribut capital du citoyen diminue, et, avec cette diminution, la culture coercitive et ascétique perd sa raison d'être. Au lieu des moyens artificiels employés pour développer le corps, viennent les moyens naturels fournis par les jeux et par les exercices spontanés.

EUTHANASIE

Pendant beaucoup d'années, mes expériences personnelles ont attiré mon attention sur l'effet de l'attitude en matière de circulation cérébrale, et, voilà quelque chose comme dix ans, mes idées passèrent de l'effet de l'attitude à l'effet du mouvement. Il me vint l'idée que, par la force centrifuge, la circulation cérébrale pourrait facilement être réglée : il se produirait tantôt une augmentation de l'afflux du sang au cerveau, et tantôt une diminution. Supposant que le patient fût placé la tête au centre d'une table capable de tourner sur son axe, une rapidité modérée de rotation aurait pour effet d'attirer le sang de la tête vers les pieds; tandis que, au contraire, si ses pieds étaient placés au centre et sa tête à la circonférence, la tête se congestionnerait. Il va de soi que je vis aussitôt que de tels procédés seraient extrêmement dangereux; mais il était clair que des modifications dans les dispositions pourraient écarter le danger. Si le patient était placé non parallèlement, mais dans une position transversale, alors les distances relatives de la tête et des pieds au centre pourraient être ajustées de façon à avoir un degré quelconque d'inégalité. En ce cas-là, la rotation produirait une somme quelconque d'effet sur la circulation à travers le cerveau.

Mon idée ne dépassa pas la phase de la spéculation. Il était évident, en effet, que les expériences nécessaires seraient coûteuses et exigeraient un grand espace; elles ne pouvaient donc être tentées dans ma maison. Je revins aussitôt à l'idée sous sa première forme : tête au centre et pieds à la périphérie; et je m'avisai que le résultat fatal rapidement produit sur un patient ainsi placé, même avec une rapidité modérée de rotation, était un résultat fatal que l'on pourrait intentionnellement produire quand la peine de mort aurait été prononcée. Supposant exclu le sentiment de la vengeance, et supposant qu'on aurait décidé que le mieux était de bannir hors de l'existence les criminels d'un type extrêmement dégradé, on tiendrait là à leur disposition un moyen simple de mort sans souffrance. Les effets de la rotation seraient d'abord la faiblesse, puis l'insensibilité, — une insensibilité rendue bien vite permanente, si la rotation continuait. Quand, en effet, après quelques tours à une vitesse considérable, la cervelle aurait été vidée de sang, aussi bien que l'aorte ascendante et en grande partie le cœur, la cessation ne serait pas suivie d'un reflux du sang des parties inférieures du corps suffisant à rétablir l'action des organes ainsi désagrégés; et, indiscutablement, la rotation prolongée pendant un certain temps rendrait le retour à la vie tout à fait impossible.

J'eus quelque temps l'idée de faire tenter l'expérience à la Fourrière (The Home for Lost Dogs), où les chiens sans propriétaire et sans valeur sont mis à mort, je crois, au moyen d'un anesthésique. Mon projet, modifié pour cette expérience, ne consistait pas en une table tournante, mais en deux ailes placées parallèlement sur les côtés opposés d'un axe vertical tournant; chacune en forme d'auge, l'une pour contenir la victime, et l'autre pour contenir les poids aptes à l'équilibrer, de façon à empêcher cette irrégularité du mouvement qui résulte quand les masses de matière sur les côtés opposés d'un axe de rotation ne sont pas en équilibre. Mais chercher les instruments à dessiner du temps que j'étais ingénieur, dresser le plan requis et tirer les tracés, puis ensuite surveiller les ouvriers, cela menaçait d'être une besogne trop sérieuse. J'aurais dû suspendre des travaux plus importants, car je n'avais plus assez d'énergie pour en mener de front deux à la fois. Aussi l'idée fut-elle abandonnée.

Je la mentionne ici, dans l'espoir que quelque autre, qui en aura le loisir et les moyens, fera ce que j'ai été forcé de laisser inachevé.

LA RÉFORME
DES LOIS SUR LES SOCIÉTÉS

Autant que je l'ai observé, les projets de réforme
de la loi sur les sociétés ne se sont préoccupés que
des méthodes poursuivies dans la formation des
sociétés. Ils ont eu pour but de mettre un frein aux
actes frauduleux des promoteurs, et d'empêcher
qu'on n'abuse le public par l'étalage de directeurs
en apparence responsables, dont on a indirectement obtenu les noms influents. Mais on ne semble
pas avoir songé le moins du monde aux abus qui
existent dans les administrations des sociétés établies. On peut cependant y observer des maux
extrêmement graves, auxquels il est grand temps
de remédier.

Née de cette grande superstition politique qu'il
n'y a pas de limite aux pouvoirs d'une majorité
parlementaire (sauf la limite de l'impossibilité physique), la notion suivante a longtemps prévalu, et
elle paraît dominer maintenant plus que jamais :

c'est que, étant donné un corps élu quelconque, — conseil, directeurs, n'importe quoi, — qui a été créé en vue d'un but généralement compris, une majorité de ce corps peut viser d'autres buts dont il ne fut jamais question lors de la désignation de ses membres. Dans un article sur « La morale et la politique des chemins de fer », publié dans l'*Edinburgh Review* d'octobre 1854 (voir *Essays*, Library Edition, tome III), je signalai les grands maux qui naissent de cette fausse interprétation du contrat de société, et donnai un exemple de la façon dont se produisit, par une contrainte anormale, une multiplication anormale de réseaux et d'embranchements; les directeurs et tous ceux qui touchaient à l'administration étaient mis à même, grâce aux parts de garantie, de faire des profits aux dépens des actionnaires en général. Depuis lors, cette pratique de confier aux sociétés des entreprises subsidiaires, auxquelles on ne songeait pas le moins du monde à l'origine, s'est grandement étendue; hôtels, docks, lignes de steamers, mines, etc., sont successivement imposés à des gens qui, à l'origine, avaient versé de l'argent pour établir un chemin de fer de A à B.

Et nous voyons le même abus s'introduire dans les sociétés industrielles. A des directeurs élus simplement pour mener les affaires d'une brasserie, on permet de se livrer à des entreprises de spécu- lation; ils achètent non seulement des groupes de maisons ordinaires, mais de grands hôtels, et souscrivent même de fortes sommes pour des entreprises de spéculation absolument étrangères à la leur; témoin le cas de Samuel Allsopp et fils, Limited, tel qu'il a été récemment rapporté (le *Times*, 31 août 1901); le résultat fut une perte énorme et une dépréciation des actions. Un autre exemple est fourni par la Société de Linotypie, formée à l'origine en vue de fabriquer et de vendre des machines linotypiques. Par l'action de ses directeurs, cette société a été conduite à fabriquer des machines de typographie de diverses espèces; de sorte que ceux qui s'unirent en une entreprise dont ils avaient raison d'avoir bonne opinion, sont maintenant engagés dans beaucoup d'autres entreprises au sujet desquelles ils ne savent rien. Un cas extrême de cet abus, sous une autre forme, est fourni par les actes de la « London and Globe Finance Corporation », comme l'ont montré les révélations récentes. Ici le conseil d'administration devint simplement un spéculateur en proportions énormes, achetant de vastes quantités de parts minières, pour acquérir une autorité permanente; et les diverses transactions, complètement ignorées des actionnaires, étaient aussi pour la plus grande partie ignorées de tous les directeurs, sauf un, — le directeur gérant. Outre ces excès de pouvoir directorial, il y a d'autres excès, tels que ceux d'exposer les actionnaires à de grands changements organiques. A une récente réunion du « Metropolitan District Railway », le président fit voir que sans l'immense erreur commise par les anciens conseils des directeurs, qui avaient émis des bons perpétuels à 6 p. 100 et un stock de préférence perpétuel à 5 p. 100, la société serait maintenant une entreprise prospère.

Comment on parviendrait à refréner le pouvoir directorial, c'est là une question dont la réponse est difficile. On pourrait peut-être exiger qu'on accorde plus de temps aux délibérations. Des mesures importantes sont trop facilement décidées et exécutées par les conseils des directeurs. Ne devrait-il pas y avoir des entraves analogues à celles que s'imposent nos deux Chambres législatives, en exigeant un second et un troisième examen? Sans doute il existe, dans certains cas au moins, comme je l'ai constaté, un genre d'affaires qui implique de nouvelles considérations; mais quelque chose de plus systématique serait probablement bienfaisant. On peut aussi se demander raisonnablement si toutes les mesures impliquant des changements considérables, ou de fortes dépenses, ne devraient pas être référées à l'assemblée des actionnaires; si, avant une décision finale, il ne devrait pas y avoir une sorte de *referendum*. Sans doute, la majeure partie des actionnaires seraient incapables de juger, et à ce point de vue la procédure resterait sans effet; mais quelques hommes d'affaires compétents émettraient des jugements pour et contre, avec des raisons qui pourraient avoir du poids. En outre, dans les cas importants, la publication dans la

presse financière parerait le coup; car naturellement, par telle ou telle voie, l'information passerait
des actionnaires au public. N'est-il pas vraisem-
blable que si les directeurs d'une société pour la
fabrication de la bière étaient obligés de faire
savoir ainsi à tous qu'ils se proposent de spéculer
sur les parts d'une société de divertissements, les
critiques de la presse les arrêteraient, au grand
avantage des actionnaires? Et la peu sage proposition d'imposer aux actionnaires d'une compagnie
de chemin de fer un vaste stock de préférence perpétuel à 5 p. 100 et une immense quantité de bons
perpétuels à 6 p. 100, si elle était commentée par
les journaux spéciaux, ne suffirait-elle pas à prévenir un acte si imprudent? « Mais une sorte de
referendum ne serait-il pas un grand obstacle aux
affaires? » Obstacle? Oui. C'est précisément ce
qu'il faut. Dans les cinquante dernières années,
cent millions de capitaux ont été perdus, faute de
tels obstacles.

Des abus qu'on aurait pu facilement prévoir sont
nés de la coutume de constituer le président d'un
conseil de directeurs aussi président de l'assemblée
des actionnaires, — abus qui n'auraient pas existé,
si l'on avait procédé comme à la Chambre des
communes, où le président (Speaker) est à la fois
indépendant du parti au pouvoir comme de l'opposition. L'arrangement actuel est d'une absurdité
évidente. Dans une réunion périodique d'action-

naires, les directeurs doivent rendre compte de leur gestion et demander aux actionnaires d'approuver leurs actes. Or, le but étant tel, on juge opportun que le gérant principal préside et règle les délibérations! Naturellement, comme président, il lui est permis dans une large mesure d'entraver les opposants et de favoriser les appuis du conseil. Il peut affirmer qu'un discours est hors de propos, ou que le manque de temps oblige à le terminer, ou que d'autres affaires doivent être présentées; ou bien des organes appointés du conseil au sein de la réunion peuvent interrompre ou contredire; — de sorte que, sauf dans les cas d'abus extrêmes de nature à provoquer l'indignation sans bornes des actionnaires, il y a peu de chances qu'une opposition soit vraiment efficace. Mais il n'est pas besoin de montrer même que si vous donnez à un conseil, dont les actes doivent être examinés, pouvoir sur les délibérations du corps examinant, ce pouvoir sera inévitablement employé à mettre obstacle aux investigations et à éviter des blâmes.

Que la pratique courante produise des maux évidents, en voici une preuve. La société A, avec de bonnes probabilités de réussite, a besoin de plus de capital et a épuisé ses moyens de l'obtenir. Comme dernière ressource s'est formée une société B, composée principalement des gros actionnaires de la société A, qui ont confiance dans l'avenir de celle-ci. Aux termes d'un arrangement, la société B devra acheter tous les produits fabriqués par la société A et les payer comptant; elle augmentera ainsi en fait le capital de la société A, en rendant inutile la somme cherchée par celle-ci en vue de s'assurer du crédit. Mais la société B fait cela seulement à condition de recevoir une forte commission sur la vente des produits de la société A. En même temps la société B conclut une opération semblable par la vente de machines d'autres espèces. Maintenant, cet arrangement par lequel la société B devient en fait, comme l'explique son président, le banquier de la société A, en obtenant de gros intérêts sur prêts, est d'une durée limitée, — cinq ans ou dix ans, je ne me rappelle pas. C'est donc l'intérêt de la société B d'obtenir le renouvellement de l'arrangement, de façon à forcer la société A à continuer de vendre des machines par son intermédiaire et de payer cette forte commission; bien que la société A, devenue très prospère, n'ait plus besoin de recourir à cette sorte de banque. Mais maintenant remarquez le fait significatif que le même monsieur est président des deux sociétés. Ayant un gros placement dans la société B, qui encaisse d'énormes dividendes, il est excessivement désireux, comme cela résulte de ses paroles, d'obtenir le renouvellement de l'arrangement. En conséquence, quand il préside une réunion de la société A, il est influencé par des intérêts en désaccord avec ceux de ses actionnaires, il est poussé à obtenir le renouvellement de l'arrangement par tous les moyens qu'il peut, — par exemple, par l'ajournement de la question du renouvellement jusqu'à la fin de la séance, alors qu'un grand nombre d'actionnaires se sont retirés, laissant le champ libre à ceux plus intéressés à obtenir ledit renouvellement. Il est clair que, avec un président désintéressé dans la question, la société A aurait probablement été beaucoup moins exposée à subir un préjudice.

Comment, avec la manière actuelle de procéder, remédier à ce mal? La désignation d'un président sous l'excitation du moment ne serait pas une solution, puisque, en vertu d'une entente préalable, le conseil ferait bien vite élire son candidat. On peut répugner à faire appel à l'intervention publique; cependant on est en droit de prétendre que, pour la bonne administration de la justice, il conviendrait qu'il y eût aux réunions des sociétés dix présidents officiels ou plus, analogues à nos Arbitres officiels (Official Referees), dont chacun recevrait, la veille de quelque réunion pour laquelle il aurait été désigné par une autorité publique, le programme des affaires à traiter.

Il y a encore un autre inconvénient, plus grand même que ceux qui viennent d'être décrits : c'est le système de vote par procuration. Comme ce fut son but à l'origine, la procuration était un moyen de permettre à quelqu'un qui ne pouvait assister à une réunion, mais qui avait ses raisons de voter pour ou contre telle proposition, de faire enregistrer son vote par l'intermédiaire d'une personne avec laquelle il était d'accord ou au jugement de laquelle il pouvait se fier. On ne vit jamais dans le vote par procuration l'abandon du jugement sur toutes les questions entre les mains de quelque individu, d'ordinaire inconnu, qui aurait pu être ou ne pas être un juge impartial. C'est cependant à cela que le système a abouti. Lorsqu'il reçoit du secrétaire un avis bien imprimé et publié aux frais de la société, qui lui désigne comme son mandataire le président, à défaut de celui-ci quelque directeur suppléant, à défaut de directeur suppléant quelque autre, et ainsi de suite, l'actionnaire, d'habitude irréfléchi, au lieu de jeter cet avis au feu ou dans la corbeille à papier, se croit tenu de le signer, après l'avoir rempli en faveur de telle ou telle personne nommée, éprouve un sentiment vague d'obligation d'en faire ce qu'on sollicite de lui. Si on lui demande pour quelle raison il donne de telle façon à une personne inconnue le pouvoir de décider une question inconnue, il réplique que les intérêts des directeurs sont les mêmes que les siens, et qu'ils connaissent mieux que lui les affaires de la société. Comme je l'ai indiqué dans l'essai cité, et démontré là par des faits concluants, cette unité supposée d'intérêts souvent n'existe pas, et, plus haut, j'ai prouvé en outre que les intérêts des directeurs peuvent être, sous divers rapports, en désaccord avec ceux des actionnaires. Cependant l'effet de ce système de vote par procuration, tel qu'il s'est développé aujourd'hui, est de donner aux directeurs des pouvoirs illimités. Les actionnaires ayant une foi aveugle dans le conseil d'administration sont si nombreux, que leurs votes écrasent les votes de ceux qui assistent aux réunions, et qui connaissent déjà bien les questions que l'on va traiter, ou apprennent vite à les connaître au cours des délibérations. Entre les mains de manipulateurs qui y ont intérêt, l'ignorance du grand nombre est employée à supprimer la compétence du petit nombre. Et alors, énumérant la grande quantité de procurations qu'ils ont reçues, les directeurs se vantent tacitement de la confiance mise en eux et s'applaudissent de leur conduite. La dernière et la plus frappante illustration de ce genre que j'ai observée, fut offerte par une assemblée de la « London and Globe Finance Corporation », rapportée dans le *Times* du 10 janvier 1901, — une société dont les affaires avaient donné, et donnaient lieu alors à de graves soupçons. Mais les actionnaires engoués ne s'émurent nullement, comme le montre l'exposé suivant du directeur et autocrate gérant :

« M. Whitaker Wright, en appuyant la proposition, affirma que les directeurs avaient reçu des procurations pour environ un million de parts de la société (*Applaudissements*). Les procurations opposantes s'élevaient à 26 394 parts; et d'autres procurations représentant 4 987 parts étaient arrivées trop tard. Cela montrait l'opinion des actionnaires ».

La valeur de cette confiance superbe peut être jugée par le fait que cette société est maintenant en cours de liquidation, à la suite d'une ordonnance du tribunal.

Mais le système de vote par procuration fait plus que permettre aux directeurs de mener à bien des projets qui sont en désaccord avec les intérêts des actionnaires; il fait aussi du conseil une oligarchie invulnérable. Dans un cas présent à mon esprit (j'étais actionnaire), le président spécifia triomphalement le grand nombre de procurations reçues, qui avaient servi à la réélection d'un directeur dont le poste, selon les règles ordinaires, était resté vacant. Quel corollaire tirer de là? En dépit de l'opposition, le conseil dans sa totalité peut, grâce aux procurations envoyées à ses membres, assurer la réélection de l'un quelconque d'entre ceux-ci qui est sur le point de se retirer. Ou bien, quand un membre du conseil devient désagréablement récalcitrant, — un « guinée-pig[1] » qui se trouve, chose inattendue, avoir sa volonté propre, — le président, en faveur duquel a été la grande masse des procurations, est mis en état de s'en servir en faveur de quelque nouveau candidat choisi par lui. Ainsi le gouvernement représentatif d'une société est réduit à une farce. Le conseil devient alors une oligarchie, puis une autocratie.

Espéré-je quelque résultat de ces protestations,

1. Littéralement : un cochon d'Inde. Dans son sens dérivé, un directeur de société financière, un fonctionnaire quelconque qui reçoit un fort jeton de séance, une guinée, si l'on veut.

(Le Trad.)

ou de protestations analogues? Non. Il y a une
raison concluante pour que des changements comme
ceux réclamés ici ne s'effectuent pas. Trois sur
quatre de nos législateurs occupent un siège dans
tel ou tel conseil de directeurs; quelques-uns siè-
gent dans beaucoup de conseils. Les réformes faites
par eux en leur qualité de législateurs restreindraient
leurs pouvoirs en leur qualité de directeurs. Quiconque attend qu'ils aillent se sacrifier ainsi, se fait
de la nature humaine une idée tout à fait en désaccord avec l'expérience.

QUELQUES HÉRÉSIES MUSICALES

On a noté comme un fait curieux que, tandis que
Newton rejetait la théorie ondulatoire de la lumière
avancée par Huyghens, Huyghens refusait d'accepter
la théorie de la gravitation universelle exposée par
Newton.

Pourquoi mentionné-je ici ce fait, qui semble
n'avoir rien à faire avec le sujet? Simplement comme
une illustration de la vérité que les opinions des
maîtres, même de rang suprême, ne doivent pas
toujours être acceptées comme définitives. Des doctrines rejetées par les plus hautes autorités sont
parfois démontrées vraies, et, par conséquent, un
léger scepticisme au sujet de croyances en apparence incontestables peut être permis. Que ceci
soit mon excuse pour hasarder des opinions qui
ne rencontreront pas l'assentiment des experts en
musique.

Et d'abord je noterai que les experts musicaux
sont spécialement exposés à des influences corrup-

trices. La musique a deux composants distincts : celui de sensation et celui de relation. Une partie de l'impression qu'elle produit résulte du caractère des tons, et l'autre partie du mode de combinaison des tons. Le sentiment produit par un morceau de musique peut être à divers degrés agréable ou parfois douloureux, selon que les tons composants ont des timbres qui sont à divers degrés agréables ou parfois même désagréables; tandis qu'il y a un autre plaisir que les successions et les combinaisons de tons peuvent donner indépendamment de leurs qualités. De cette observation banale il y a un corollaire qui nous intéresse. Les tons sont les produits des voix ou des instruments employés, et quoique le chanteur et l'exécutant s'efforcent chacun de son côté de les perfectionner, ils sont fixés dans leurs qualités essentielles. La partie principale de l'habileté d'exécution à acquérir, spécialement par l'instrumentiste, est l'habileté à produire des successions de tons de la façon la plus parfaite, ou, comme sur le piano, des combinaisons de tons : l'élément de relation de la musique prédomine dans sa pensée. Il en est ainsi bien plus encore du compositeur. Dans son esprit, l'élément de relation est en fait l'élément exclusif. Tandis qu'il désire que ses idées soient exprimées en beaux tons, et en tons variés d'une manière appropriée, cependant, comme compositeur, il est presque uniquement occupé de ces arrangements de tons, successifs et simultanés, qui sont de nature à rendre ses idées. Le nom même de compositeur implique cela. De là il advient qu'en principale mesure le compositeur, et en grande mesure l'exécutant, quand ils jugent un effet musical, pensent plus à ses caractères de relation qu'à ses caractères de sensation. Un Paganini s'enorgueillira plus de sa merveilleuse dextérité de bras et de doigts que des timbres de ses tons, quoiqu'il désire que ceux-ci aussi soient beaux. Et de même un Beethoven, en écoutant une symphonie composée par lui, éprouvera une plus grande satisfaction des superbes successions et réunions de notes de celle-ci que des tons des divers instruments, si beaux qu'ils puissent être. En conséquence donc, les deux classes de musiciens tendent nécessairement à faire trop de cas des éléments de relation. Si ces éléments sont bons, ils seront aptes à faire pardonner des défauts dans les éléments de sensation : témoin la façon dont ils tolèrent les groupements produits en jouant un passage en *forte* sur la basse profonde.

Parmi les conséquences de la tendance signalée, l'une est celle d'exalter le violon et d'oublier ses graves défauts. On l'appelle communément un instrument parfait, — parfait en ce sens qu'il exprime avec facilité tous les éléments de relation de la musique, toutes les variétés de contrastes et de genres de contrastes entre les tons. Mais on ne remarque pas la pauvreté des tons eux-mêmes. Ils ont deux défauts incurables. L'un est apparent : le sifflement de l'archet et la production de tons suraigus quand il passe sur la corde, désagréments qu'un exécutant de premier ordre peut beaucoup atténuer, mais qui ne peut jamais disparaître entièrement. L'autre défaut, quoique moins apparent, n'est pas moindre, et peut-être même est-il pire. Les sons viennent de cordes réprimées dans leurs vibrations. Le contact continuel de l'archet empêche chaque corde d'atteindre la limite normale de sa vibration dans l'une ou l'autre direction, et le caractère des ondes aériennes produites diffère de ce qu'il serait, si les oscillations n'étaient pas arrêtées. Voici une preuve claire de ceci. Mettez en contraste les tons d'un violon avec les tons d'une harpe éolienne. Ces deux instruments se ressemblent, en ce que leurs cordes vibrantes sont attachées à des boîtes sonores, mais ils sont dissemblables en ce que les vibrations subissent dans un cas un arrêt, et n'en subissent pas dans l'autre. Personne ne niera que les sons de la harpe éolienne sont beaucoup plus doux que ceux du violon. Ce dernier, en effet, rappelle la voix d'une mégère qui serait de bonne humeur.

A cette satisfaction ressentie par les musiciens pour un instrument aussi imparfait dans ses tons, quoique parfait dans ses moyens d'exprimer la relation, nous pouvons attribuer les caractères des orchestres; puisqu'en eux les tons des instruments à cordes prédominent si grandement. Nous tous, compositeurs et musiciens inclus, on nous a habitués à accepter passivement les idées, les sentiments, les usages politiques, religieux et sociaux, et, je

puis ajouter ici, artistiques. Nous acceptons les qualités de la musique d'orchestre comme nécessaires
en un certain sens, sans nous demander jamais si
elles sont ou ne sont pas tout ce qu'on peut désirer.
Mais si nous r´´ussissons à échapper à ces influences
de l'habitude, nous pouvons constater que les orchestres sont très défectueux. Ils peuvent rendre la
beauté; ils peuvent rendre la grâce; ils peuvent
rendre la délicatesse; mais où est la dignité, où est
la grandeur? Ils manquent de la force propre à faire
impression. Songez au volume et à la qualité des
tons qui viennent d'un orgue, et puis songez à ceux
qui viennent d'un orchestre. Le premier produit
une masse d'émotion que le second ne produit
jamais; vous ne pouvez obtenir de dignité d'une
série de violons. Cette estime moindre pour l'élément de sensation en musique se montre clairement, je crois, par la façon dont les musiciens tolèrent l'exécution de musique de chambre dans une
grande salle. Pendant beaucoup d'années, les Concerts populaires du Lundi et les répétitions d'après-
midi du Samedi ont mis cet abus en évidence. Je
dis sciemment : abus, car cela est absolument en
désaccord avec les intentions des compositeurs. Un
quatuor ou un morceau pour cinq ou six instruments à cordes est fait pour être joué dans un étroit
espace : le compositeur sait que seule la répercus-
sion qu'il donne peut produire ce volume de son
requis pour les harmonies, puisque, nécessairement, les sensations causées par les accords des

sons se trouvent beaucoup plus faibles que celles causées par les sons eux-mêmes. Mais cette nécessité d'un étroit espace, qu'implique le nom de « musique de chambre », est ignorée, et on se contente de l'exécution dans un vaste espace où les harmonies deviennent faibles. La raison en est claire. Les éléments de relation étant bien rendus, on pardonne l'insuffisance des éléments de sensation [1].

1. Naturellement on dira que les quatuors, etc., exécutés dans d'étroits espaces, entraîneraient un préjudice : les auditeurs ne seraient pas assez nombreux. C'est là une réponse suffisante au point de vue de l'impresario, mais les exigences de l'effet musical ne peuvent être satisfaites par ces raisons. Mon opinion est qu'un compositeur préférerait ne pas faire exécuter son quatuor, que le faire exécuter d'une façon qui sacrifie une si grande partie de sa beauté. Je suis d'autant plus porté à le croire, en me rappelant qu'après une ou deux expériences je cessai d'assister à ces exécutions : j'étais mécontent de la maigreur générale et de la faiblesse des harmonies.

Je puis ajouter ici que j'ai quelquefois réfléchi à la possibilité d'aménager une chambre destinée à accroître la résonance musicale. Si, comme chacun sait, des surfaces telles que celles des rideaux amortissent le son en ne le répercutant pas, et si, comme chacun sait aussi, une voix dans une chambre vide est beaucoup plus haute que dans une chambre meublée, on peut inférer qu'une chambre ayant des surfaces vibrantes donnera au son un volume accru. Supposez que le long de la ligne de la corniche et le long de la ligne de la plinthe on fixe une solide charpente en fer ou en acier avec, à intervalles, des mensoles assez fortes pour supporter une vigoureuse pression verticale. Supposez en outre que des planches de sapin, larges par exemple de neuf pouces et épaisses d'un quart de pouce ou d'un demi-pouce, vernies de manière à empêcher la moiteur atmosphérique, soient attachées verticalement entre ces deux charpentes, à la distance d'un huitième de pouce entre elles; chacune se terminant par une emboîture en fer à la tête et au fond, mais indépendante de la charpente, sauf par l'intermédiaire d'une vis puissante à chaque extrémité, attachée à l'em-

Un autre défaut encore est produit dans la musique d'orchestre par la suprématie des instruments à cordes. Non seulement les violons prédominent en ce sens qu'ils effectuent la majeure partie du son, mais en ce sens aussi que leur présence est continue : ils se font toujours entendre. Le résultat est un manque de variété en masse ; il y a abondance de petites variétés, mais insuffisance de grandes. On peut affirmer positivement que c'est là un grave défaut, car il est en désaccord avec un principe universel d'art. Toute espèce d'art s'effectue par la disposition de contrastes, grands et petits, et interdit cette monotonie causée par la direction constante de l'attention sur un seul élément. Les effets d'orchestre nécessitent une bien plus grande spécialisation. On emploiera à un moment donné des sons de qualités analogues en vue d'un but donné, puis des sons d'autres qualités analogues en vue de tel autre

bolture et pouvant être serrée plus ou moins. Et supposez que ces planches, tendues par les vis à chaque extrémité, mais libres sous les autres rapports, soient distantes aussi du mur, à un intervalle d'un pouce, par exemple. Couvrant ainsi entièrement la surface de la chambre, ces planches pourraient, à la veille d'une exécution musicale, être accordées par l'ajustement des vis, de sorte que les tons sourds qu'elles émettraient quand on les frapperait, quoique relativement profonds, seraient en harmonie avec les tons des instruments, et, en même temps, par la vibration des divisions nodales, se produiraient des notes plus hautes. Les ondes aériennes les frappant, non seulement seraient répercutées en arrière comme dans une chambre vide, mais seraient répercutées en arrière, renforcées par les vibrations des planches qu'elles frapperaient. Ceux qui doutent de l'aptitude des planches à répondre ainsi, n'ont qu'à se rappeler l'aptitude du disque métallique d'un téléphone à répondre aux sons faibles constituant les articulations.

but; on différenciera ainsi les *masses* de son plus qu'à présent. En fait, cela exige un pas plus grand dans l'évolution, une avance plus marquée de l'homogène indéterminé à l'hétérogène déterminé.

Un examen ultérieur du contraste entre l'émotion produite par un orgue et celle produite par un orchestre montre qu'une grande partie de ce contraste est due à la prédominance beaucoup plus grande de la basse dans l'orgue que dans l'orchestre. C'est du volume des tons profonds d'un orgue que celui-ci acquiert cette force impressive pénétrante qui manque à l'orchestre. Comme exprimant un caractère viril, les tons profonds sont associés à l'idée de force, et leur effet est par cela relativement imposant. Pour montrer qu'il en est ainsi, il suffit de rappeler une partie de l'exécution d'un orgue où apparaissent seul   ·ut les tons supérieurs, et l'on verra qu'il y re·· ·ien peu de la dignité et de la grandeur. Nécessairement donc, dans un orchestre, tandis que les sons des violons sont prédominants, le caractère de dignité est absent.

Il est un autre cas de subordination excessive de l'élément de basse. Outre qu'il a une part trop petite dans la masse des sons qui constituent une composition complexe, il est habituellement exclu du premier rang. Le thème est donné presque invariablement au soprano, et la basse est reléguée à l'accompagnement. Il n'en a pas toujours été ainsi. Dans les temps anciens, quand, pour ne pas parler des chants populaires, la musique d'église était la

seule musique, l'air ou la mélodie qui existaient
étaient pris par la basse. Cela arrivait nécessairement, puisque à ces époques-là on jugeait inconve-
nant que les femmes chantassent les louanges de
Dieu en présence d'hommes; et il n'est pas probable
qu'il y eût des enfants de chœur. Même maintenant,
dans la musique d'église sur le Continent, la basse
s'arroge une part dominante, et cela spécialement en
Russie, où l'on recherche pour les services d'église des
basses extraordinairement profondes [1]. Qu'est-ce qui
produisit, ce changement? Du livre de sir Hubert
Parry, *The Evolution of the Art of Music* (pp. 105-109),
il apparaît que le développement de la musique
chorale mondaine s'est effectué par l'addition de
parties vocales plus hautes à ces mélodies d'église
jouées sur la basse; cela préparait la voix au passage des mélodies au soprano. Il est possible que la
suprématie définitive du soprano fut due en partie
au fait que quand surgirent des formes rudimentaires
d'opéra, les librettistes et les compositeurs étaient
poussés par le sentiment du sexe à donner la part
principale à l'héroïne, et il en résulta que la musique
d'orchestre qui l'accompagnait vint à avoir une prédominance de sons aigus. Une influence ultérieure
peut s'être fait sentir. Si, comme on l'affirme, les

---

1. On raconte qu'un de ces enfants de chœur, connu pour sa
voix de basse extrêmement profonde et puissante, fut un jour
attaqué en route par des voleurs; mais quand il commença à
pousser des cris en se tournant vers eux, ils s'enfuirent, jugeant
impossible que tout autre qu'un être surnaturel pût émettre de
tels sons.

espèces plus élevées de musique instrumentale se sont développées de la musique qui accompagnait la danse, alors, comme dans cette musique le son aigu, qui est le plus apte à exprimer la vivacité, prédominait habituellement, il s'ensuivit naturellement cet accaparement de la partie principale par le soprano. Quelle que soit la cause, cependant, le transport des thèmes, ou images principales, ou mélodies, au soprano, est devenu une tradition établie. Mais ne peut-on pas l'attaquer à juste titre? Une plus grande variété, une plus grande force d'expression, une plus grande beauté pourraient être obtenues, il me semble, en divisant la partie principale et en donnant à la basse sinon une part égale, du moins une part importante. On peut citer quelques exemples à l'appui de cette opinion. Dans cette charmante vieille chanson : « *Pur dicesti* », un bel effet est produit quand, durant un intervalle, l'accompagnement de basse saisit la mélodie. Dans les trois *Contredanses* de Beethoven, arrangées pour piano par Seiss, la première donne, d'une façon tout à fait exceptionnelle, la mélodie à la basse, et l'effet en est comme rafraîchissant. Puis il y a le troisième mouvement de la symphonie en *ut* mineur du même musicien, dans laquelle la part prééminente prise par la basse produit une grandeur distinctive, en même temps qu'elle apporte une variété inusitée. N'est-il pas temps que l'élément féminin perde sa prédominance, et que l'élément masculin vienne en première ligne à côté de lui?

Parmi les changements futurs, il se peut que quelques vieilles formes de musique d'orchestre perdent leur prééminence. On dit que la symphonie fut à l'origine une « suite de pièces », pièces de musique composées en vue de la danse. De là, considérée comme une œuvre d'art, la symphonie n'a aucune cohérence naturelle. De plus, il semble que, puisque, dans le choix de pièces pour former la « suite », le but doit avoir été la variété, les pièces successives étaient choisies non pour leur affinité, mais pour leur manque d'affinité. Naturellement, une remarque semblable s'applique à la sonate, dans laquelle aussi le manque d'affinité est évident ; exemple, l'œuvre 26 de Beethoven, dans laquelle la marche funèbre se trouve en si fort contraste tant avec le *scherzo* qui la précède qu'avec l'*allegro* qui la suit. Il peut être vrai que, dans chaque œuvre de ce genre, un dessein court à travers le tout, — qu'entre le commencement et la fin de la même clef les changements de clef vers la dominante et la sous-dominante conservent un rapport de structure ; que les connexions entre thèmes sont maintenues de façon que le musicien instruit reconnaît un passage comme en rapport approprié avec un passage précédent à cent ou deux cents mesures de distance ; et qu'ainsi une « haute intelligence musicale » puisse apprécier la cohérence et tirer du plaisir de « la beauté de la pensée » manifestée dans la construction. Mais ici nous avons un exemple de cette fausse direction de l'art déjà commentée plus haut, qui fait de l'intérêt intellectuel un but dominant. Les changements vraiment artistiques devraient servir à exprimer les changements naturels de sentiment, soit émotionnels, soit sensitifs, tels qu'ils pourraient naturellement naître des changements d'humeur. Des changements arbitraires, quoique habilement ménagés, sont la négation de cette cohérence manifeste qu'une œuvre d'art devrait posséder.

N'y a-t-il pas des formes possibles de musique d'orchestre qui pourraient présenter des phases successives dans l'évolution d'une inspiration musicale? Un morceau de ce genre ne pourrait-il commencer par une image rudimentaire qui occuperait l'attention pendant un court instant? Puis de celle-ci ne pourrait-il sortir une forme légèrement élaborée, ou plutôt quelques-unes de ces formes divergeant en modes différents, chacune donnant libre essor à des variétés de traitement orchestral, et laissant tomber celles qui seraient les moins bonnes? Des meilleures, ne pourrait-il sortir une élaboration ultérieure qui rendît possibles de plus nombreuses combinaisons instrumentales; tandis que, de nouveau, la disparition des inférieures conduirait à la survivance du thème le plus fini, avec ses accompagnements développés? De même, par variation et sélection pourrait évoluer une idée musicale encore mieux adaptée au sentiment du morceau; et ainsi en continuant. En attendant, par déviation, de l'une ou de l'autre de ces images ou passages mélodiques pourrait venir quelque conception de carac-

tère si différent, qu'elle procurerait une nouveauté
d'effet; et ceci, étant de façons similaires développé
à travers des phases successives, pourrait produire
les grands contrastes nécessaires; et ainsi de suite,
degré par degré, jusqu'à ce que fût atteint le plus
haut développement de la composition. De cette
façon, on pourrait obtenir cette cohérence qui,
caractérisant l'évolution, devrait caractériser une
œuvre d'art. Il en résulterait aussi l'hétérogénéité
qui est un caractère du développement, comme
aussi ce caractère concomitant de détermination
croissante qu'implique la forme finie de la conception. L'auditeur aurait à la fois le plaisir d'observer
la révélation graduelle de l'idée du compositeur et
les exaltations successives du sentiment exprimé;
tandis que la variété dans l'unité se manifesterait
degré par degré.

Je clôturerai ici mes suggestions hérétiques. En
musique comme dans tout le reste, la seule chose
certaine est que l'avenir différera du passé et du
présent; et peut-être un « outsider » a-t-il jusqu'à
un certain point le droit de suggérer ce que pourront être quelques-unes des divergences.

Post-scriptum. — Dans des critiques publiées à
l'occasion de la première édition de ce livre, on a
senti le besoin d'expliquer que la mauvaise santé
m'a empêché pendant les vingt dernières années
d'entendre un opéra ou un concert. Il se peut donc,
comme on l'a affirmé, que quelques-unes des idées

antérieures n'ont plus autant leur raison d'être qu'elles l'avaient il y a vingt ans. Une réplique qui m'a été faite, c'est que, dans les compositions modernes, la basse joue un rôle plus en évidence que dans les anciennes. Mais je continue à trouver des raisons pour penser que la basse est subordonnée à tort; on méconnaît même parfois les intentions du compositeur. Récemment, ayant acheté un exemplaire de *La Flûte enchantée* (édition Boosey), arrangée pour piano, — ce que j'avais été incité à faire en souvenir du magnifique solo de basse qu'elle contient, — je constatai à mon vif mécontentement que, dans l'arrangement pour le piano, ce solo de basse avait été transporté au soprano!

DISSIDENTS DISTINGUÉS

« La force jusqu'à l'obtention du droit », c'était là une maxime de Matthew Arnold. Elle exprimait son enthousiasme pour l'autorité en général. D'une façon assez curieuse s'associait chez lui, à sa condamnation réitérée des « mécanismes », l'éloge des systèmes de contrôle, qui nécessairement impliquaient des « mécanismes », pour réaliser les bienfaits espérés. De là son plaidoyer en faveur d'une Académie. De là son applaudissement du régime continental dans son ensemble, qui est relativement coërcitif. De là son apologie tacite d'une Église officielle, malgré l'abandon par lui de la foi qu'elle enseigne. De là enfin ses sentiments d'aversion pour les dissidents.

Que ce mépris pour ceux qui, comme il s'exprime, partagent leurs énergies entre « les affaires et les Béthels[1] », ait eu quelque raison d'être, on ne peut

1. En hébreu, maison de Dieu. Ici c'est un terme quelque peu méprisant pour indiquer un lieu de culte dissident.

(*Le Trad.*)

le nier. Le monde dissident dans son ensemble se rencontre en large mesure avec le monde de la classe moyenne, réuni à une partie supérieure du monde de la classe ouvrière. Ceux qui le constituent n'étaient rien de cette culture sur laquelle Matthew Arnold insiste perpétuellement, mais passent leur vie dans une lourde routine inintellectuelle; cependant ils ne diffèrent pas beaucoup en intellectualité, comme il l'admet, de la masse de ceux qui sont au-dessus d'eux. Malheureusement pour son argument, toutefois, il a fait une comparaison, ou prétendu faire une comparaison, entre les hommes notables parmi les ecclésiastiques et les dissidents. Je dis malheureusement, parce que, dominé seulement par sa propre culture, il n'a reconnu que les œuvres littéraires, ou plutôt les œuvres appartenant à cette littérature classée sous le nom de théologie : nommant d'un côté Hooker, Barrow, Butler, et de l'autre Milton, Baxter, Wesley [1]; et ajoutant que ces derniers « furent élevés dans le giron de l'Église dominante » (*Culture and Anarchy*, XX). Mais si l'on établit une comparaison

1. Richard Hooker, recteur de Bishopsbourne, auteur de *The Laws of Ecclesiastical Polity*, est un des créateurs de la prose anglaise (1553-1600). — Isaac Barrow, prédicateur célèbre, le Bossuet anglais, eut pour élève Newton (1630-1677). — Joseph Butler, évêque, auteur de l'*Analogy of Religion, natural and revealed, to the Constitution and Course of Nature* (1692-1752). — Richard Baxter, défenseur énergique du protestantisme menacé par Jacques II (1615-1691). — John Wesley, fondateur, avec son frère Charles, de la secte des Méthodistes (1703-1791).

(Le Trad.)

sincère entre l'Église et la Dissidence par rapport à leurs hommes distingués, alors il faut y comprendre les hommes de distinction scientifique; et si l'on fait cela, la Dissidence vient se placer à un degré éminent sur le premier plan.

Nous avons d'abord le haut fait de Priestley, avec sa découverte de l'oxygène. Quoiqu'il « construisît mieux qu'il ne sût », et ne comprît pas toute la portée de ses résultats, il n'en révéla pas moins l'élément qui, jugé par le rôle qu'il joue, peut passer pour le plus important de tous, et, outre cette découverte, il ajouta beaucoup à nos connaissances par ses nombreuses recherches scientifiques; car il était aussi un homme d'une vaste culture variée, linguistique et autre.

En second lieu, dans l'ordre du temps, vient le quaker Young[1], qui dès ses premières années fut un Admirable Crichton[2]; il déploya non seulement du

---

1. Thomas Young (1773-1829). *(Le Trad.)*

2. James Crichton, né en Écosse le 19 août 1560, d'une famille alliée à la famille royale, fut surnomé l'« Admirable » à cause de ses facultés vraiment prodigieuses. Élève du célèbre Buchanan, il possédait à vingt ans ans toute la somme de savoir possible à cette époque, parlait et écrivait une quinzaine de langues, jouait de toutes sortes d'instruments, et excellait dans tous les exercices du corps, chasse, manège, tournois, escrime, etc. Venu à Paris, il répondit de la façon la plus satisfaisante, au collège de Navarre, de neuf heures du matin à huit heures du soir, aux questions *de omni re scibili* qui lui furent adressées. De Paris il se rendit à Rome, à Venise, où il se lia étroitement avec Alde Manuce, à Padoue, etc., et remporta partout de brillants succès. Nommé par le duc de Mantoue précepteur de son fils, Vincent de Gonzague, celui-ci, qu'on représente comme un jeune homme turbulent et débauché, le tua un

savoir, mais de l'originalité en beaucoup de genres. Dans l'âge adulte, ses deux plus grandes œuvres, de nature tout à fait opposée, furent le déchiffrement des hiéroglyphes égyptiens et la démonstration de la théorie ondulatoire de la lumière. Ce que Huyghens avait laissé à l'état d'hypothèse, il l'établit comme une vérité démontrée; et il le fit d'une façon si magistrale, qu'Herschel parla de ses investigations comme dignes de Newton. Dans les affaires, dans la science et dans les connaissances linguistiques, il fut également remarquable, — et plus remarqué à l'étranger que dans son pays.

De cette même petite secte des quakers sortit un autre penseur révolutionnaire, Dalton. Jusqu'à son temps avaient prévalu, au sujet des combinaisons chimiques, seulement des concepts vagues; et quoique Bryan et William Higgins eussent entrevu la combinaison atomique, il était réservé à Dalton d'exposer la théorie atomique de la matière. En conformité de cette théorie universellement acceptée sont effectuées aujourd'hui toutes les investigations chimiques, interprétées toutes les combinaisons et décompositions, de sorte qu'il n'y a pas une substance (sauf les purs mélanges) qui ne soit regardée comme composée de proportions définies. Que les atomes formant des composés soient regardés

---

soir dans une rue d'un coup d'épée au cœur; on ignore si ce fut par jalousie ou dans un accès d'ivresse. James Crichton n'avait alors guère plus de vingt-trois ans. Il a laissé un certain nombre de poésies, de dissertations et de discours en langue latine, devenus très rares aujourd'hui.   (*Le Trad.*)

comme des unités effectives de différentes espèces, ou qu'ils soient regardés comme purement symboliques, il reste vrai dans l'un et l'autre cas qu'il y a une équivalence exacte entre les sommes des différents éléments qui se combinent, et entre les composants de leurs nouvelles combinaisons. Dalton fut élu, sans l'avoir demandé. membre de la Société royale de Londres et de l'Académie des sciences de Paris. Il conviendrait d'ajouter qu'il fut le premier à énoncer la loi de l'expansion des gaz par suite de la chaleur, et qu'il poursuivit avec succès divers autres ordres de recherches.

En dernier lieu nous arrivons à Faraday, universellement connu pour la variété et l'importance de ses travaux en physique. D'abord vinrent ses découvertes en électro-magnétisme, et l'induction des courants électriques; d'où résulta l'établissement de ce rapport mutuel de l'action électrique et de l'action magnétique, qui inaugura la vaste série des développements électriques modernes. Puis suivit la réduction de l'action électrolytique à une forme définie, — la preuve de l'équivalence électrique des ions de quelque composant décomposé. Après un intervalle, vinrent la magnétisation de la lumière polarisée et le phénomène du diamagnétisme : deux ouvertures sur de nouveaux champs de recherche scientifique.

Comme on l'a indiqué plus haut, Matthew Arnold, dans sa comparaison entre les hommes d'origine conformiste et les hommes d'origine non conformiste, s'est limité ostensiblement à ceux qui ont opéré des effets moraux sur la communauté. Il écrit :

« Une institution qui a produit Hooker, Barrow, Butler, a fait plus pour moraliser et ennoblir les hommes d'État anglais et leur conduite, que des communautés qui ont produit les théologiens non conformistes ». Les hommes féconds du puritanisme anglais et des églises dissidentes sont des hommes qui « furent élevés dans le giron de l'Église dominante, — Milton, Baxter, Wesley. Une génération ou deux en dehors de l'Église dominante, et le puritanisme ne produit plus d'hommes d'illustration nationale ».

Même en restreignant la comparaison à la façon dont le fait Matthew Arnold, on peut efficacement soutenir que les hommes qu'il mentionne ont moins fait, pour ennoblir les hommes d'État anglais, que les hommes de la classe qu'il tourne en dérision, — moins que Romilly, qui, d'origine non conformiste (il était huguenot), inaugura le mouvement destiné à dépouiller de sa barbarie notre code pénal; moins que Howard, qui fit tant pour humaniser le traitement des prisonniers; moins que les trois quakers Dillwyn, Wood et Sharp, qui commencèrent l'agitation antiesclavagiste, et qui, avec les Sturges et d'autres de la même secte, contribuèrent fortement à son succès; moins aussi que John Bright, honoré après avoir été ridiculisé, qui contribua efficacement à faire abolir les impôts sur les aliments, et se mit en relief comme l'adversaire principal d'une guerre ayant coûté, d'un commun aveu, de nombreuses vies et beaucoup d'argent, sans aucun but. Si l'on cherche les effets ennoblissants et moralisateurs des évêques sur la conduite de la Chambre des lords, on cherchera longtemps avec peu de résultat; et, parlant en général de la Chambre des communes, il est manifeste que tous les pas vers « un régime plus libéral », c'est-à-dire vers des institutions plus nobles, sont imputables non aux hommes élevés sous la discipline de l'Église, mais, directement ou par influences extérieures, aux hommes d'origine non conformiste. De sorte que, même si nous limitons la comparaison, comme le fait Matthew Arnold, la conclusion va contre lui.

Mais, comme on l'a déjà indiqué, le fait étrange est que cet écrivain exclut de la comparaison tous ces produits mentaux qui avant tout ont influé sur la vie de notre nation et des autres nations. Il dit : « Une génération ou deux en dehors de l'Église dominante, et le puritanisme ne produit plus d'hommes d'illustration nationale », l'illustration nationale étant estimée seulement, aux yeux de M. Arnold, sur la base de la production littéraire : les découvertes scientifiques restent ignorées. Il est curieux d'observer quel effet aveuglant peut avoir la culture du genre exclusivement littéraire. Car il semblerait que Matthew Arnold ignore complètement ces grandes révolutions de la pensée qui ont été produites, dans le cours du dernier siècle,

par Priestley, Dalton, Young et Faraday. Le puritanisme, dit-il, « après une génération ou deux en
dehors de l'Église dominante, ne produit plus
d'hommes d'illustration nationale ». Or, ces hommes
ne furent pas seulement des hommes d'illustration
nationale, mais des hommes d'illustration mondiale,
— des hommes dont les découvertes influèrent partout sur la carrière intellectuelle des adeptes de la
science, tandis qu'elles modifièrent les activités
industrielles de l'humanité dans son ensemble. Considérez quel serait l'état des connaissances chimiques, si Priestley n'avait pas découvert l'oxygène,
si peu qu'il comprît le rôle que joue celui-ci dans
l'ordre de la nature. Considérez où en serait l'édifice
des combinaisons chimiques dans toutes les complexités énormes qu'il a atteintes, en l'absence de
la théorie atomique de Dalton. Considérez quels
auraient été l'état de la physique des astres et notre
connaissance de la constitution des étoiles et des
nébuleuses, si la théorie ondulatoire de la lumière
n'avait pas été démontrée par Young. Et considérez
quelles auraient été nos idées des forces électriques
et magnétiques et de leurs connexions avec la
lumière, si Faraday n'avait pas établi la théorie de
leurs corrélations et ouvert la voie vers ces vastes
conceptions de forces universelles qui aujourd'hui
ont pénétré dans toutes les recherches physiques,
comme aussi vers leurs vastes applications, qui sont
en train de transformer l'industrie.

Bien malgré lui, par la critique qu'il provoque,

Matthew Arnold a fait juste le contraire de ce qu'il se proposait. Il a fortuitement attiré l'attention sur ce fait stupéfiant que, en moins d'un siècle, ces quatre dissidents anglais ont plus contribué à révolutionner les conceptions physiques du monde, et en conséquence ses activités, que quatre autres hommes quelconques dont on pourrait citer les noms.

ART BARBARE

Il existe une connexion naturelle entre les types barbares d'art et les types barbares de société. L'autocratie est l'origine des uns et des autres.

Comme on l'a montré en traitant de l'impérialisme moderne et du retour à la barbarie, tous deux accompagnent le militarisme croissant; et le militarisme sous sa forme développée implique un gouvernement coercitif. L'un des facteurs du despotisme est la mise en scène, qui sert à inculquer la crainte à l'esprit populaire par des manifestations de puissance de tout genre. Une de ces manifestations est un style d'art somptueux et hautement élaboré, un style suggérant l'idée d'une dépense énorme et d'un labeur énorme, qui implique un empire illimité sur les hommes. Les temps les plus anciens nous montrent cela dans les décorations des tombeaux et des temples égyptiens, revêtus à l'intérieur de fresques, et recouverts à l'extérieur de motifs sculptés représentant des conquêtes ; et l'on peut relever les mêmes caractères dans les vestiges de la civilisation assyrienne. Ainsi en a-t-il été dans le passé et en est-il à présent dans toutes les contrées orientales, où l'on ne connaît d'autre forme de gouvernement que celle de l'autocratie. Des vêtements incrustés de pierres précieuses et d'or distinguent le chef et ses familiers, ses armes et les insignes de sa dignité sont pareillement chargés de décorations précieuses, et ses chevaux fastueusement caparaçonnés, ainsi que ses serviteurs, ajoutent à sa grandeur. Si nous passons à l'Europe primitive, nous voyons cette mise en scène, qui révèle possession de pouvoir, non seulement dans les ornements de cour, mais dans l'attirail de guerre ; les armures étaient laborieusement incrustées de métaux précieux, tandis que la surface des épées, et, dans les époques postérieures, des armes à feu, étaient recouvertes de ciselures. Partout la richesse s'étalait, et elle en vint à être la compagne du grand art [1]. Ce n'est qu'avec le déclin du régime militaire et le développement corrélatif du régime industriel, que commença à se montrer cette simplicité relative qui caractérise l'art vraiment élevé. Une illustration typique de ce changement est

---

[1]. Un exemple frappant m'arrive juste au moment d'envoyer cette page à l'imprimerie. Le correspondant japonais du *Times*, 7 mars 1902, raconte qu'une paire de vases en argent, ayant quinze pouces de hauteur et incrustés d'or, que le mikado s'apprête à offrir au roi Édouard VII à l'occasion de son couronnement, représente « sept années du travail de trente des meilleurs artistes japonais ».

fournie par la préférence moderne pour la sculpture non peinte sur la sculpture peinte et les ouvrages en cire coloriés, communs au moyen âge et à une époque encore plus reculée.

Et maintenant, en même temps que ce retour à la barbarie qui accompagne le mouvement vers l'impérialisme, nous voyons, d'une façon assez curieuse, un changement de goût qui nous ramène en arrière vers ces types d'art généraux des époques d'autorité coercitive. Avant tout il se manifeste dans cette partie de l'organisation sociale qui toujours et partout adhère le plus fortement au passé : l'organisation ecclésiastique. Les murs intérieurs des cathédrales, qui jusqu'à des temps récents étaient nus, ont été dans certains cas recouverts de dessins coloriés pompeux ; et actuellement les ecclésiastiques, ayant le vent en poupe, sont en train de revêtir le dôme de Saint-Paul dans l'ancien style, avec des peintures en mosaïque. Partout la simplicité protestante est remplacée par la recherche catholique dans l'autel et ses retables, pleins de détails sculptés ; et les vêtements des ecclésiastiques eux-mêmes sont revenus au type ancien, — robes alourdies par des ornements étincelants : toutes choses qui rappellent la pompe du moyen âge et de l'Orient.

Une régression analogue caractérise nos périodiques d'art. Beaucoup des choses qu'ils proposent à l'admiration indiquent, à première vue, qu'il s'opère une violente réaction de la recherche du beau à la recherche du laid ; mais la réflexion prouve que le laid est ordinairement le médiéval. Ici nous voyons les dessins de tel ou tel artiste pour maisons de campagne et villas, dont le mérite est de rappeler les constructions des siècles passés. Et ailleurs sont des vues d'intérieurs de maisons renfermant des meubles de forme absolument dépourvue de confort, mais dont le style étale tel ou tel degré d'antiquité, — et ces meubles sont souvent archaïques, c'est-à-dire souvent barbares. En maints cas, la grâce et la beauté ont été positivement tabouées [1].

Divers autres périodiques étalent le même goût régressif. Outre la décoration archaïque, nous voyons, sur les couvertures de Revues, des titres d'un style qui se distingue des styles en faveur il y a une génération, par ses lettres déformées de parti pris, par la combinaison de lettres de différentes dimensions dans le même mot, et par d'autres distorsions qui nous rappellent celles qu'on peut trouver dans la *nursery* : car les dessins irréguliers des enfants et ceux des barbares ont une affinité naturelle. On peut remarquer aussi que les titres des livres sont aujourd'hui fréquemment placés

1. Ce mot, emprunté à la langue des habitants de la Polynésie et de la Nouvelle-Zélande, a été naturalisé en anglais, en allemand et aussi en français. Il se réfère à une coutume, signalée pour la première fois à l'Europe dans les *Voyages* du capitaine Cook, et qui consiste en une espèce d'interdiction prononcée par les prêtres ou les chefs de ces populations sur une personne, un lieu ou un objet. Déclarer une chose « tabouée », c'est la séparer du profane et lui donner une consécration religieuse.   (*Le Trad.*)

tout en haut de la couverture et même dans un coin, — abandon délibéré de tout ce qui ressemble à de la symétrie. Ce n'est pas cet abandon de symétrie qui est suggéré par le désir du pittoresque, mais cet abandon qui implique dédain de la proportion, — le manque de cette perception de convenance réclamée par la forme géométrique d'un livre. A côté de ceci il faut signaler le retour au type du xviiie siècle, qui donne à de nombreux livres publiés aujourd'hui l'aspect de livres du temps de Samuel Johnson. Il y a même eu un recul plus marqué, comme l'atteste la typographie très vantée introduite par feu William Morris [1], qui prit pour son modèle le type romain du xve siècle, aussi en partie le type gothique, et qui, justifiant un de ses usages, dit : « On ne se départit jamais de cette règle dans les livres du moyen âge, manuscrits ou imprimés ».

Pour montrer que le retour à la barbarie dans l'art va plus loin encore, il faut ajouter le retour au papier fabriqué à la main, souvent spécifié dans les annonces comme un caractère de supériorité.

---

1. William Morris (1834-1896) a été à la fois poète, peintre, socialiste militant, manufacturier et imprimeur. Comme manufacturier, il renouvela l'industrie de l'indigo et se préoccupa de ressusciter la tapisserie en tant qu'œuvre d'art. Comme imprimeur, il prit à tâche de reproduire le type d'impression de la fin du xve siècle. C'est dans cette vue qu'il établit à Hammersmith, en 1890, la Kelmscott Press. Il publia en tout, jusqu'à sa mort, trente-cinq volumes. Le premier fut un recueil de ses propres poésies, et le dernier une superbe édition de Chaucer, que des connaisseurs ont proclamée « le plus beau livre qui ait jamais été imprimé ».   (*Le Trad.*)

Et puis l'abomination finale marchant de pair avec ceci, nous l'avons dans les feuillets à tranches brutes (deckled). Une chose absolument laide et extrêmement gênante, en ce qu'elle empêche de tourner les pages, est qualifiée d'attraction par des éditeurs, pour l'unique raison qu'elle satisfait ce sentiment que le retour à la barbarie révèle partout! Et ils vont plus loin encore. J'apprends d'un fabricant de papier que « quelques éditeurs font tailler grossièrement avec un couteau ébréché les tranches lisses (là où le pliage les rend nécessaires), en vue d'imiter « l'effilure naturelle ».

VACCINATION

« Quand une fois l'on intervient dans l'ordre de
la nature, on ne sait plus où cela finira », remar-
quait un jour en ma présence un biologiste dis-
tingué. Puis aussitôt il manifesta vivement son
regret d'avoir trop parlé, car il vit les divers usages
que je pourrais faire de son aveu.

Jenner et ses disciples ont supposé que, quand
le virus de la vaccine a passé à travers l'organisme
d'un malade, celui-ci est assuré, ou relativement
assuré, contre la petite vérole, et que là finit la
question. Je ne dirai rien ici pour ou contre cette
supposition [1]. Je me propose simplement de mon-

1. Excepté, cependant, en citant la déclaration d'un homme
bien connu, l'éditeur Kegan Paul, par rapport à son expérience
personnelle. Il dit dans ses *Mémoires* (pp. 260-261), au sujet de
la petite vérole qu'il eut dans son âge adulte : « J'avais eu la
petite vérole quand j'étais enfant, en dépit de la vaccination, et
avais été vacciné très peu de temps auparavant. Je suis le troisième de ma famille immédiate qui ai eu deux fois la petite
vérole, et chez lequel le vaccin ait toujours pris ».

trer que la question ne finit pas là. L'intervention
dans l'ordre de la nature a diverses autres conséquences que celles sur lesquelles on compte. On en
a fait connaître quelques-unes.

Un rapport du Parlement publié en 1880 (N° 392)
montre que, en comparant les périodes quinquen-
nales 1847-1851 et 1874-1878, il y eut dans cette
dernière période une diminution de décès pour
toutes causes d'enfants au-dessous d'un an de
6 600 par million de naissances en une année;
tandis que la mortalité causée par huit maladies
spécifiées, soit directement communicables, soit
exacerbées par les effets de la vaccination, s'accrut
de 20 524 à 41 353 par million de naissances en une
année, — plus du double. Il est clair que beaucoup
plus furent tués par ces autres maladies, qu'il n'en
fut sauvé de la petite vérole [1].

A la communication de maladies ainsi démontrée, il faut ajouter les effets qui l'accompagnent.
On prétend que l'immunité produite par la vaccination implique quelque changement dans les composants du corps : cela va de soi. Mais si les sub-

1. Cela se passait à l'époque où l'on voulait imposer la vaccination, quand les médecins étaient certains que d'autres maladies (la syphilis, par exemple) n'auraient pu être communiquées
à travers le virus du vaccin. En feuilletant les *Transactions of
the Epidemiological Society* d'il y a quelque trente ans, on trouvera qu'ils furent soudainement convaincus du contraire par
un cas effrayant de syphilisation en masse. Avec la vaccination
actuelle à la lymphe de veau, ces dangers sont écartés; pas
celui de la tuberculose bovine, toutefois. Mais je mentionne le
fait parce qu'il montre quel degré de confiance on peut accorder
à l'opinion des médecins.

stances qui composent le corps, solides ou liquides, ou les deux à la fois, ont été ainsi modifiées de façon à ne plus les laisser accessibles à la petite vérole, la modification est-elle aussi inefficace? Quelqu'un osera-t-il dire qu'elle ne produit pas d'autre effet que celui de préserver le malade d'une maladie particulière?. Vous ne pouvez changer la constitution par rapport à un agent envahisseur, et ne pas la changer par rapport à tous les autres agents envahisseurs. Quel doit être le changement? Il y a des cas de personnes maladives chez lesquelles une maladie sérieuse, comme la fièvre typhoïde, est suivie d'une amélioration de santé. Mais ce ne sont pas des cas normaux. S'ils l'étaient, une personne saine deviendrait plus saine par une succession de maladies. En conséquence, comme une constitution modifiée par la vaccination n'est pas rendue plus apte à résister aux influences perturbatrices en général, elle doit y être rendue moins apte. La chaleur et le froid, l'humidité et les changements atmosphériques tendent sans cesse à troubler l'équilibre, comme le font aussi divers aliments, les efforts excessifs et le surmenage intellectuel. Nous n'avons aucun moyen pour évaluer les altérations de la force de résistance, et en conséquence elles passent d'ordinaire inobservées. Il y a cependant des preuves d'une débilité générale relative. La rougeole est une maladie plus grave qu'elle n'était jadis, et elle cause des décès très nombreux. L'influenza en offre une preuve. Il y a

soixante ans, quand se produisait une épidémie à
de longs intervalles, elle n'atteignait que peu de
monde, n'était pas grave, et ne laissait pas de
suites sérieuses; maintenant elle est établie en per-
manence, frappe des multitudes de personnes sous
des formes extrêmes, et laisse souvent les constitu-
tions endommagées. La maladie est la même, mais
on est moins apte à y résister.

Il y a d'autres faits significatifs. C'est une vérité
biologique familière, que les organes du sens et les
dents naissent de la couche dermale de l'embryon.
De là les anormalités influent sur toutes ces parties
du corps : les chats aux yeux bleus sont sourds et
les chiens sans poils ont des dents imparfaites
(*Origine des Espèces*, chap. 1). De même pour
les anormalités constitutionnelles causées par la
maladie. La syphilis dans ses premières phases est
une maladie de la peau. Quand elle est héréditaire,
elle a pour effets la malformation des dents, et,
dans la suite des années, l'iritis (inflammation de
l'iris). Des rapports analogues existent pour d'autres
maladies de la peau; ainsi l'atteste le double fait,
que la fièvre scarlatine est souvent accompagnée
d'un déchaussement des dents, et qu'à la rougeole
s'associent souvent des désordres parfois tempo-
raires, parfois permanents, des yeux aussi bien que
des oreilles. Ne peut-il en être ainsi avec une autre
maladie de la peau, — celle que donne la vaccination? S'il en est ainsi, nous avons une explication
de l'effroyable dégénérescence des dents parmi la

jeunesse de nos jours; et nous n'avons pas à nous étonner de la prédominance parmi elle des yeux faibles et défectueux. Que ces suppositions soient vraies ou non, une chose est certaine : supposer que la vaccination change la constitution par rapport à la petite vérole, et ne produit pas d'autre changement, c'est pure folie [1].

1. Un homme de haute autorité, sir James Paget, dit dans ses *Lectures* (4e édition, p. 39) : « Après la vaccine et d'autres maladies infectieuses ou inoculables, il est très probable que l'état d'altération se conserve non seulement dans les tissus, mais dans le sang, tout autant et plus que dans ceux-là; et en beaucoup de cas il semblerait que, quels que soient les matériaux ajoutés au sang, l'empreinte une fois imprimée par l'une de ces maladies spécifiques est maintenue ». Il est admis clairement, ou plutôt affirmé, que la constitution est changée. Est-elle changée en mieux? Si non, elle doit être changée en pire.

HISTOIRE ALTÉRÉE

C'est un roi de France, je crois, qui, désirant
consulter quelque œuvre historique, disait à son
bibliothécaire : « Apportez-moi mon menteur ».
La qualification était surprenante, mais non immé-
ritée. Plus nous examinons les affaires de ce monde
et la façon dont elles sont présentées par telle ou
telle classe de gens, plus nous sommes frappés par
la difficulté, et dans quelques cas par l'impossibilité, d'atteindre aux faits essentiels.

Je suis poussé à dire cela par une altération extrêmement grave de l'histoire, connue relativement de
peu de monde, que je suis à même de prouver de
la manière la plus positive, — une altération qui,
nonobstant sa gravité, aurait, sans un incident
improbable, trouvé place dans tous les futurs récits
des relations entre l'Angleterre et les États-Unis.

Au commencement de 1869, le sentiment peu
amical entre les deux pays, qui avait persisté
depuis la guerre de Sécession, fut pour un temps

très exacerbé. Dès le début nous avions été inju-
riés, comme ne sympathisant pas avec le Nord dans
sa guerre antiesclavagiste contre le Sud. On avait
conclu que, en notre qualité de consommateurs de
coton, nos intérêts étaient avec le Sud, et que nous
devions, par conséquent, marcher avec lui; et, en
conformité de cette conclusion, orateurs et journalistes avaient rivalisé dans leurs condamnations
à notre égard.

Comme l'ont prouvé les pages précédentes, je ne
suis pas un admirateur sans restriction de l'Angleterre et des choses anglaises; mais j'étais indigné
que, après que l'Angleterre avait, dans le principe,
montré plus de sympathie pour les États du Nord
qu'elle n'en avait jamais montré pour aucun autre
peuple, — après qu'elle avait révélé une unanimité
de sentiment sans égale par rapport à toutes les
questions politiques, intérieures ou étrangères, —
on lui adressât perpétuellement des reproches tels
qu'aurait pu justement lui en attirer une conduite
qui eût été le contrepied de la sienne. Il en résulta
que quand, en 1869, l'horizon politique devenait
très sombre en Occident, je sentis le besoin de
montrer à ceux du Nord combien ils auraient eu
tort de supposer qu'avait existé parmi nous, à l'origine, cette disposition peu amicale envers eux, que
nous témoignâmes par la suite.

J'envoyai mon secrétaire au Bristish Museum
pour rechercher les preuves contenues dans les
feuilles quotidiennes et hebdomadaires de Londres,

immédiatement avant l'explosion de la guerre et immédiatement après. Mes souvenirs se trouvèrent absolument justifiés. Les extraits prouvaient que, d'un accord unanime nos journaux de tous les partis — tory, whig, radical — condamnaient en termes énergiques l'action du Sud. Il y avait des passages en ce sens du *Times*, des 5 et 11 décembre 1860, et 4 janvier 1861 ; des *Daily News*, du 2 janvier 1861 ; du *Morning Herald*, du 27 décembre 1860 ; du *Morning Post*, du 5 décembre 1860 ; du *Daily Telegraph*, du 3 décembre 1860 ; du *Morning Star*, du 27 novembre 1860 ; de l'*Express*, du 20 novembre 1860 ; du *Sun*, du 19 novembre 1860 ; du *Standard*, du 24 novembre 1860 ; du *Spectator*, du 1er décembre 1860 ; et de la *Saturday Review*, du 29 décembre 1860.

Des condamnations même plus sévères furent exprimées après la déclaration de guerre. Témoin le *Times*, des 18 et 19 janvier 1861 ; les *Daily News*, du 21 janvier ; le *Morning Post*, des 9 et 12 janvier ; le *Daily Telegraph*, des 15 et 19 janvier ; le *Morning Herald*, du 28 janvier ; le *Morning Star*, du 15 janvier ; le *Sun*, du 19 janvier ; le *Globe*, des 14 et 18 janvier ; le *Standard*, du 19 janvier et du 2 mai ; l'*Express*, du 24 janvier ; le *Spectator*, des 5 et 25 janvier ; la *Saturday Review*, du 12 janvier et du 2 février. Dans tout cela on ne découvrait pas une seule expression de sympathie pour le Sud. J'appris par la suite que dans le *Blackwood's Magazine*, une revue mensuelle, il y avait eu une note dissidente, et cela fut considéré comme une honte.

J'adressai les extraits ci-dessus énumérés, avec une lettre, à mon ami le professeur Youmans, et le priai de publier celle-ci dans la *Tribune* de New-York; j'espérais adoucir ainsi l'hostilité américaine. La lettre fut exposée dans les bureaux de la *Tribune*, et une épreuve m'en fut envoyée par mon ami, qui me demandait, toutefois, de ne pas la publier. Il disait que certains de mes adhérents, qui l'avaient vue, étaient unanimes à penser qu'elle ne ferait aucun bien, et serait d'autre part nuisible, en ce qu'elle leur lierait les mains. Quoique j'eusse exprimé mon indifférence pour tout désagrément qui pourrait m'atteindre personnellement, l'affirmation que nul bien n'en résulterait m'engagea à céder, et elle ne fut pas publiée à cette époque. Quelques années plus tard, cependant, les sentiments d'hostilité ayant diminué, le correspondant londonien de la *Tribune*, auquel je mentionnai le fait, me demanda de lui remettre la lettre pour la publier. J'y consentis, et, finalement, elle parut. Elle était accompagnée d'un article de fond qui indiquait d'une façon simple les preuves qu'elle contenait; et, comme je le concluai, elle produisit quelque effet, mais mince. La démonstration ne peut changer les croyances établies.

Plusieurs motifs m'ont poussé à faire ce récit. L'un d'eux, c'est que, quoique j'aie reproduit dans un appendice de mon *Autobiographie* la lettre dont il s'agit, cependant, comme la plupart des lecteurs ne regardent jamais les appendices, la rectification qu'elle contient n'a peut-être pas grand effet. Voilà pourquoi j'ai décidé d'exposer ici les circonstances dans lesquelles cette lettre fut écrite, et de donner les dates des journaux renfermant les passages qui y sont cités. Il est assez étrange que, même dans notre pays, le développement de l'antagonisme produit par les insultes imméritées dirigées contre nous semble avoir effacé tout souvenir de l'accord du début.

Que devons-nous penser des affirmations historiques en général? Quand douze des principaux journaux de l'Angleterre, représentant tous les partis, s'unissaient en un chœur de condamnation; quand on ne trouvait pas un seul journal qui ne s'associât ainsi à la réprobation contre le Sud, on donnait une preuve concluante de sentiment sympathique envers le Nord. Pourtant, dans le Nord, cette preuve concluante fut suivie de diatribes au sujet de notre sympathie supposée envers le Sud. Si cette altération extrême des faits fut possible en un temps de presse à bon marché et de communications faciles, qu'est-ce qui n'a pas été possible aux époques passées, quand les moyens de répandre les informations étaient plus faibles et les haines plus fortes? En dehors des récits des règnes des rois, des batailles, et des incidents mentionnés dans les chroniques de toutes les nations qui s'y trouvent en jeu, nous n'avons rien à quoi nous fier, hormis à des traités faits pour être rompus, à des dépêches de fonctionnaires corrompus et menteurs, à des lettres bavardes de courtisans, et ainsi de suite. Comment, de ces matériaux, extrairons-nous la vérité? En jugeant par ce cas récent, où un grave malentendu entre deux nations provint d'un complet renversement de l'évidence, nous sommes obligés de dire qu'on ne peut rien inférer de positif sur l'ensemble des passions, des préjugés, des intérêts, des superstitions, qui menaient les hommes dans les temps passés.

Les choses dont nous pouvons être certains sont, par bonheur, les seules choses qui méritent d'être connues. A travers toutes ces requêtes, annales, dépêches, lettres, etc., aussi bien qu'à travers les lois qui demeurent en vigueur et celles qui sont tombées en désuétude, émergent de nombreux faits qu'on n'a pas l'intention de mentionner, — faits concernant les classes sociales, l'organisation sociale, les coutumes, les institutions, les changements sociaux. Ils constituent les données pour la sociologie, dont l'Histoire, comme on l'entend communément, n'est rien de plus que la servante.

GRAMMAIRE

Le lecteur doit me pardonner, si je commence par quelques réflexions et faits familiers. Sans eux, mon argumentation perdrait quelque chose de son effet.

« Oh! papa, as-tu attrapé des poissons? » (any fishes), s'exclame un bambin en s'élançant vers la porte. « Oui, mon garçon, mais tu dois dire : As-tu attrapé du poisson? » (any fish). L'enfant suivait l'usage courant; le père n'en tenait pas compte. Chose assez curieuse, dans la même classe d'objets il en est dont on parle en reconnaissant l'usage, et d'autres dont on parle en l'ignorant. En réponse à une question, un pêcheur dira à un autre : « J'ai attrapé des anguilles » (I've got some eels), mais il ne dira pas : « J'ai attrapé des gardons » (I've got some roaches). L'habitude des « sports » semble encourager ces irrégularités, car il en apparaît de semblables en parlant des oiseaux de chasse. Vous pouvez dire : « Une couple de faisans » (a brace of pheasants), mais vous ne pouvez pas dire : « Une couple de bécasses » (a brace of snipes) : ici il faut employer le singulier. Un autre exemple me fut fourni il y a quelques jours par les mots d'une servante annonçant l'arrivée de « two braces of grouse » (deux couples de coqs de bruyère).

« Oui, ce sont des exceptions », dira-t-on en manière d'explication. Pourquoi des exceptions? Quelle autorité invoquer à l'appui d'exceptions? On répond : l'usage. L'usage a décidé que; dans ces cas, la règle d'ordinaire si rigidement imposée serait négligée. L'usage, alors, a une autorité plus haute que les règles grammaticales? Mais cet aveu qui s'impose inévitablement soulève cette question : « D'où vient l'autorité des règles? », dont la réponse inévitable est : « De l'usage ». Si l'autorité pour violer les règles est l'usage, et si personne ne peut trouver une autorité à laquelle il doive céder, alors la conclusion nécessaire est que l'usage fait les règles et viole les règles. Nos façons d'arranger nos mots pour exprimer nos idées ne peuvent avoir d'autre origine.

En vue de rendre cette conclusion claire pour une jeune dame, je l'interrogeai comme il suit :

« Vous savez qu'à l'époque de la vieille langue anglaise il n'y avait pas de grammaires. L'imprimerie n'avait pas été inventée, et les manuscrits sacrés des monastères formaient l'unique littérature. De quelle façon supposez-vous que les gens parlaient à ces époques-là?

— Je suppose qu'ils parlaient n'importe comment.

— Par « n'importe comment », vous entendez : non grammaticalement?

— Oui.

— A travers quel processus pensez-vous qu'une grammaire vint à l'existence? Fut-ce en vertu d'un Acte du Parlement?

— Je ne me rappelle pas que l'histoire le dise.

— Et même en admettant que les règles du langage fussent décrétées par des lois, comment, en ce cas, les faisait-on observer? Il n'a pu y avoir d'inspecteurs dans les familles et dans les endroits publics, pour forcer les gens à obéir.

— Non.

— Quelle autre autorité, alors, imposait les règles grammaticales? Si un gouvernement n'aurait pu faire observer ses règles, supposant qu'il les eût créées, quel autre corps, ou quel individu, aurait pu le faire? Et si les règles n'ont pas une origine dictatoriale, quelle est leur origine?

— Eh bien! je suppose que quelqu'un prit des notes relativement à la façon dont il entendait les gens assembler leurs mots, et qu'ensuite il arrangea ses notes en un livre.

— En ce cas, donc, il semble que nos façons de parler ne furent pas déterminées par les règles grammaticales, mais que les règles grammaticales furent déterminées par nos façons de parler, — qu'elles ne furent autre chose que les affirmations des usages prévalant parmi ces classes supérieures qui donnaient la loi à la communauté dans tout le reste. »

Il est étrange que, en dépit de l'évidence de cette conclusion, il existe une idée vague que les règles de la grammaire ont une autorité suprême dérivée autrement; et c'est d'autant plus remarquable, qu'aujourd'hui on ne décrit pas une tribu sauvage sans donner quelques détails sur sa langue et sur sa grammaire : une grammaire qui, la chose est évidente, n'a pu être artificiellement imposée, et qui a dû, par conséquent, tirer son origine de l'usage.

Il est encore plus étrange que, dans les temps passés, une opinion plus excessive au sujet de l'autorité grammaticale fut professée par un observateur et raisonneur subtil. En mettant à part sa bigoterie, politique et religieuse, le Dr Samuel Johnson était un penseur de beaucoup de pénétration; et pourtant, au sujet de la culture classique de Shakespeare, nous lisons dans le livre de Boswell :

« Je ne me suis jamais engagé dans cette controverse; j'ai toujours affirmé que Shakespeare savait assez de latin pour rendre grammatical son anglais. » D'où il semble que, suivant l'opinion de Johnson, pour écrire correctement l'anglais il fallait non seulement la discipline grammaticale habituelle, mais aussi quelque connaissance d'une autre langue!

Si l'on me demandait de citer un exemple du faux raisonnement *post hoc, ergo propter hoc*, plus commun qu'aucun autre, je choisirais celui qui est impliqué par cette opinion courante, que la correction du langage dépend de la connaissance de la grammaire. Presque personne ne songe à la mettre en question, et la simple idée d'un doute causera de l'étonnement.

Si nous remontons à l'époque antérieure à l'établissement des écoles pour le peuple, quand il n'y avait pas de circonstances propres à compliquer les choses, la relation entre les leçons de grammaire et le langage correct semblait incontestable. Ici, d'un côté, étaient les classes supérieures et moyennes auxquelles, presque sans exception, avaient été enseignées à l'école les règles exposées dans les grammaires, et qui, pour la plus grande partie, parlaient un anglais passable. Là, de l'autre côté, étaient les masses non instruites à l'école, auxquelles, sauf dans des cas rares, on n'avait pas enseigné à assembler régulièrement les mots, et qui universellement parlaient un mauvais anglais. Comment, alors, était-il possible de discuter la connexion entre les leçons de grammaire et le langage correct?

La réponse est simple. Le facteur essentiel passait inobservé. Ceux qui, appartenant aux classes supérieures, avaient appris à l'école les façons régulières de combiner leurs mots, avaient aussi, chaque jour durant toute leur vie, entendu les mots correctement combinés par leurs aînés, et avaient été amenés par imitation à employer eux-mêmes des modes réguliers de combinaison. Au contraire, ceux élevés parmi la classe ouvrière, perpétuellement accoutumés à entendre des modes de langage incorrects, si on les juge selon le critérium de la classe supérieure, acquéraient par imitation ces mêmes modes incorrects. Dans les deux cas, les enfants apprenaient les significations des mots par les conversations des adultes. Dans les deux cas, ils apprenaient semblablement la prononciation des mots. Et en même temps ils apprenaient comment arranger et infléchir les mots, pour exprimer les idées naissant de moment en moment. Toute autre conclusion est en vérité absurde. Elle suppose que, tandis que les significations justes des mots et leur prononciation juste peuvent s'apprendre en écoutant, leur coordination juste ne peut s'apprendre ainsi.

Disons plus encore. Il y a des raisons de croire que l'étude des règles grammaticales ne peut remplacer l'audition quotidienne d'un langage correct, et que les habitudes acquises par l'exemple l'emportent sur les effets de l'enseignement. Deux cas empruntés respectivement à des personnes peu cultivées suffiront à le montrer.

Une bonne à mon service, admirable par le caractère et par la capacité, commet à chaque minute telle ou telle faute de langage. « I'll ast him, Sir »; « I see it when I come »; « I think cook have some »; « I always leaves them on the dressing table », voilà des exemples de son anglais[1]. Envoyée à l'école dans

---

1. « I'll ast him » au lieu de « I'll *ask* him » (je le lui demanderai); — « I see it when I come » au lieu de « I will see *to* it when I come » (je m'occuperai de cela quand je reviendrai); — « I think cook have some » au lieu de « I think *that* the cook *has*

son enfance, elle continua à la fréquenter jusqu'à seize ans, et durant les six dernières années suivit les leçons de grammaire habituelles. Évidemment, ces leçons ne contribuèrent point à corriger ces modes défectueux d'expression qu'elle avait pris des conversations dans sa famille et avec ses amis. En pratique, l'exemple fut tout, et le précepte rien.

Je passe maintenant à l'autre extrême. Un essai fugitif par un gentleman de culture universitaire, qui remporta des succès officiels, qui est poète et a traduit les poètes grecs, débutait par ces mots : « Turning over one's books the other day I found, etc.[1] ». Si la phrase ainsi commencée avait été vue par lui en épreuve, je ne puis le dire; mais même en supposant qu'elle ne l'avait pas été, nous avons le fait remarquable que, tant dans la pensée que dans le style, s'y produisit cette collocation de mots. Il est évidemment impossible d'imputer la faute de construction à l'ignorance. Elle doit être imputée à quelque autre cause, et je soupçonne cette cause d'avoir été une habitude de famille. Ma raison est qu'un oncle de ce gentleman, lui aussi un universitaire de marque et un professeur de langues classiques, m'avait plus d'une fois étonné en changeant ainsi, en causant, l'impersonnel en personnel, ou

some » (je crois que le cuisinier en a); — « I always leaves them on the dressing table » au lieu de « I always *leave* them » (je les laisse toujours sur la table).　　　　(*Le Trad.*)

1. Au lieu de : « Turning over *my* books » (examinant mes livres).　　　　(*Le Trad.*)

vice versâ; et je ne crois pas improbable qu'une génération auparavant, dans une conversation abandonnée au sortir de table, entre aînés, il y ait eu de fréquents exemples de cette forme de langage, et que celle-ci aurait imprimé sa tendance dans l'esprit des descendants, — une tendance qui montrait son effet, quand l'autocritique n'était pas sur ses gardes.

Un exemple plus remarquable de nature analogue peut être ajouté ici. Un compte rendu des *Lettres du professeur Jowett* (un supplément à la *Vie et Lettres*) attira mon attention sur un passage de ces lettres qui me concernait. Après avoir lu ce passage, je jetai les yeux sur une page voisine, et j'y trouvai les deux phrases suivantes : « I am afraid that you will never get on if you do not assume a more Christian temper. I think as you get older that life is too short to allow a person to indulge all his aversions [1] ». La seconde de ces phrases contient deux fautes évidentes de construction. Le mot « you », tel qu'il apparaît dans la première phrase, est appliqué personnellement, mais dans la seconde phrase, où il reparaît d'une manière à laisser croire que son sens est le même, son sens est différent. Il n'est plus adressé directement à son correspondant, mais est employé par rapport aux hommes en général. Puis

---

1. « Je crains que vous ne fassiez pas de progrès en avant, si vous n'acquérez pas un caractère plus chrétien. Je crois, à mesure que vous devenez plus vieux, que la vie est trop courte pour permettre à une personne de se laisser aller à toutes ses aversions ». *(Le Trad.)*

vient la transformation du « you » en « a person » :
le sens, qui était d'abord d'application individuelle,
puis avait passé à l'ambiguïté, devient maintenant
distinctement général. Outre ceci, la première ligne
de la phrase, si on l'interprète rigoureusement, se
trouve être un non-sens. « I think as you get older
that life, etc. », signifie littéralement que Jowett
croit ceci et ceci à mesure que son correspondant
devient plus vieux. Pour exprimer le sens voulu, le
mot « that » doit être placé de façon qu'on lise le
membre de phrase ainsi : « I think that as you get
older life, etc. » Ainsi il appert que cinquante années
consacrées presque entièrement aux études linguistiques, — à enseigner le grec et à traduire Platon, —
années au cours desquelles les raffinements d'expression étaient étudiés tous les jours, ne garantis-
saient pas la justesse de l'expression, n'excluaient
pas les erreurs grammaticales. La discipline linguistique n'assure pas la cohérence de la pensée ; et,
sans cohérence de la pensée, on est certain de
commettre des fautes du genre de celles signalées
plus haut.

« Mais vous ne voulez pourtant pas dire que la
connaissance de la grammaire est superflue? Vous
ne prétendrez pas que l'anglais peut être écrit aussi
correctement par quelqu'un auquel on n'a jamais
enseigné les règles, que par quelqu'un à qui elles ont
été enseignées? » Rien ne s'oppose à ce que ma
réponse soit un fragment d'histoire personnelle.

S'il y a quelque chose comme une bonne fortune antérieure à la naissance, je puis dire que je fus très fortuné en ayant pour père un homme rationnel, non un homme qui acceptait toutes les opinions courantes et se conformait à tous les usages établis, mais un homme qui jugeait par lui-même et s'écartait en diverses façons des idées et des pratiques de ceux qui l'entouraient. En matière d'éducation, plus spécialement, il professait des vues différentes de l'ordinaire, comme l'atteste son petit livre, *Inventional Geometry*; et sa pensée indépendante le poussa à s'écarter sous d'autres rapports de la routine, comme le prouve sa *Lucid Shorthand* (Sténographie élucidée). De peur que l'effort intellectuel ne me fût nuisible, il m'interdit quelques-unes des études auxquelles les enfants se livrent habituellement à l'école : l'Histoire d'Angleterre, par exemple, fut l'une de celles omises sur sa demande. S'il obéit à certaines idées sur la valeur de la grammaire, ou s'il pensa que les leçons de grammaire pouvaient bien être omises, je l'ignore; mais il m'en fit dispenser. Durant mon adolescence, il n'y eut aucune tentative pour me faire acquérir la connaissance négligée, et je ne l'acquis pas dans l'âge mûr; de sorte que, jusqu'à l'heure actuelle, je demeure ignorant de ces règles autoritaires pour écrire l'anglais, que les grammaires renferment. Je ne puis répéter une seule règle de syntaxe telle que la donnent les livres, et n'était que le contexte m'a montré le sens du mot quand je l'ai rencontré en lisant, je ne saurais ce que signifie : syntaxe. « Mais n'avez-vous pas acquis une connaissance de la syntaxe en général par la grammaire latine ou par la grammaire grecque? » Non. J'avais une forte aversion pour les études linguistiques de toute espèce. Mon père désapprouvait les punitions, et mon professeur n'avait pas le droit de m'en infliger. En l'absence de punitions, mes leçons de grammaire latine ne furent jamais bien apprises, et mes progrès furent si lents, que je ne vins pas à bout de toutes les conjugaisons. Encore moindre fut mon acquisition de la connaissance de la grammaire grecque. Dans aucun des deux cas je n'atteignis la partie qui traite de la structure des phrases. A la fin, quand j'avais environ quinze ans et me trouvais sous la tutelle de mon oncle, un clergyman qui désirait me voir suivre ses traces, il devint manifeste que ma répugnance était insurmontable, et les tentatives en vue de m'enseigner le latin et le grec furent abandonnées. Il me faut dire la même chose de la grammaire française : je n'atteignis jamais la fin des conjugaisons. Ainsi, ni directement, ni indirectement je n'ai jamais été initié à cette discipline que l'on suppose être un moyen indispensable d'assurer la correction de l'expression.

Quel a été le résultat? Sans doute, on peut trouver çà et là dans mes œuvres des erreurs de construction; mais, alors, je n'ai rencontré aucune œuvre où l'on ne puisse trouver des erreurs de construction. C'est une question de fréquence. Si la comparaison montre que mes. livres renferment plus de fautes grammaticales que les livres de ceux qui ont été guidés par l'autorité des règles dans l'arrangement de leurs mots, il y aura quelque preuve que mon ignorance de la syntaxe, telle qu'elle est exposée dans les grammaires, m'a été préjudiciable.

Comme cela a déjà été indiqué, quelqu'un qui a l'esprit clair et qui, pendant toute sa jeunesse, a entendu chaque jour parler correctement par son entourage, parlera correctement. Mais l'absence de l'une ou de l'autre de ces conditions aura pour conséquence le manque de correction. Si ses idées sont si indistinctes qu'il ne perçoit pas clairement les rapports entre les éléments d'une affirmation qu'il fait, ou si, durant toute son enfance et son adolescence, il a entendu continuellement les mots mal employés par ses parents et par d'autres, l'étude des règles grammaticales ne l'empêchera pas de commettre des bévues.

Naturellement, la grammaire devrait avoir une place dans un programme d'enseignement complet. Cette place, toutefois, devrait être non au commencement, mais à la fin. Il règne dans toute l'éducation en général la pernicieuse coutume de partir de l'abstrait et de finir par le concret, — coutume absolument en désaccord avec le cours du développement mental, qui part du concret et finit par l'abstrait. L'imposition par force de la grammaire aux enfants en fournit peut-être le plus éclatant exemple. Mais ceux dont la culture mentale est

l'objet d'un haut développement, peuvent raisonnablement entreprendre l'étude de la grammaire
comme un préliminaire à l'étude de la logique.
L'une et l'autre concernent la coordination des idées
qui constituent le penser cohérent. La grammaire
traite des connexions normales entre les éléments
composant une proposition. La logique traite des
connexions normales entre les propositions composant un argument[1].

1. Si, en guise de critique de l'affirmation personnelle établie
plus haut, on voulait soutenir que, en l'absence de la discipline grammaticale ordinaire, cette correction de construction
qu'offrent mes écrits n'a été obtenue qu'en vertu d'un soin spécial,
on pourra s'assurer du contraire en se reportant à un chapitre
intitulé « Conciliation », ajouté en appendice à la première partie
des *Principes d'Ethique*. Pour des raisons expliquées dans la
note préliminaire, ce chapitre est imprimé là *verbatim*, d'après
le manuscrit du sténographe auquel il fut dicté sous forme
d'ébauche. Rien n'a été fait pour en écarter des défauts d'un
genre quelconque.

QU'EST-CE QUE LE SCEPTIQUE
DEVRAIT DIRE AU CROYANT?

Celui qui a renoncé à la foi de ses pères se pose de temps en temps cette question : « Que dirai-je à ceux qui croient comme autrefois? » Il est difficile de répondre, puisque les raisons pour et contre telle ou telle ligne de conduite sont nombreuses et variables. Naturellement, la sincérité doit être le guide dominant; mais la sincérité a différentes formes. Il y a une sincérité agressive qui saisit chaque occasion pour essayer de modifier les manières de voir des autres. Il y a une sincérité moins agressive qui est prête à discuter, et à exposer candidement les croyances contraires. Il y a une sincérité qui n'entre qu'avec répugnance dans des arguments qui révèlent un changement de convictions. Et il y a une sincérité qui est silencieuse et évite même d'émettre des opinions en désaccord avec les opinions courantes. Quelle attitude on doit prendre dans telle ou telle de ces conditions, c'est souvent une question difficile à résoudre d'une façon satisfaisante.

Dans beaucoup de cas, l'agnostique est induit en erreur par la supposition qu'une croyance laïque peut avec avantage remplacer désormais la croyance dite sacrée. Qu'un bon guide puisse être fourni par un système d'éthique naturelle, c'est une opinion suivie habituellement du corollaire qu'il suffit de développer un tel système, et que l'empire nécessaire sur soi-même s'ensuivra. Mais l'examen calme des diverses natures et actions des hommes dissipe le corollaire. Il suppose une intelligence générale capable de voir les conséquences bienfaisantes de certains modes de conduite couramment reconnus comme droits, et les mauvaises conséquences des modes de conduite opposés; et il suppose que, ayant perçu les bons résultats de cette espèce-là, et les mauvais résultats de cette espèce-ci, les hommes adopteront les uns et rejetteront les autres. Mais aucune des deux suppositions n'est vraie. L'intellect moyen ne peut pas saisir une démonstration, même quand le sujet est concret, et encore moins quand le sujet est abstrait. Il ne peut emmagasiner les propositions successives, mais succombe sous leur poids, avant d'atteindre la conclusion. Avec de telles personnes, seul est efficace l'enseignement dogmatique, et souvent même il manque son but. La maxime : « L'honnêteté est la meilleure politique », n'exerce habituellement aucune action sur le voleur, car celui-ci espère toujours ne pas être découvert.

En outre, l'espoir que la moyenne des hommes puisse être dirigée par la considération des intérêts de la société, est absolument utopique. Dans l'esprit de ceux qui forment la population des bouges, et de la plupart de ceux immédiatement au-dessus d'eux, naîtra la pensée : « Que m'importe de nuire à la société? » Et à l'autre extrémité de l'échelle sociale, parmi ceux dont l'existence alterne entre les salles des cercles et les chasses réservées, naîtra la pensée peut-être moins brutalement exprimée, mais qui n'en reviendra pas moins au même : « La société comme elle est sert très bien mes vues, et cela me suffit ». L'enseignement éthique, cependant décisif, n'a aucun effet sur les natures qui ont fait peu d'efforts pour s'harmoniser avec lui. Seules les rares natures qui sont, jusqu'à un certain point, organiquement morales, bénéficieront de ses injonctions, en fortifiant les croyances que leur conduite révèle ordinairement. Ainsi l'agnostique, qui pense pouvoir fournir désormais un guide adéquat, en exposant un code naturel de droite conduite, dûment expliqué, est le sujet d'une illusion. Sans doute, ramenons la morale aux lois de la vie, individuelle et sociale, et insistons continuellement sur les vérités acquises; mais, en même temps, il est nécessaire de comprendre que seulement à mesure que la discipline d'une vie sociale pacifique transforme lentement les diverses natures des hommes, des effets appréciables seront obtenus.

« Sûrement, cela revient à dire que la vieille foi

devrait être laissée en possession d'elle-même? Sûrement, si les vérités de l'éthique naturelle n'exerçaient, au moins pour le présent, aucune influence, ces vérités équivalentes qui ont une sanction religieuse devraient être perpétuellement prêchées? Sûrement, il est mauvais d'ébranler la confiance en une théologie qui exerce actuellement son autorité sur les hommes? » La réponse est que, malheureusement, la croyance religieuse ne semble guère avoir plus d'efficacité que n'en aurait la croyance éthique. Il suffit de jeter un regard sur le monde et de considérer en tous lieux les actions des chrétiens, pour rester étonné du peu d'efficacité de la théologie courante. Ou bien on n'a qu'à regarder, dans les siècles passés, les iniquités de la population comme celles des nobles, des rois et des papes, pour sentir combien sont vaines, presque à un point incompréhensible, les croyances partout professées et perpétuellement défendues avec énergie : nonobstant des horreurs du genre de celles décrites par Dante. Si l'on impute cette absence de résultats à la vente des indulgences et au prétendu pouvoir ecclésiastique d'absolution, alors un coup d'œil sur la situation de l'Angleterre à la suite de l'établissement du protestantisme prouve que là où ces influences corruptrices ne furent pas en jeu, la crainte de l'enfer et l'espérance du ciel influençaient les actions des hommes à un degré incroyablement faible. Ces menaces de châtiments et ces promesses de récompenses semblent, dans la plupart des cas, n'avoir pas beaucoup plus fait, pour diriger la conduite des hommes, que ne l'aurait fait une série de propositions montrant que la conduite morale est, en définitive, salutaire tant au point de vue individuel qu'au point de vue social. Quelque chose de grossièrement analogue à cette loi du monde physique, que l'attraction varie en raison inverse du carré de la distance, semble exister dans le monde moral; de sorte que les plaisirs et les peines proches, même des plus minimes, influencent les actions plus que des plaisirs et des peines incommensurablement plus grands, qui sont éloignés. Nous voyons cela en petit dans la conduite de l'ivrogne, qui cède à la promesse de la satisfaction immédiate qu'il attend en buvant encore, malgré la perspective du mal de tête et de la nausée du lendemain, joints aux dissensions domestiques et à la mésestime publique. Pour que les maux distants puissent contrebalancer les jouissances immédiates, ils doivent être vivement représentés; et, chez la plupart des gens, la faculté représentative est faible. Çà et là se trouvent quelques natures supérieures chez lesquelles les sanctions et les réprobations religieuses fortifient les impulsions naturelles jusqu'au point d'avoir des effets bienfaisants. Mais si nous nous rappelons les transgressions des marchands falsificateurs, des agents concussionnaires, des hommes de loi déshonnêtes, des financiers véreux, etc., nous constatons que les perspectives alternatives de torture éternelle et de béatitude éternelle les dirigent assez peu.

Aussi, quelque mal fondé que puisse être l'espoir de l'agnostique qu'un système d'éthique naturelle offrira immédiatement un bon guide, on n'en doit pas conclure que la tentative de substituer un tel système au système surnaturel, avec ses peines et ses récompenses, nuira à la moyenne des hommes. Il peut au contraire leur être profitable, en montrant l'accord entre les sanctions naturelles dérivées et la plus grande partie de celles qu'on suppose de dérivation surnaturelle.

En outre, il y a des cas qui présentent à l'agnostique des raisons positives pour exprimer son changement de croyances. Si, en effet, chez la grande masse des gens, la foi courante semble exercer une action bienfaisante à un très mince degré, si même elle l'exerce, il en est un assez grand nombre sur lesquels elle exerce une action désastreuse, ses menaces produisant un état très malheureux. A quelques-uns qui sont sensibles et ont une imagination active, la perspective des tortures éternelles se présente avec de terribles effets. Nombre d'entre eux continuent toute leur vie à être troublés par l'idée de leur destin futur; et dans la vieillesse, quand le déclin de la vitalité occasionne une dépression mentale plus ou moins grande, cette dépression prend la forme de terreurs relatives au châtiment sans fin qui devra être supporté bientôt. Dans les temps passés, quand on insistait plus énergiquement qu'aujourd'hui sur « la vengeance à venir », des conceptions horribles doivent avoir rendu très malheureux bien des gens ; et même aujourd'hui, les personnes crédules auxquelles on fait lire un livre comme celui que j'ai entre les mains, *Hell opened to Christians* (L'enfer ouvert aux chrétiens), qui joint à ses prédications menaçantes de vives représentations de tortures variées, sont assurées d'avoir des jours et des nuits remplis d'idées de souffrances sans fin[1]. A tous ceux-là, l'homme qui a rejeté cette croyance épouvantable peut donner de bonnes raisons pour qu'ils fassent de même : démontrant le blasphème qui consiste à supposer que le pouvoir qui se manifeste dans cinquante millions de soleils, avec les mondes qui leur font escorte, a une nature qui, chez un être humain, nous ferait reculer d'horreur.

De l'autre côté nous rencontrons ceux qui, avec une disposition d'âme plus heureuse, s'arrêtent de préférence sur le bonheur futur promis, et, par son espoir, se consolent au milieu des maux qu'ils ont à supporter. La perspective du ciel rend la vie tolérable à beaucoup qui, autrement, la trouveraient intolérable. Quelques-uns, dont la santé est altérée et qui souffrent des douleurs constantes, produites peut-être par les efforts excessifs faits au profit de leur famille, n'éprouvent de soulagement qu'à la pensée d'un avenir compensateur. Il en est d'autres qui, l'esprit en proie à quelque grave malentendu, aspirent à un temps où toute chose deviendra claire

---

1. On trouvera quelques exemples frappants de ce genre dans l'*History of England in the Eighteenth Century* (tome III, pp. 77-86), de Lecky.

aire et où leur tourment sera transformé en joie.
Le mauvais traitement continuel de la part d'un
tyran domestique produit chez un assez grand
nombre des souffrances incessantes adoucies seulement par la croyance qu'ensuite elles feront place
à un état de béatitude. Et il en est beaucoup qui,
chancelant sous le poids excessif des devoirs de
chaque jour, remplis sans reconnaissance et sans
sympathie, ne parviennent à supporter leurs maux
que par la conviction qu'après cette vie viendra une
vie affranchie de douleurs et de lassitude. Le changement de croyances de ceux-ci ne pourrait avoir
que des résultats fâcheux; et à moins d'irréflexion
cruelle, l'agnostique évitera soigneusement toute
discussion religieuse avec eux.

La conduite à suivre est donc, comme on l'a dit au
commencement, une question à laquelle on ne peut
répondre qu'après avoir considéré les circonstances
spéciales. Ceux en grand nombre qui poussent l'indifférence jusqu'à eux-mêmes et professent une
insouciance brutale pour le bien-être humain, peuvent être laissés de côté; à moins que, cependant, on
ne puisse faire quelque bien en prouvant qu'il y a
des sanctions naturelles qui coïncident en une large
mesure avec les prétendues sanctions surnaturelles.
De l'autre côté, à ceux sur qui pèsent lourdement les
terreurs d'un châtiment éternel on peut opportunément montrer que si impitoyable que soit le processus
cosmique effectué par un pouvoir inconnu, cependant
nulle part on n'y peut trouver la vengeance. En

attendant, la sympathie commande le silence envers tous ceux qui, souffrant des maux de la vie, tirent une consolation de leurs croyances. En interdisant de laisser tomber des idées qui pourraient ébranler leur foi, elle conseille d'éviter les questions qui ne peuvent être discutées sans renverser leurs espérances.

QUESTIONS ULTIMES

Les vieilles gens doivent avoir maintes réflexions en commun. J'en ai en ce moment une dans l'esprit qui, sans aucun doute, est très fréquente. Dans les années passées, observant les bourgeons qui s'ouvraient au printemps, surgissait en moi la pensée : « Verrai-je encore une autre fois les bourgeons s'ouvrir? Serai-je encore réveillé à l'aurore par le chant de la grive? » Maintenant que la fin n'est probablement pas éloignée, il en résulte une tendance croissante à méditer sur les questions ultimes.

On suppose communément que ceux qui ont abandonné la foi du christianisme s'occupent exclusivement d'intérêts et d'activités matériels, sans se préoccuper en rien du Comment et du Pourquoi, du D'où l'on vient et du Où l'on va. Il peut en être ainsi pour quelques-uns dépourvus de culture, mais il n'en est certainement pas ainsi pour beaucoup de personnes cultivées. Dans l'esprit de ceux que je connais intimement, l' « énigme de l'existence » remplit des espaces de temps infiniment plus grands que n'en occupe la conception courante dans l'esprit des hommes en général.

Après avoir étudié les croyances primitives, et avoir trouvé qu'il n'y a aucune origine de l'idée d'une vie ultra-terrestre, sauf la conclusion, que le sauvage tire de la notion suggérée par les songes, d'un « double » vagabond qui revient dans le corps au réveil et disparaît à la mort pour un temps indéfini ; et après avoir contemplé l'inévitable relation entre le cerveau et la conscience, et avoir trouvé que nous ne pouvons acquérir aucune preuve de l'existence de celle-ci sans l'activité de celui-là, — il semble que nous sommes obligés d'abandonner l'idée que la conscience persiste après que l'organisation physique est devenue inactive.

Mais cela semble une conclusion étrange et répugnante, qu'avec la cessation de la conscience, à la mort, cesse tout souvenir d'avoir existé. Chacun, en rendant le dernier soupir, devient comme s'il n'avait jamais vécu.

Et puis, la conscience elle-même, qu'est-elle durant le temps où elle persiste? Et qu'advient-il d'elle quand elle finit? Nous pouvons seulement inférer qu'elle est une forme spécialisée et individualisée de cette Énergie infinie et éternelle qui surpasse à la fois notre connaissance et notre imagination, et que, à la mort, ses éléments retombent dans le sein de l'Énergie infinie et éternelle d'où ils furent dérivés.

Par rapport au monde extérieur comme au monde intérieur, ceux qui ne sont pas restés satisfaits des explications traditionnelles sont continuellement préoccupés des mêmes questions, — questions rebattues concernant l'origine, la signification et le but tant de l'univers dans son ensemble que de tous les êtres vivants qu'il contient, jusqu'aux formes microscopiques dont sont remplis la terre, l'air et l'eau. Ces questions s'imposent continuellement à l'agnostique, et continuellement il constate la puérilité de tous les efforts faits pour leur trouver des réponses solides.

Il y a un aspect de la Grande Énigme auquel on semble accorder peu d'attention, mais qui, dans ces dernières années, m'a plus fréquemment frappé. Je ne fais pas allusion aux problèmes que présentent toutes les existences concrètes, depuis les soleils jusqu'aux microbes, mais à ceux présentés par la forme universelle sous laquelle celles-ci existent : les phénomènes de l'espace.

Dans la jeunesse, nous franchissons sans surprise les vérités géométriques exposées dans notre Euclide. Il suffit d'apprendre que dans un triangle à angle droit le carré de l'hypothénuse est égal à la somme des carrés des deux autres côtés ; cela est démontrable, et cela est assez. Quant aux multitudes de rapports remarquables entre les lignes et les espaces, très peu viennent à se demander : « Pourquoi sont-ils ainsi ? » Il se peut que la question soit soulevée dans les années postérieures, comme elle l'a été en moi-même par quelques-unes des vérités le plus étonnamment merveilleuses qui sont groupées aujourd'hui sous le titre de « géométrie de position ». Beaucoup de celles-ci sont si surprenantes, que, si l'on ne se trouvait en présence de preuves oculaires, elles seraient incroyables ; et par leur caractère merveilleux, aussi bien que par leur beauté, elles servent à soulever, dans quelques esprits au moins, la question sans réponse : Comment viennent à exister, entre les parties de ce vide en apparence privé de structure, que nous nommons l'espace, ces étranges relations ? Comment advient-il que la forme nue des choses nous présente des vérités aussi incompréhensibles que celles présentées par les choses qu'elle renferme ?

Au delà de la portée de notre intelligence comme le sont les mystères des objets connus par nos sens, les mystères présentés dans cette matrice universelle dépassent beaucoup plus encore, si nous pouvons dire ainsi, la portée de notre intelligence. Tandis en effet que ceux de la première espèce peuvent être regardés, et sont regardés par beaucoup, comme explicables suivant l'hypothèse de la Création, et par les autres suivant l'hypothèse de l'Évolution, ceux de la seconde espèce ne peuvent être considérés ni par les uns ni par les autres comme explicables de cette façon. Le théiste et l'agnostique doivent s'accorder pour reconnaître les propriétés de l'Espace comme inhérentes, éternelles, incréées, — comme antécédentes à toute

création, s'il y a eu création, et à toute évolution,
s'il y a eu évolution.

Ainsi donc, si nous pouvions pénétrer les mystères de l'existence, il y resterait des mystères toujours plus transcendants. Ce qui ne peut être
pensé comme résultant d'une création ou d'une
évolution, nous présente des faits dont l'origine est
même plus éloignée de la concevabilité que l'est
l'origine des faits présentés par les choses visibles
et tangibles. Il est impossible d'imaginer comment
sont venues à exister les merveilleuses relations
d'espace indiquées plus haut. Nous sommes obligés
de reconnaître qu'elles ont appartenu à l'Espace de
toute éternité.

Et puis vient l'idée de cette matrice universelle
elle-même, antécédente à toute création comme à
toute évolution, quelles qu'on les suppose, et les
surpassant infiniment toutes deux, en étendue
comme en durée; puisque toutes deux, si l'on peut
les concevoir, doivent être conçues comme si elles
avaient eu des commencements, tandis que l'Espace
n'a eu aucun commencement. L'idée de cette forme
nue d'existence qui, explorée dans toutes les directions aussi loin que peut atteindre l'imagination,
a, outre cela, une région inexplorée en comparaison de laquelle la partie que l'imagination a traversée n'est qu'infinitésimale; l'idée d'un Espace
en comparaison duquel notre incommensurable
système sidéral vient se réduire à un point, est une
idée trop écrasante pour que l'esprit s'y arrête. A

mesure que j'avance en âge, la conscience que, sans origine ou cause, l'Espace infini a toujours existé et doit toujours exister, produit en moi un sentiment qui me fait reculer d'effroi.

APPENDICE

QUELQUES EXPÉRIENCES
DE CRITIQUE

Il y a vingt-cinq ans, quittant ma demeure pour mon séjour d'automne habituel en Écosse, et ne sachant comment occuper utilement mon secrétaire pendant mon absence, je pensai qu'il pourrait très bien extraire un certain nombre de passages saillants des comptes rendus de mes livres. Ma principale raison était que, s'il venait un temps où j'aurais achevé tout autre travail, j'aurais pu mettre ces extraits en ordre, et les laisser pour l'instruction des lecteurs futurs. Les notes que rapporta mon secrétaire, ficelées et mises de côté, ont été presque oubliées durant ce long intervalle, et ce n'est que récemment, quand naquit en moi l'idée d'exécuter mon intention première, que je me mis en devoir de vérifier et d'améliorer ces notes pour les présenter.

Il va sans dire qu'il ne s'agit nullement de reproduire les comptes rendus de journaux dans leur ensemble. Dans les premiers temps comme dans les derniers, le blâme et l'éloge ont alterné, ce dernier habituellement tiède, quoique, parfois aussi, chaleureux ; mais toujours le lecteur était laissé dans l'idée la plus vague de mes conceptions maîtresses. Notant ce fait général, qui pour l'ordinaire s'applique aux livres des autres comme aux miens, je commencerai par reproduire quelques opinions extraites des périodiques littéraires qui florissaient après 1850, et dont les derniers survécurent jusqu'après 1860.

Un critique du premier volume de mes *Essais* dit :

« En premier lieu, leur pédanterie d'expression dépasse toutes les limites.... On ne serait pas trop sévère, en qualifiant la rhétorique de ces essais de *grimpée en savates sur des échasses* (stilted slipshod). » *The Press*, 15 mai 1858.

« Bien, nous l'avons entendu définir comme un « écrivain général », et la définition n'était pas si mauvaise ; mais en voici une meilleure : soustrayez Auguste Comte de Buckle, il restera Herbert Spencer. » *The Parthenon*, 9 août 1862.

« Mais il n'a pas de génie, pas d'originalité ; il est incapable de pensée élevée, profonde ou compréhensive.... Nous ne réussissons pas à comprendre pourquoi ce volume a reçu le titre pompeux de *Premiers Principes*. C'est en réalité un paquet de billevesées psychologiques remorquées par la vieille corde du matérialisme français à travers un désert d'aridités scientifiques. » *The Critic*, 15 juillet 1862.

Avant de passer aux critiques anglaises de date postérieure, il sera bon d'en citer quelques-unes d'origine américaine. En même temps qu'elle examine mes autres livres publiés à cette époque, la *North American Review* d'avril 1865 (p. 468) exprime son opinion relative à la *Classification des Sciences* ; l'auteur du compte rendu n'y « trouve rien qui mérite l'attention,... excepté une mauvaise critique, une terminologie vicieuse, et des distinctions fantaisistes ».

A cela je joins le verdict de la *Princetown Review* de septembre 1880 sur l'*Etude de la Sociologie* :

« Maints de ces exemples de difficultés sont offensants pour le goût. Un assez bon nombre suggèrent des idées indécentes et traitent les objets sacrés d'une façon positivement inconsidérée, sinon blasphématoire. » (P. 282.)

« De ce chapitre sur le « Préjugé théologique », nous

avons seulement à dire, comme de maints passages répandus à travers le volume, qu'il est difficile de déterminer s'il donne une preuve plus décidée d'*ignorance*, d'*étroitesse d'esprit*, d'*extravagance d'idées*, ou de *virulence*. » (P. 291.)

Peut-être celui des jugements américains qui semblera à beaucoup de lecteurs en désaccord au plus extrême degré avec les faits, est-il celui publié dans *The New Englander* d'avril 1871 :

« En vérité nous pensons que le plus sérieux défaut de Spencer, à la fois comme raisonneur et comme exposeur, est qu'il dédaigne de développer et d'établir ses vues dans leurs éléments constitutifs et dans leurs prémisses fondamentales.... Sa doctrine de l'évolution par différenciation et intégration est supposée être universelle et suffisante à expliquer tout, mais elle n'est prouvée ni par induction ni par déduction. »

Je reviens maintenant aux opinions exprimées par des critiques anglais. Durant une longue période, les organes principaux de ce que Matthew Arnold appelait le « philistinisme britannique », négligèrent de mentionner mes livres. Ce ne fut pas avant octobre 1873 que la *Quarterly Review*, vingt-trois ans après la publication de mon premier ouvrage, contint un article qui critiquait les volumes antérieurs de ma « Philosophie synthétique ». Le ton en était en une large mesure modéré, mais on peut juger l'appréciation générale par le sommaire, qui contenait entre autres les jugements suivants :

« 7. Elle ne s'occupe pas de nos perceptions de la bonté et de la beauté comme telles, ni de notre appréhension de la relativité des relations.

« 8. Elle est absolument fatale à tout germe de moralité.

« 9. Elle exclut entièrement toute forme de religion.

« 10. Elle se détruit entièrement elle-même, en proclamant sa propre fausseté, comme résultant de son affir-

mation que toute notre connaissance n'est que phéno-
ménale et relative. »

Dix années plus tard, c'est-à-dire vingt-quatre ans après
que la « Philosophie synthétique » avait commencé à
paraître, et trente-quatre ans après que la publication
de la *Statique sociale* m'avait fait connaître comme écrivain philosophique, l'*Edinburgh Review* m'honora d'un
article. On peut juger de sa nature par l'extrait qui suit :

« Ce n'est qu'une *philosophie d'épithètes et de phrases*,
introduite et tournée avec une incomparable solennité et
affectation de précision de style, qui cache le raisonnement le plus relâché et l'indétermination la plus bru-
meuse sur chaque point, excepté la pure négation dogmatique de tout auteur « connaissable » ou connaissant de
l'univers; et ceci est naturellement la raison pour laquelle
ce faux-semblant absurde de philosophie a obtenu l'admiration d'une multitude de personnes ». (Tome CLIX,
p. 81, janvier 1884 [1].)

A ceci je puis convenablement associer, quoique d'une
date beaucoup antérieure, le jugement d'un périodique de
caractère représentatif infiniment dissemblable comme
organe de classe, dont le ton était également méprisant.
Dans *The Catholic World* de février 1872, il était dit :

« M. Spencer a commis une triste méprise en tentant

1. Mes amis et d'autres furent amusés par la façon dont je
signifiai mon opinion sur ce rédacteur de l'*Edinburgh Review*.
Une nouvelle édition des *Premiers Principes* était sur le point de
paraître. J'ai de tout temps évité de citer les opinions de la
presse : les annonces de mes livres les ont toujours négligées.
Mais cette fois se présentait une occasion de faire une exception. Je chargeai mes éditeurs d'envoyer l'annonce de cette nouvelle édition à six des principaux journaux hebdomadaires et à
six journaux quotidiens, et d'y ajouter pour chacun la phrase
ci-dessus citée de l'*Edinburgh Review*. Une autre initiative que
je pris, fut d'adresser un exemplaire de l'une de ces revues,
The Athenæum, à l'éditeur de l'*Edinburgh Review*, en signalant
l'annonce, et en lui en envoyant un second exemplaire également signalé, pour être remis à l'auteur de l'article.

d'être un philosophe, parce qu'il lui manque entièrement l'*ingenio filosofico*, et nous n'avons pas découvert une seule trace d'un principe, pensée, ou conception philosophique, dans une ou dans toutes ses diverses œuvres.... Nous sentons que quelques excuses sont dues à nos lecteurs pour avoir appelé leur attention sur une chose aussi absurde que le *Nouveau système de philosophie* d'Herbert Spencer. » (PP. 633, 645.)

J'ai réservé pour la fin, sans égard à leurs dates, mais à cause de leur signification, deux exemples d'opinions exprimées par deux organes hebdomadaires de critique sentencieuse : le *Spectator* et la *Saturday Review*, organes considérés comme spécialement dignes de confiance, puisqu'ils sont écrits et dirigés par des hommes capables et consciencieux. Le premier est un compte rendu des *Premiers Principes* paru dans le *Spectator* du 30 janvier 1862, alors que M. Richard Hutton en était le directeur littéraire, et il est donné en entier. Il ne faisait pas partie de ceux honorés de la qualification de comptes rendus proprement dits ; il parut sous le titre de « Littérature générale » dans l'appendice imprimé en petits caractères, où se trouvent groupées de courtes notes bibliographiques sur des œuvres éphémères et autres regardées comme sans importance. Le voici :

« M. Herbert Spencer a conçu l'idée originale de publier par livraisons périodiques une série connexe d'œuvres qui, quand elle sera complète, formera un système concis de philosophie. Le premier volume de cette série, qui traite des *Premiers Principes*, est actuellement sous mes yeux. Il se compose de six livraisons périodiques, et est divisé en deux parties. La première est consacrée à l'examen de « l'Inconnaissable », et arrive à cette conclusion satisfaisante que « dans la croyance commune en un absolu, lequel surpasse non seulement la connaissance humaine, mais la conception humaine, existe la seule réconciliation possible entre la Science et la Religion ». La seconde partie discute les « Lois du Connaissable », et renferme « un exposé des principes ultimes discernables à travers toutes les manifestations de l'Absolu; de ces plus hautes généralisations que la science est en train de révéler, lesquelles sont vraies séparément non pour une classe de phénomènes, mais pour toutes les classes de phénomènes, — et qui sont aussi la clef de toutes les classes de phénomènes ». M. Spencer nous dit que l'application de ces Premiers Principes à la Nature inorganique devrait être, en strict ordre logique, le second sujet à considérer; comme c'est là une portion relativement peu importante de son très vaste plan, il a résolu de la passer sous silence, et d'aborder immédiatement la discussion des Principes de Biologie, auxquels seront consacrés les tomes deux et trois de sa série. Ensuite viendront les Principes de Psychologie, dont la complète énonciation demandera aussi deux volumes; puis les Principes de Sociologie, qui ne peuvent être complétés d'une manière satisfaisante en moins de trois volumes; et, finalement, les Principes de Morale, pour l'établissement desquels deux volumes suffiront, on l'espère. Après ce bref sommaire du plan de M. Spencer, il est probable que le lecteur n'hésitera pas à admettre avec lui que son plan, pour en dire le moins, est très étendu. Pour répondre à cette observation évidente, notre auteur déclare qu'il n'a pas l'intention d'épuiser chaque matière; et en outre il montre que la section consacrée aux Principes de Psychologie est déjà, en grande partie, terminée. Nous ne voulons pas manifester le moindre doute sur l'aptitude de M. Spencer à réaliser son colossal dessein d'une façon parfaitement satisfaisante; mais quel que puisse être le résultat de sa tentative, il aura au moins la consolation de savoir que nul ne peut nier qu'elle appartient à la classe de celles dont même la non-réussite ne laisse pas d'être quelque peu glorieuse. »

On peut juger en outre l'appréciation tacite portée sur

le livre, par le fait que ce compte rendu était précédé d'une note sur la seconde édition de l'*Engineer's, Mill-wright's and Machinist's Practical Assistant*, et suivi d'une note sur un *Handbook to the Industrial Department* de l'Exposition internationale.

Ce fut sur une œuvre de date postérieure, *Ecclesiastical Institutions*, publiée d'abord à part, que la *Saturday Review* s'exprima d'une façon qu'il peut convenir de noter ici. Cette fois je ne me propose pas de citer toute la critique, bien que sa brièveté invite à le faire. J'indiquerai simplement qu'elle faisait partie d'un article de revue intitulé : « Dix-neuf livres sur la théologie », 27 février 1886. Quoique ne traitant nullement de théologie, mon œuvre, liée en un même paquet avec dix-huit autres classées à bon droit sous ce titre, expose, pour la première fois, je pense, la genèse naturelle des organisations du culte, — genèse commune à tous les cultes, sans égard aux cultes particuliers auxquels elles ont servi. Alors que ce livre n'était pas jugé digne d'un examen séparé, cet honneur était accordé à un livre ayant trait aux églises. Le 2 octobre de la même année 1886, parut un article de revue de l'étendue habituelle sur les « Cloches des églises du Hertfordshire » !

Pour apprécier le point essentiel de ce contraste, il faudrait rappeler que la *Saturday Review* a été fondée et maintenue comme un organe de la plus haute culture, rédigé par des écrivains de grand renom, et qu'elle se proposait d'émettre des jugements dignes de confiance !

Naturellement, ces exemples choisis se trouvaient disséminés çà et là parmi des masses de critiques d'un caractère indécis, écrites par des gens ayant chacun en vue les « honoraires » à gagner grâce à un certain nombre de pages, et visant d'ordinaire à montrer qu'ils en savaient beaucoup plus que l'auteur. Combien peu s'est trouvé là de la direction qu'on pouvait attendre, un simple fait permettra d'en juger. Depuis la publication de la « Philosophie synthétique », commencée en 1860, il y a eu seulement, autant que je sache, un seul article de revue qui ait tenté de donner une idée concise de ses idées maîtresses ; et ce fut dans une feuille provinciale d'Amérique. Dans nul périodique quotidien, hebdomadaire, mensuel, ou trimestriel, en Angleterre, aucun rédacteur n'a cherché à expliquer en entier de quoi elle traite. On a donné, voilà quelque vingt ans, une idée claire d'une petite partie ; mais une idée générale du tout, nul critique, durant les quarante années qui viennent de s'écouler, n'a jamais tenté de la donner.

J'ai parfois discuté avec moi-même cette question : La critique périodique est-elle un parasite de la littérature, ou une aide pour la littérature? Incontestablement elle est un parasite, en tant qu'elle doit à la littérature son existence, qu'elle tire d'elle sa nourriture. Mais en même temps remplit-elle une fonction utile? Améliore-t-elle la qualité moyenne de la littérature, ou ne tend-elle pas plutôt à détériorer cette qualité moyenne, en favorisant la diffusion de livres inférieurs?

C'est là une question beaucoup trop vaste pour être examinée ici. Ma conclusion doit se limiter à la conclusion tirée de mon expérience personnelle ; et celle-ci me conduit à la seconde alternative. Des preuves semblables à celles données plus haut, ajoutées aux preuves reçues oralement, poussent à croire que s'il n'y avait jamais eu une institution comme celle des comptes rendus, j'en aurais tiré d'énormes avantages ; — en partie par l'absence d'affirmations de nature à induire en erreur, mais principalement par la diminution de cette littérature éphémère amenée à l'existence et poussée en avant par des « érudits de métier » et des publicistes, et par les journalistes qui s'efforcent d'atteindre leurs fins au moyen des annonces.

TABLE DES MATIÈRES

LES
GRANDS ÉCRIVAINS FRANÇAIS

ÉTUDES SUR LA VIE
LES ŒUVRES ET L'INFLUENCE DES PRINCIPAUX AUTEURS
DE NOTRE LITTÉRATURE

Notre siècle a eu, dès son début, et léguera au siècle prochain un goût profond pour les recherches historiques. Il s'y est livré avec une ardeur, une méthode et un succès que les âges antérieurs n'avaient pas connus. L'histoire du globe et de ses habitants a été refaite en entier; la pioche de l'archéologue a rendu à la lumière les os des guerriers de Mycènes et le propre visage de Sésostris. Les ruines expliquées, les hiéroglyphes traduits ont permis de reconstituer l'existence des illustres morts, parfois de pénétrer jusque dans leur âme.

Avec une passion plus intense encore, parce qu'elle était mêlée de tendresse, notre siècle s'est appliqué à faire revivre les grands écrivains de toutes les littératures, dépositaires du génie des nations, interprètes de la pensée des peuples. Il n'a pas manqué en France d'érudits pour s'occuper de cette tâche; on a publié les œuvres et débrouillé la biographie de ces hommes fameux que nous chérissons comme des ancêtres et qui ont contribué, plus même que les princes et les capitaines, à la formation de la France moderne, pour ne pas dire du monde moderne.

Car c'est là une de nos gloires, l'œuvre de la France a été accomplie moins par les armes que par la pensée, et l'action de notre pays sur le monde a toujours été indépendante de ses triomphes militaires : on l'a vue prépondérante aux heures les plus douloureuses de l'histoire nationale. C'est pourquoi les maîtres esprits de notre littérature intéressent non seulement leurs descendants directs, mais encore une nombreuse postérité européenne éparse au delà des frontières.

Beaucoup d'ouvrages, dont toutes ces raisons justifient du reste la publication, ont donc été consacrés aux grands écrivains français. Et cependant ces génies puissants et charmants ont-ils dans le monde la place qui leur est due? Nullement, et pas même en France.

Nous sommes habitués maintenant à ce que toute chose soit aisée; on a clarifié les grammaires et les sciences comme on a simplifié les voyages; l'impossible d'hier est devenu l'usuel d'aujourd'hui. C'est pourquoi, souvent, les anciens traités de littérature nous rebutent et les éditions complètes ne nous attirent point : ils conviennent pour les heures d'étude qui sont rares en dehors des occupations obligatoires, mais non pour les heures de repos qui sont plus fréquentes. Aussi, les œuvres des grands hommes complètes et intactes, immobiles comme des portraits de famille, vénérées, mais rarement contemplées, restent dans leur bel alignement sur les hauts rayons des bibliothèques.

On les aime et on les néglige. Ces grands hommes

semblent trop lointains, trop différents, trop savants, trop inaccessibles. L'idée de l'édition en beaucoup de volumes, des notes qui détourneront le regard, l'appareil scientifique qui les entoure, peut-être le vague souvenir du collège, de l'étude classique, du devoir juvénile, oppriment l'esprit ; et l'heure qui s'ouvrait vide s'est déjà enfuie ; et l'on s'habitue ainsi à laisser à part nos vieux auteurs, majestés muettes, sans rechercher leur conversation familière.

L'objet de la présente collection est de ramener près du foyer ces grands hommes logés dans des temples qu'on ne visite pas assez, et de rétablir entre les descendants et les ancêtres l'union d'idées et de propos qui, seule, peut assurer, malgré les changements que le temps impose, l'intègre conservation du génie national. On trouvera dans les volumes en cours de publication des renseignements précis sur la vie, l'œuvre et l'influence de chacun des écrivains qui ont marqué dans la littérature universelle ou qui représentent un côté original de l'esprit français. Les livres sont courts, le prix en est faible ; ils sont ainsi à la portée de tous. Ils sont conformes, pour le format, le papier et l'impression, au spécimen que le lecteur a sous les yeux. Ils donnent, sur les points douteux, le dernier état de la science, et par là ils peuvent être utiles même aux spécialistes. Enfin une reproduction exacte d'un portrait authentique permet aux lecteurs de faire, en quelque manière, la connaissance physique de nos grands écrivains.

En somme, rappeler leur rôle, aujourd'hui mieux

connu grâce aux recherches de l'érudition, fortifier leur action sur le temps présent, resserrer les liens et ranimer la tendresse qui nous unissent à notre passé littéraire; par la contemplation de ce passé, donner foi dans l'avenir et faire taire, s'il est possible, les dolentes voix des découragés : tel est notre objet principal. Nous croyons aussi que cette collection aura plusieurs autres avantages. Il est bon que chaque génération établisse le bilan des richesses qu'elle a trouvées dans l'héritage des ancêtres, elle apprend ainsi à en faire meilleur usage; de plus, elle se résume, se dévoile, se fait connaître elle-même par ses jugements. Utile pour la reconstitution du passé, cette collection le sera donc peut-être encore pour la connaissance du présent.

J. J. JUSSERAND.

LES
GRANDS ÉCRIVAINS FRANÇAIS

ÉTUDES

SUR LA VIE, LES ŒUVRES ET L'INFLUENCE
DES PRINCIPAUX AUTEURS DE NOTRE LITTÉRATURE

Chaque volume in-16, orné d'un portrait en héliogravure, broché. 2 fr.

LISTE DANS L'ORDRE DE LA PUBLICATION

DES **47** VOLUMES PARUS

(Août 1903)

VICTOR COUSIN, *par M. JULES SIMON*
de l'Académie française.

MADAME DE SÉVIGNÉ, *par M. GASTON BOISSIER*
secrétaire perpétuel de l'Académie française.

MONTESQUIEU, *par M. ALBERT SOREL*
de l'Académie française.

GEORGE SAND, *par M. E. CARO*
de l'Académie française.

TURGOT, *par M. LÉON SAY*
de l'Académie française.

THIERS, *par M. P. DE RÉMUSAT*
sénateur, membre de l'Institut.

D'ALEMBERT, *par M. JOSEPH BERTRAND*
de l'Académie française.

MADAME DE STAEL, *par M. ALBERT SOREL*
de l'Académie française.

THÉOPHILE GAUTIER, *par M. MAXIME DU CAMP*
de l'Académie française.

BERNARDIN DE SAINT-PIERRE,
par M. ARVÈDE BARINE.

MADAME DE LAFAYETTE,
par M. le comte D'HAUSSONVILLE
de l'Académie française.

MIRABEAU, *par M. EDMOND ROUSSE*
de l'Académie française.

RUTEBEUF, *par M. CLÉDAT*
professeur de Faculté.

STENDHAL, *par M. ÉDOUARD ROD.*

ALFRED DE VIGNY,
par M. MAURICE PALÉOLOGUE.

BOILEAU, *par M. G. LANSON.*
professeur de Faculté.

CHATEAUBRIAND, *par M. de LESCURE.*

FÉNELON, *par M. Paul JANET.*
membre de l'Institut.

SAINT-SIMON, *par M. GASTON BOISSIER*
secrétaire perpétuel de l'Académie française.

RABELAIS, *par M. RENÉ MILLET.*

J.-J. ROUSSEAU, *par M. ARTHUR CHUQUET*
professeur au Collège de France.

LESAGE, *par M. EUGÈNE LINTILHAC.*

VAUVENARGUES, *par M. MAURICE PALÉOLOGUE.*

DESCARTES, *par M. ALFRED FOUILLÉE*
membre de l'Institut.

VICTOR HUGO, *par M. LÉOPOLD MABILLEAU*
professeur de Faculté.

ALFRED DE MUSSET, *par M. ARVÈDE BARINE.*

JOSEPH DE MAISTRE, *par M. GEORGE COGORDAN.*

FROISSART, *par Mme MARY DARMESTETER.*

DIDEROT, *par M. JOSEPH REINACH.*

GUIZOT, *par M. A. BARDOUX*
membre de l'Institut.

MONTAIGNE, *par M. PAUL STAPFER*
professeur de Faculté.

LA ROCHEFOUCAULD, *par M. J. BOURDEAU.*

LACORDAIRE, *par M. le comte D'HAUSSONVILLE*
de l'Académie française.

ROYER-COLLARD, *par M. E. SPULLER.*

LA FONTAINE *par M. G. LAFENESTRE*
membre de l'Institut.

MALHERBE, *par M. le duc DE BROGLIE*
de l'Académie française.

BEAUMARCHAIS, *par M. ANDRÉ HALLAYS.*

MARIVAUX, *par M. GASTON DESCHAMPS.*

RACINE, *par M. GUSTAVE LARROUMET*
membre de l'Institut.

MÉRIMÉE, *par M. AUGUSTIN FILON.*

CORNEILLE, *par M. G. LANSON*
professeur de Faculté.

FLAUBERT, *par M. ÉMILE FAGUET*
de l'Académie française.

BOSSUET, *par M. ALFRED RÉBELLIAU.*

PASCAL, *par M. ÉMILE BOUTROUX*
membre de l'Institut.

FRANÇOIS VILLON, *par M. GASTON PARIS*
de l'Académie française.

ALEXANDRE DUMAS père,
par M. HIPPOLYTE PARIGOT.

ANDRÉ CHÉNIER, *par M. ÉMILE FAGUET*
de l'Académie française.

(Divers autres volumes sont en préparation.)

Coulommiers. — Imp. PAUL BRODARD. — 8-1903.

www.ingramcontent.com/pod-product-compliance
Ingram Content Group UK Ltd.
Pitfield, Milton Keynes, MK11 3LW, UK
UKHW010910160726
13695UKWH00007B/129

9 782013 654548